HANDLESEN

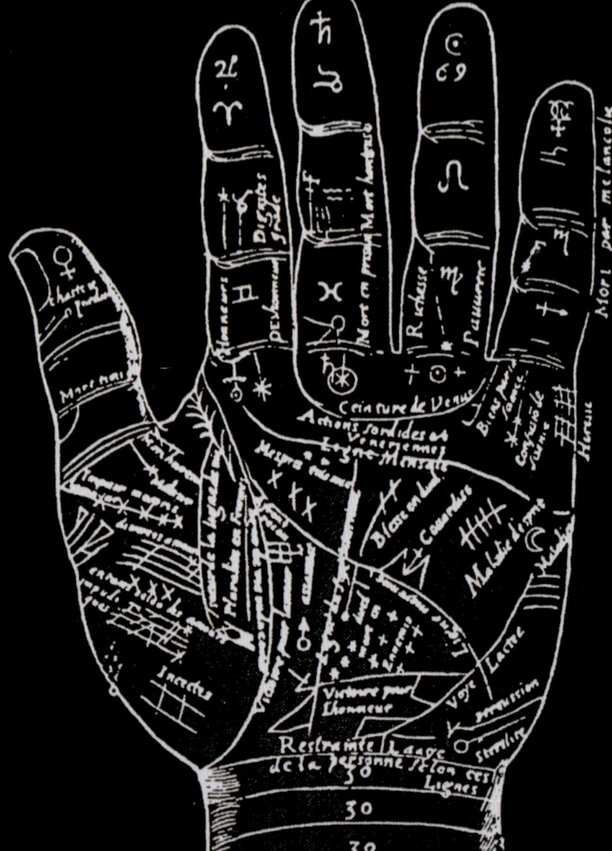
Mort par melancolie
Richesse
Ceinture de Venus
Ligne Mensale
Maladie de
Heresie
Incestes
Victoire pour
l'honneur
Voye Lactee
Restrainte Laage
de la personne selon ces
Lignes
30
30

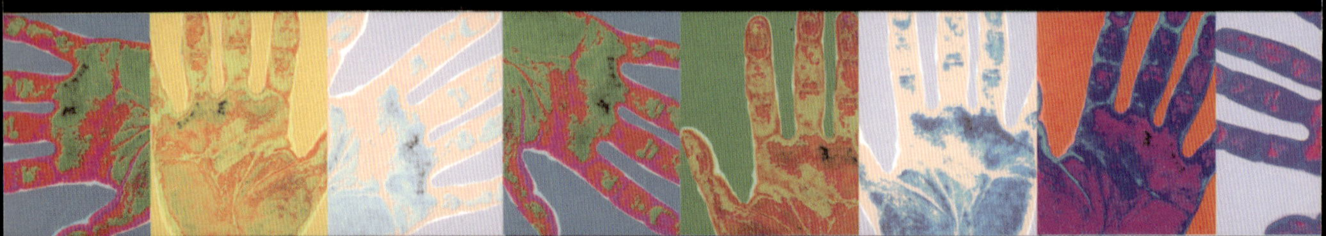

TRE MCCAMLEY

HANDLESEN

WAS HÄNDE VERRATEN

Librero

Die Originalausgabe erschien 1999 unter dem Titel:
Palm Decoder

Produktion der deutschsprachigen Ausgabe:
Tanja Timmerman vertaling & redactie
Übersetzung: Martin Rometsch
Satz: Studio Spade

Printed in China

ISBN: 978-90-8998-722-8

INHALT

WOLLEN SIE IHR WAHRES ICH ENTDECKEN?

EINFÜHRUNG

Jeder Mensch hat eine einzigartige Lebensgeschichte, und unsere Hände enthalten verschlüsselte Informationen darüber, was uns von anderen unterscheidet. Eine neue Hand, zerfurcht oder glatt, ist für den Handleser wie ein neues Buch – sie erzählt eine eigene, fesselnde Geschichte.

Das Handlesen, auch Chirologie genannt, ist die persönlichste aller Methoden, sich selbst zu entdecken. Sie hilft uns, Talente, Stärken, Fähigkeiten, Persönlichkeit, Potential und Grenzen eines Menschen zu verstehen. Die Handlinien verändern sich mit der Zeit und enthüllen neue Geheimnisse. Darum kann man dieses Buch immer wieder benutzen.

Die Methode des Handlesens hat nichts mit übernatürlichem Wissen zu tun. Jeder kann es lernen. Wenn Sie Ihre Handfläche mit den Fotos in diesem Buch vergleichen, können Sie einen »Steckbrief« Ihrer Hand erstellen und beobachten, wie die Muster sich im Verlauf der Zeit ändern.

Dies ist ein Arbeitsbuch. Schlagen Sie es immer wieder auf, und verfolgen Sie, wie Ihr Leben sich wandelt. Benutzen Sie das Buch, wenn Sie Entscheidungen treffen müssen, und denken Sie daran: Wenn Sie es heute verleihen, könnten Sie es morgen schon brauchen!

VOM NUTZEN DES HANDLESENS

Die Hand ist der Spiegel der Seele. Sie enthält eine Fülle von Informationen, und die Chirologie ist die Kunst, diese Geheimnisse zu entschlüsseln, um herauszufinden, wer SIe wirklich sind, um Vergangenheit, Gegenwart und künftige Möglichkeiten zu erkunden.

Es geht also um Sie und das, was für Sie am wichtigsten ist, sei es Geld, Liebe, Beruf oder etwas anderes. Sie können Ihr eigener Therapeut sein, und jedesmal, wenn Sie Ihre Hand lesen, verstehen Sie sich selbst ein wenig besser. Sie lernen, Schwächen auszugleichen und von Ihren Stärken zu profitieren.

ENTSCHEIDUNGSHILFEN

Soll ich den Arbeitsplatz wechseln? Bin ich in den Richtigen verliebt? Die Chirologie hilft Ihnen, Entscheidungen zu treffen, und sobald Sie diese Kunst beherrschen, haben Sie Ihren Berater immer dabei!

- → Handlesen hilft Ihnen auf Ihrem beruflichen Weg.
- → Handlesen beantwortet Fragen, indem Verborgenes entschlüsselt und vergessene Erinnerungen geweckt werden.
- → Handlesen fördert die Stärke Ihrer Persönlichkeit.
- → Handlesen hilft Ihnen, sich selbst zu verstehen, und ist eine Quelle neuer Gedanken und Ideen.
- → Handlesen hilft, Irrtümer zu erkennen und unproduktives Denken zu überwinden.
- → Handlesen zeigt neue Chancen auf.
- → Handlesen klärt und schärft den Geist.

Es ist immer aufregend, die eigene Hand oder die eines anderen Menschen zu lesen. Die meisten Leute zeigen sich interessiert, wenn Sie ihnen die Linien entziffern wollen. Vielleicht halten Sie bald überall nach Händen Ausschau, einerlei, ob Sie mit einem Kreditsachbearbeiter reden oder Ihren Chef um eine Gehaltserhöhung bitten.

CHIROLOGIE:

ALLGEMEINE GRUNDLAGEN

Die Hände enthalten ungewöhnlich viele Nervenenden. Darum sind sie der geeignete Ort dafür, die körperliche, seelische und medizinische Vergangenheit, aber auch den Intellekt, potentielle Fähigkeiten und Wendungen im Lebensweg zu erforschen.

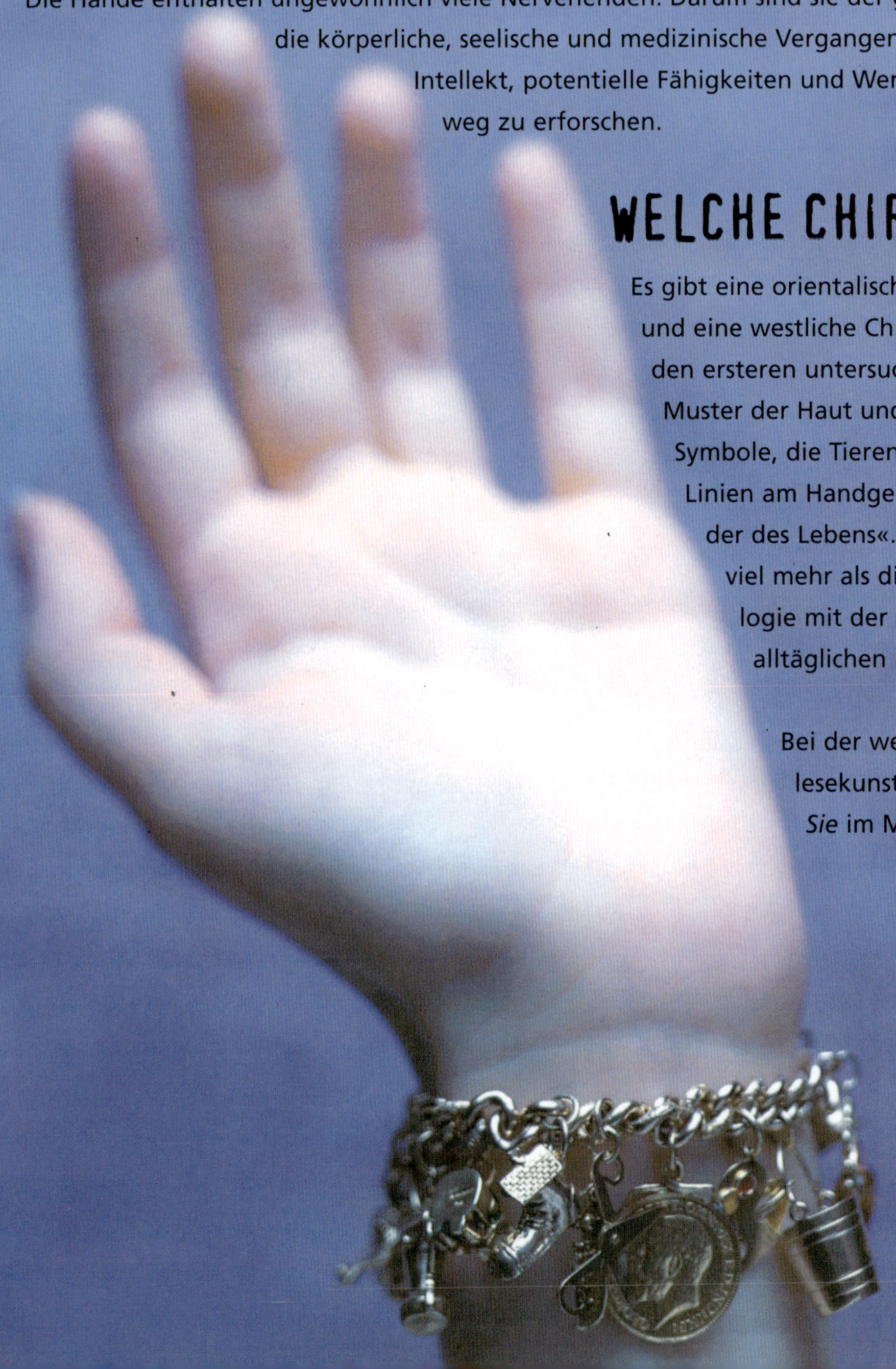

WELCHE CHIROLOGIE?

Es gibt eine orientalische, eine asiatische und eine westliche Chirologie. Die beiden ersteren untersuchen vor allem die Muster der Haut und der Fingerspitzen Symbole, die Tieren ähneln, und die Linien am Handgelenk, die »Armbänder des Lebens«. Sie befassen sich viel mehr als die westliche Chirologie mit der Großfamilie und alltäglichen Entscheidungen.

Bei der westlichen Handlesekunst hingegen stehen *Sie* im Mittelpunkt.

WELCHE HAND WIRD GELESEN?

Die DOMINANTE HAND ist die, mit der Sie schreiben. Sie gibt Auskunft über das bewußte Ich – die äußere Persönlichkeit, was Sie aus Ihrem Leben gemacht haben oder machen werden, und über Ihre Gesundheit.

Die PASSIVE HAND ist die andere Hand. Sie enthüllt das Unbewußte – die innere Persönlichkeit, welches Potential in Ihnen steckt und die von Ihrer Familie ererbte gesundheitliche Disposition.

Wenn Sie die Linien beider Hände vergleichen, bekommen Sie eine Vorstellung davon, inwieweit Ihr derzeitiges Leben Ihrem inneren Potential entspricht oder davon abweicht.

Denken Sie daran, daß die Zukunft nicht festgelegt ist. Menschen können den Weg, den sie gehen, ändern. Linien können durchbrochen werden, Brüche können heilen, Linien können schwächer der stärker werden. Manche Linien verändern sich innerhalb von Wochen, andere im Laufe von Jahren.

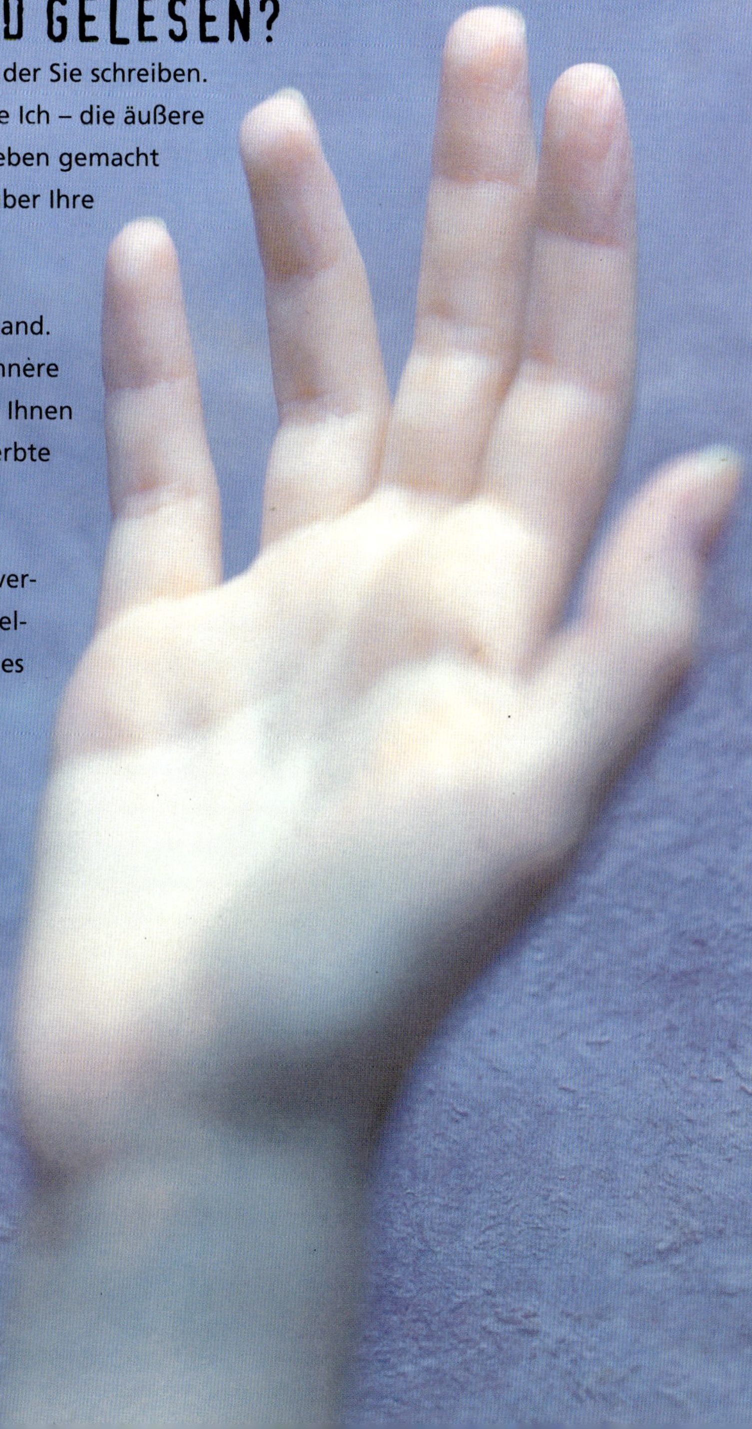

VORBEREITUNGEN

Sie sollten völlig entspannt sein, wenn Sie Ihre Hand lesen wollen. Wählen Sie eine Tageszeit, zu der Sie nicht gestört werden. Schaffen Sie mit natürlichem oder gedämpftem künstlichem Licht eine streßfreie Atmosphäre. Beleuchten Sie Ihre Handfläche mit einer Schreibtischlampe, um Einzelheiten sehen zu können. Leise, angenehme Musik und dezent duftende Kerzen tragen zur richtigen Stimmung bei. Eine Lupe hilft Ihnen, Details Ihrer Hand und auf den Fotos zu erkennen. Legen Sie die Hand mit der Handfläche nach oben auf ein weiches Kissen, so kann sie am besten ihre natürliche Haltung bewahren.

KONZENTRATION

Bevor Sie anfangen, entspannen Sie sich, atmen Sie tief ein und aus, machen Sie Ihren Geist frei. Dies hat nichts mit Übernatürlichem zu tun. Es geht ganz einfach darum, die Linien in Ihrer Hand zu deuten und sie – ähnlich wie man es von einer Sprache in die andere tut – zu übersetzen. Wenn Sie aufgeschlossen sind, erreichen Sie sehr viel mehr! Ihre Hände sind das Buch Ihres Lebens.

DER ERSTE SCHRITT

Ihre ganz persönliche Handlesung machen Sie mithilfe eines Stückes Folie. Zeichnen Sie die Umrisse Ihrer dominanten Hand (Handfläche unten) mit einem wasserlöslichen Filzstift nach. Drehen Sie dann die Folie und Hand um und ziehen Sie jetzt, wie auf der Abbildung, die Hauptlinien nach (weitere Linien können Sie später nachtragen). Vergleichen Sie Ihre Linien nun mit denen auf Seite 18-20 (»Schnellüberblick«) und schlagen Sie bei den Beispielen, die den einzelnen Linien Ihrer Hand am ehesten entsprechen, auf den angegebenen Seiten nach, um ihre Bedeutung zu erfahren.

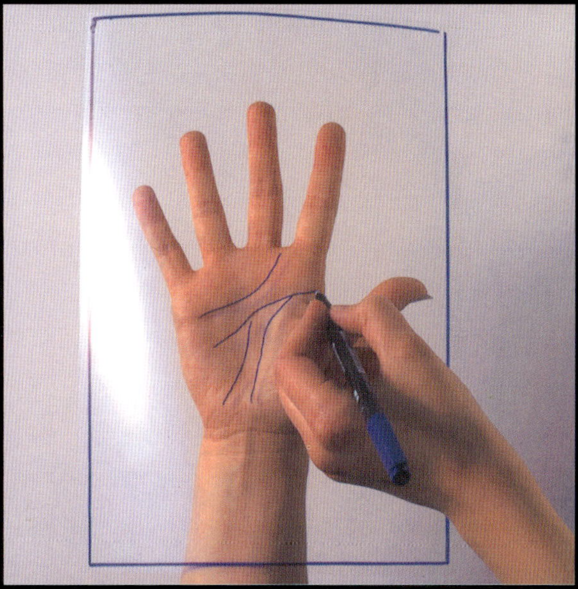

Nachdem Sie alle Linien markiert haben, kopieren Sie die Folie und datieren Sie sie. Wischen Sie sie nun ab, und fangen Sie mit der passiven Hand von vorne an. Wenn die Linien sich unterscheiden, deuten Sie die Linien der passiven Hand als Züge Ihres Unbewußten. Genauere Ergebnisse erhalten Sie, wenn Sie zusätzlich Brüche, Inseln und andere Merkmale so präzise wie möglich nachzeichnen.

DIE HAND LESEN

DIE HAUPTLINIEN

Die Linien auf Ihren Händen spiegeln bedeutsame Einflüse und Veränderungen in Ihrem Leben wider. Identifizieren Sie die einzelnen Linien, indem Sie ihre Position und ihren Verlauf verfolgen. Denken Sie aber daran, daß nicht jede Linie auf jeder Hand zu finden ist.

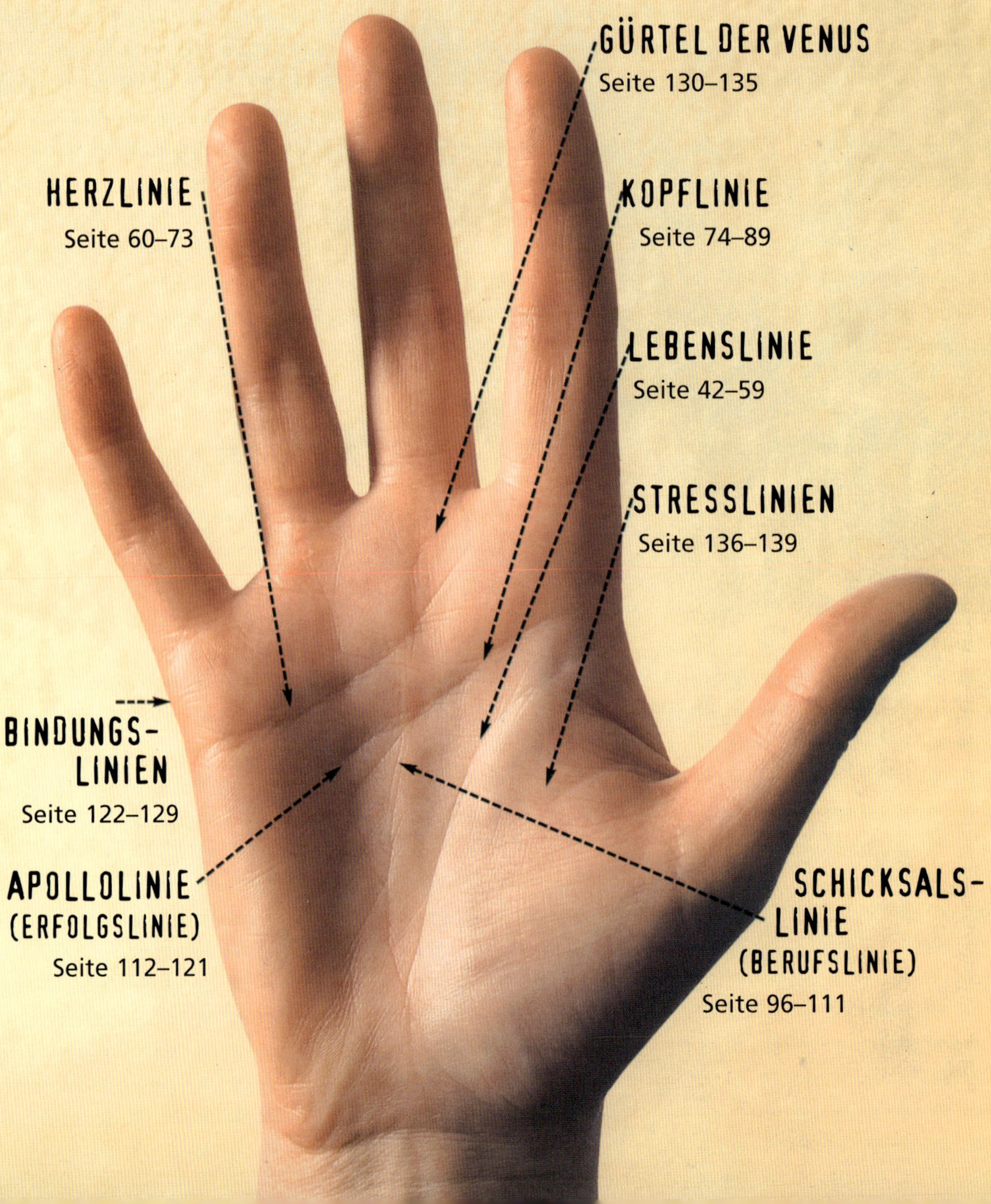

DAS STUDIUM DER LINIEN

Die Beschaffenheit jeder einzelnen Linie und die Muster, die sie umgeben, helfen Ihnen beim Lesen und Deuten.

Stellen Sie sich jede Linie als gleichmäßig strömenden Fluß vor. Eine klare, ebenmäßige Linie ist ein Fluß und ein Leben, das ungestört dahinfließt. Das hilft Ihnen, an die subtilen Änderungen der Bedeutung zu denken, die mit jeder Linienvariante einhergehen. Steht Ihnen ein holpriger Weg bevor? Ist der Fluß blockiert und müssen Sie einen Umweg machen?

UNGLEICHMASSIGE LINIE

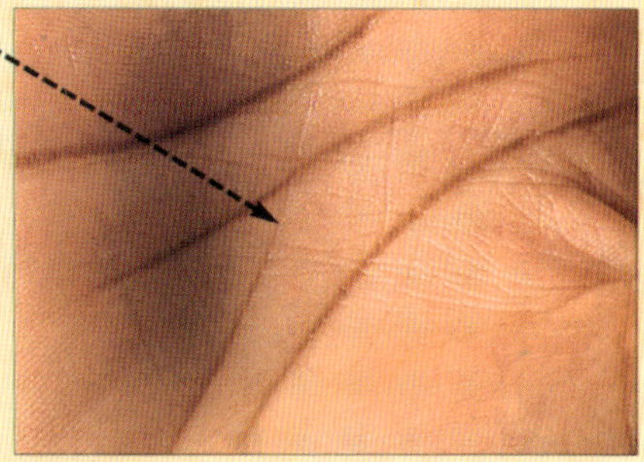

Ungleichmäßige Linien sind an manchen Stellen tief (das bedeutet Kraft und Intensität), an anderen flach (das bedeutet verbrauchte Energie und Schwäche).

UNTERBROCHENE LINIE

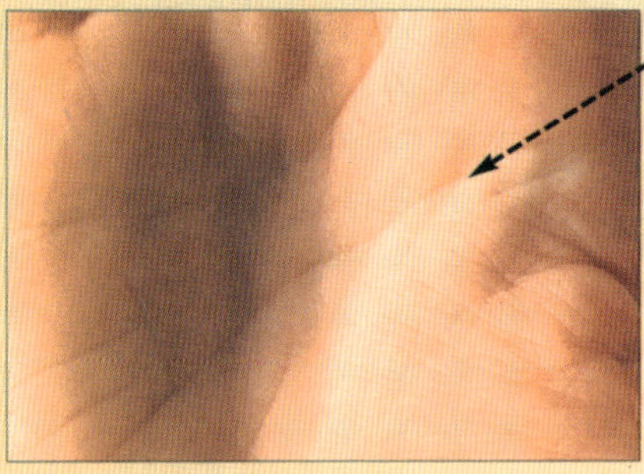

Eine geteilte Linie mit Ästen, die entlang der Hauptlinie verlaufen, deutet auf vergeudete Energie oder unvollendete Projekte hin. Ein breiter, langer Ast, der zu einem Berg führt, zeigt, daß die Eigenschaften dieses Berges Sie anziehen.

INSELN

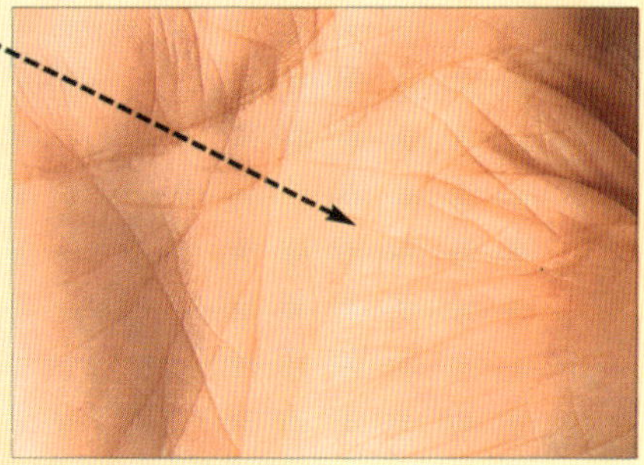

Eine Insel wird aus einer Linie, die von einer Hauptlinie abzweigt und sich später wieder mit ihr vereinigt, gebildet. Sie weist auf Energie hin, die durch das Fließen in zwei Richtungen geschwächt wird, und dann auf eine neu aufgekommene Entschlußkraft, wo die Linien sich wieder verbinden.

BRÜCHE

Brüche unterbrechen das natürliche Fließen. Ein kleiner Bruch oder sich überlappende, unterbrochene Enden haben nur geringe Auswirkungen.

RECHTECKE

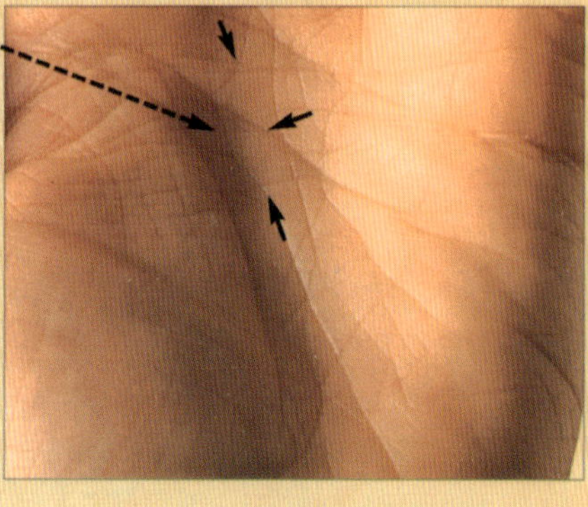

Ein Rechteck ist eine schützende Barriere. Es bildet sich vor allem um Brüche und schwache Linienabschnitte herum, ähnlich wie ein befestigtes Ufer, und weist oft darauf hin, daß sich jemand um Sie kümmert, wenn Sie in Schwierigkeiten sind.

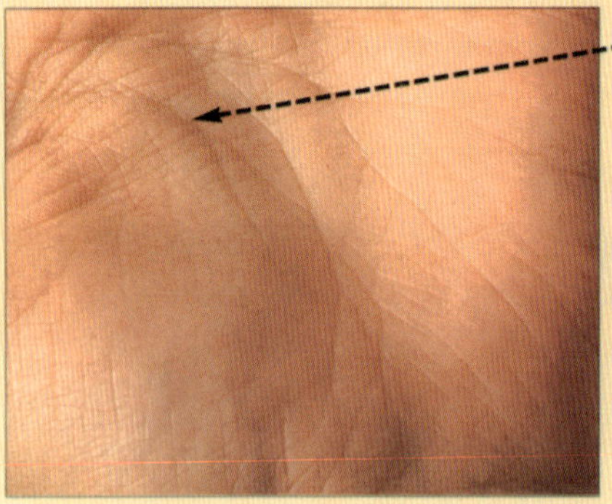

KETTEN

Eine Kette steht für einen schweren, anstrengenden oder mit Hindernissen versehenen Weg. Ketten auf der Herzlinie lassen auf Empfindsamkeit schließen; auf der Kopflinie deuten sie an, daß Sie zu Kopfschmerzen neigen.

SCHWESTERLINIEN

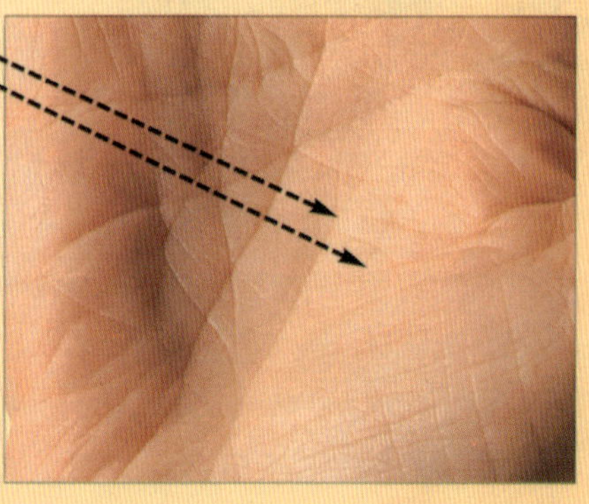

Eine Linie, die parallel zu einer schwachen Linie verläuft, wird Schwesterlinie genannt, denn sie schützt und stärkt die Hauptlinie.

ZEICHEN AUF DER HAND

Zeichen oder Symbole sind an vielen Stellen der Handfläche zu finden. Die Interpretationen der folgenden Zeichen haben sich immer wieder als richtig erwiesen.

DREIECKE

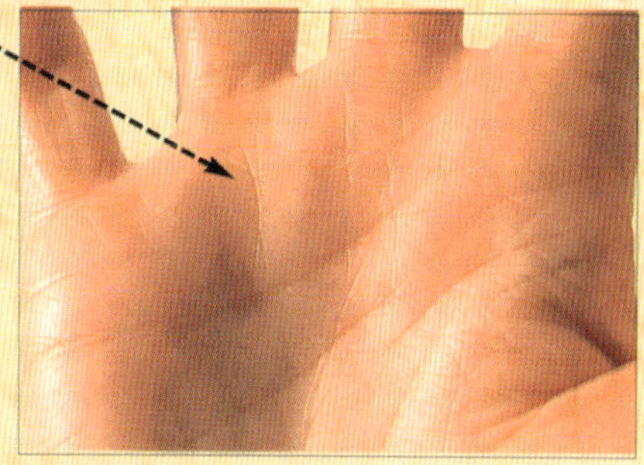

Ein einzelnes Dreieck ist ein Indiz für hohe Intelligenz. Ein Dreieck auf dem Berg an der Wurzel des Zeigefingers deutet auf hochfliegenden Ehrgeiz hin.

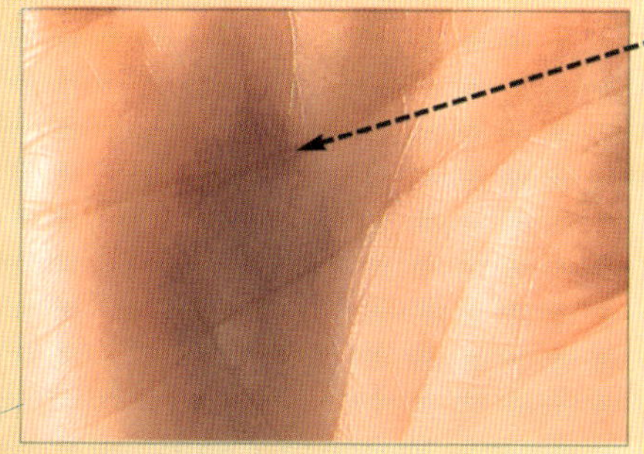

STERNE

Sterne leuchten. Ein Stern besteht aus drei Linien, die sich an einem Punkt kreuzen. Er verkündet hellere, bessere, glücklichere Aussichten.

QUADRATE

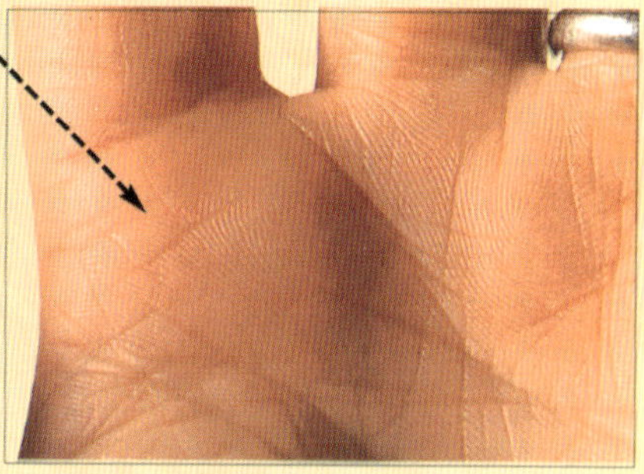

Ein bemerkenswertes Quadrat auf dem Berg an der Wurzel des Zeigefingers ist das »Lehrerquadrat«. Es zeigt das Talent, andere zu unterrichten.

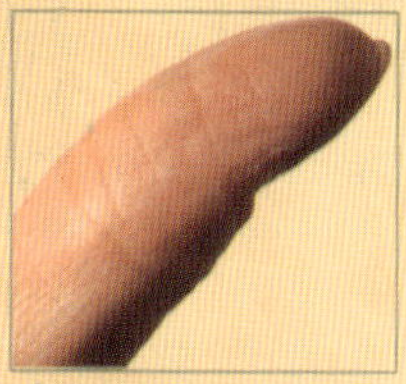

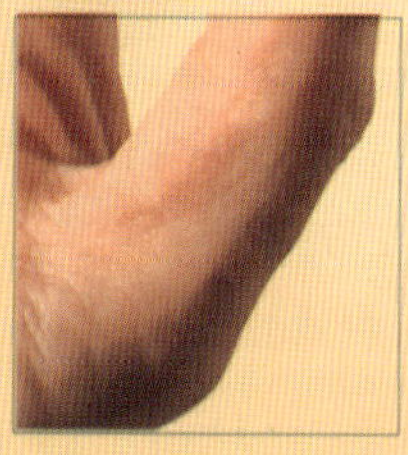

DIE DAUMENGLIEDER

Das obere Glied des Daumens symbolisiert Willenskraft, das untere Logik. Meist sind sie gleich lang. Ein kürzeres oberes Glied läßt auf ein Fehlen von Willensstärke schließen.

Ein langes, unteres Daumenglied weist auf einen sehr logisch denkenden Menschen hin. Linien, die sich über das untere Daumenglied ziehen, heißen Ringe der Intuition. Je mehr sich dort befinden, desto stärker ist diese Fähigkeit ausgebildet.

DIE FINGERSPITZEN

Aus der Kriminalistik wissen wir, daß jeder Mensch einen absolut einzigartigen Fingerabdruck hat. Diese Muster können uns weitere Hinweise auf Persönlichkeit und Stärken einses Menschen geben.

DIE ELLENSCHLEIFE

Die Ellenschleife deutet zum Daumen und ist das häufigste Muster. Sie sind flexibel und können sich wechselnden Umständen anpassen.

DIE SPEICHENSCHLEIFE

Die Speichenschleife deutet vom Daumen weg. Sie sind vielseitig, anpassungsfähig und ziemlich extrovertiert.

DIE ZUSAMMENGESETZTE SCHLEIFE

Diese Schleife gleicht einem S. Zwei Schleifen laufen in entgegengesetzte Richtungen. Da Sie beide Seiten eines Problems sehen und in beide Richtungen gezogen werden, sind Sie oft unschlüssig.

DER WIRBEL (INSEL)

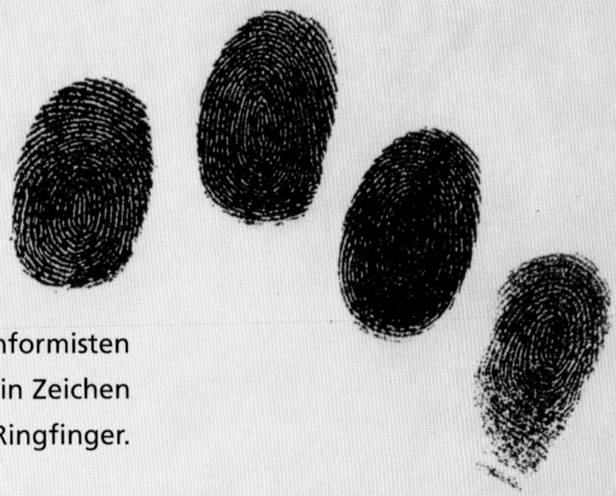

Ein Wirbel ähnelt den Wellen, die ein Stein erzeugt, den man in einen Teich wirft. Er deutet auf Menschen hin, die sich nur auf eine einzige Aufgabe konzentrieren und dabei zur »Insel« werden – Führernaturen und Nonkonformisten mit starker Überzeugung. Oft ist der Wirbel ein Zeichen für Erfolg, vor allem einer am Zeige- oder Ringfinger.

DAS PFAUENAUGE

Das ist ein Wirbel in einer Schleife. Die Bedeutung bleibt gleich; aber die Schleife fügt Glück, Schutz und Sinnesschärfe hinzu.

DER BOGEN

Ein kleiner Bogen verrät, daß Sie andere beschützen wollen. Sie übernehmen Verantwortung, empfinden diese aber oft auch als Last. Der Bogen kommt selten vor, meist an mehreren Fingern, was seine Bedeutung verstärkt.

RILLENMUSTER

Auch die Handfläche enthält rillen- oder wellenartige Muster, die denen auf den Fingerspitzen ähneln. Als allgemeine Regel gilt: Der Körper ist in guter Verfassung, wenn die Rillen klar sind und die Haut federt (drücken Sie mit einem Finger darauf). Die genauere Untersuchung der feinen Linienmuster enthüllt Ungleichgewichte und Krankheiten. In den kommenden Jahren wird man sie gewiß viel mehr beachten; aber im Rahmen dieses Buches können wir auf dieses faszinierende Gebiet, Dermoglyphik genannt, nicht näher eingehen.

KINDERLINIEN

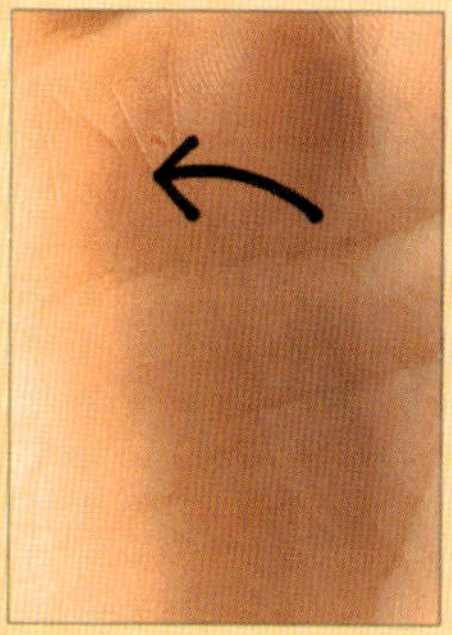

Diese Linien kreuzen die Bindungslinien im rechten Winkel. Trotz der Behauptungen mancher Chirologen besteht kein Zusammenhang zwischen Kinderlinien und der Zahl der Kinder, die Sie haben werden. In einer Zeit der Geburtenkontrolle, des Wettbewerbs und des Stresses symbolisieren die Kinderlinien vielleicht eher die Kinder, die Sie haben könnten.

Kinderlinien verraten jedoch, wie gut Sie mit Kindern umgehen können.

SCHNELLÜBERBLICK

Auf den folgenden Seiten sind verkleinert alle Handflächen abgebildet, die in diesem Buch besprochen werden, damit Sie sofort sehen, wo Sie nachschlagen müssen. Ziehen Sie Ihren Handabdruck auf der Folie nach, prüfen Sie, mit welchem Foto er am ehesten übereinstimmt, und schlagen Sie die angegebene Seite auf.

HÄUFIG GESTELLTE FRAGEN

F: Meine Lebenslinie beginnt weit oben und gabelt sich am Ende. In welchem Abschnitt soll ich nachschlagen?

A: In beiden. Jede Linie kann mehrere Merkmale aufweisen. Kombinieren Sie einfach die Deutungen für jedes Merkmal. Die Beispiele in diesem Buch stellen typische Merkmale vor, aber es gibt viele Varianten.

F: Warum habe ich so viele Linien auf meiner Hand?

A: Wahrscheinlich haben Sie eine breite Hand. Vergleichen Sie zuerst Ihre Hand mit denen im Abschnitt »Streßlinien«. Heutzutage sind die dominanten Linien im Gewirr der Streßlinien oft schwer zu finden. Am besten untersuchen Sie sorgfältig eine Linie nach der anderen.

F: Was soll ich tun, wenn die Handfläche, die zu meiner paßt, zur falschen Hand gehört?

A: Drehen Sie einfach die Folie um, so daß die linke Hand zur rechten wird oder umgekehrt. Wichtig ist nur, ob es die dominante oder die passive Hand ist.

F: Was geschieht mit den Linien, wenn mein Leben sich erheblich ändert?

A: Die Linien ändern sich im Laufe des Lebens. Wenn Sie Ihr Leben umkrempeln, passen die Linien sich innerhalb einiger Monate an. Es lohnt sich, eine Fotokopie Ihrer Hand zu machen, das Papier mit Anmerkungen zu versehen und dann die Veränderungen zu beobachten.

F: Meine Linien stimmen mit dem meiner Hand am ähnlichsten Bild nicht genau überein. Was bedeutet das?

A: Jeder Mensch hat andere Linien. Die Bilder in diesem Buch zeigen die wichtigsten Merkmale. Die zusätzlichen Kommentare dazu müssen nicht auf Sie zutreffen. Blättern Sie auch die anderen Seiten durch, und suchen Sie Merkmale, die mit den Ihren übereinstimmen.

F: Ich habe nur wenige Linien. Ist mein Leben langweilig?

A: Es gibt keine langweilige Handfläche. Jede erzählt eine einzigartige, faszinierende Geschichte. Wenn Sie wenig Linien haben, ist oft die Deutung präziser möglich.

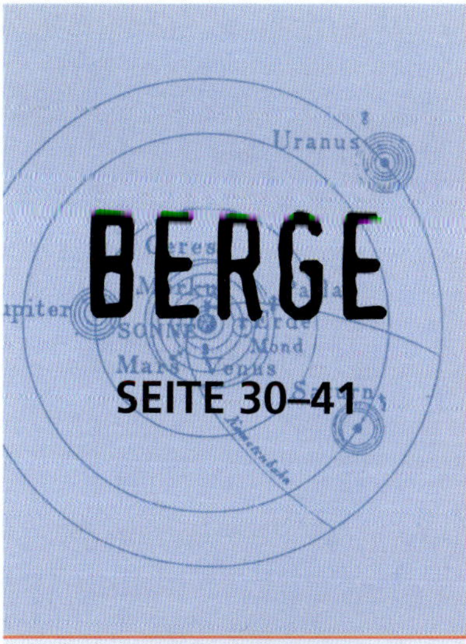

BERGE

SEITE 30–41

JUPITERBERG
● GUT ENTWICKELT

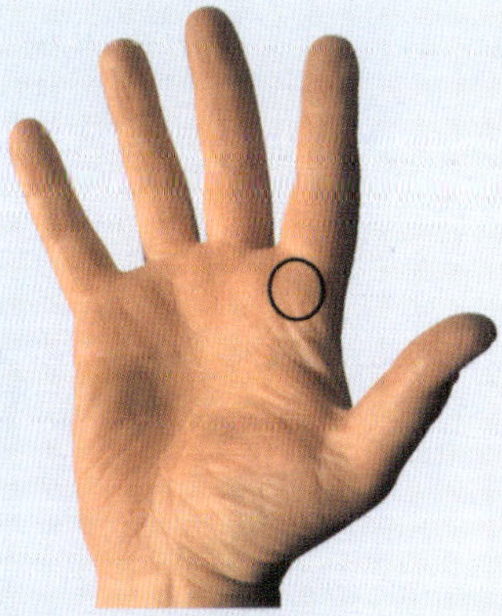

SEITE 32

SATURNBERG
● GUT ENTWICKELT

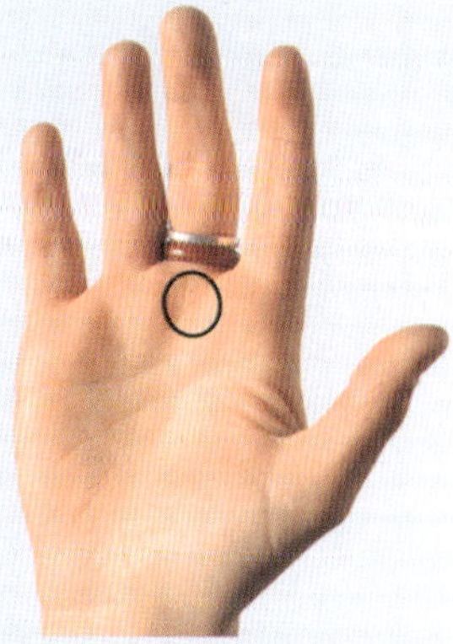

SEITE 33

APOLLOBERG
● GUT ENTWICKELT

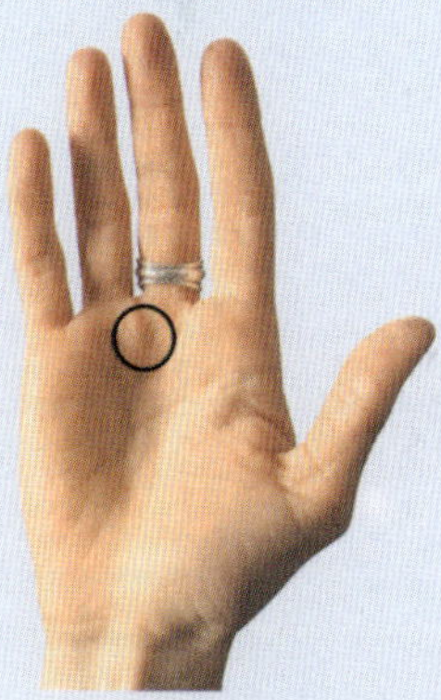

SEITE 34

MERKURBERG
● GUT ENTWICKELT

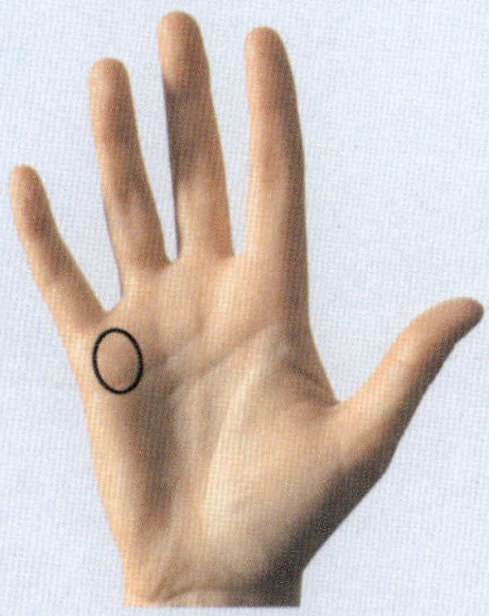

SEITE 35

VENUSBERG
● GUT ENTWICKELT

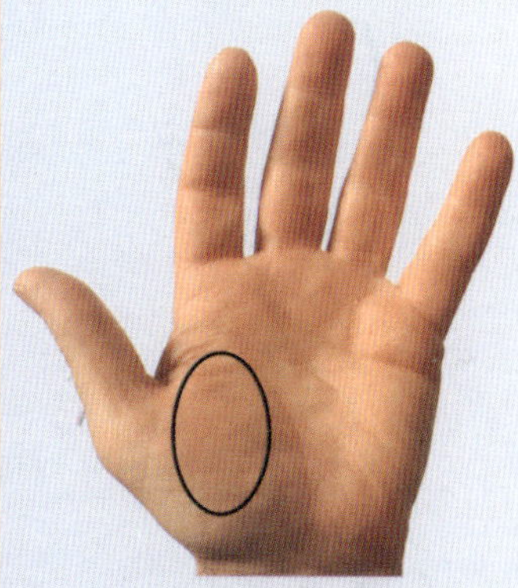

SEITE 36

MONDBERG
● GUT ENTWICKELT

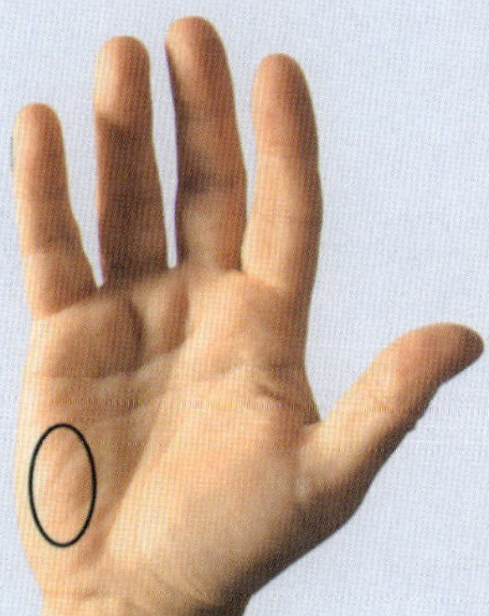

SEITE 37

NEPTUNBERG
● GUT ENTWICKELT

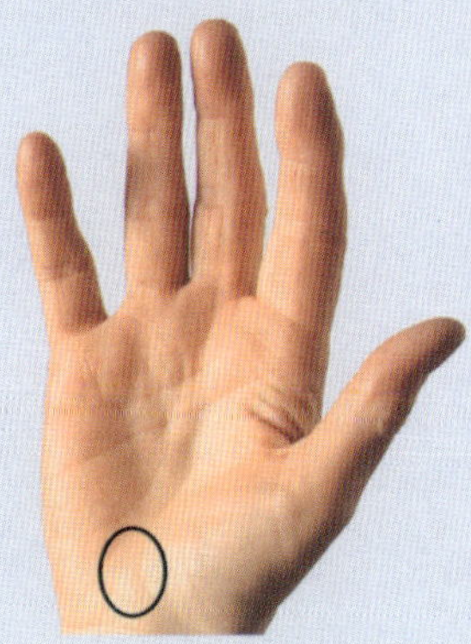

SEITE 38

GROSSER MARSBERG
● GUT ENTWICKELT

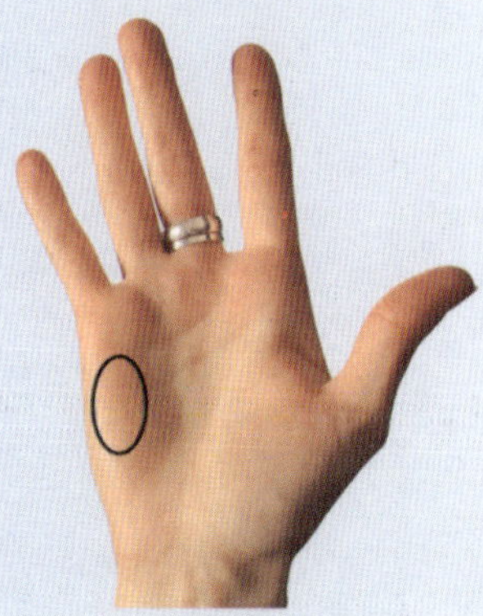

SEITE 39

KLEINER MARSBERG
● GUT ENTWICKELT

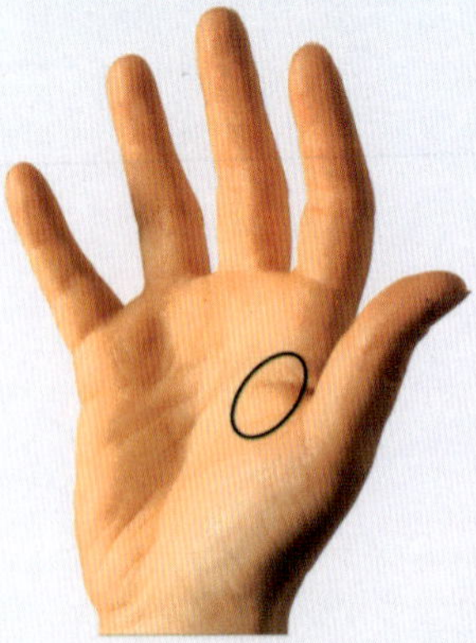

SEITE 40

VENUS- UND NEPTUNBERG
● GUT ENTWICKELT

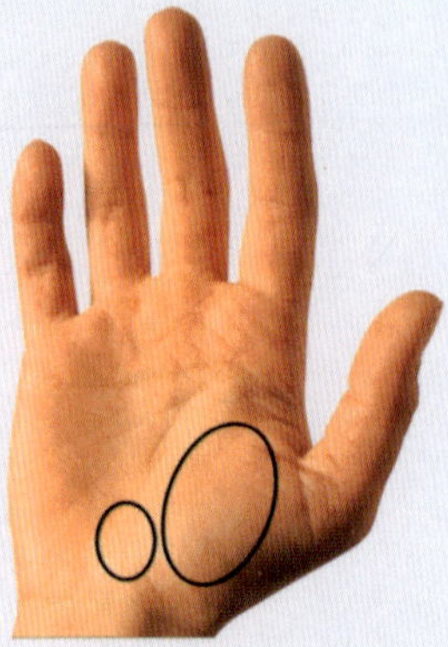

SEITE 41

LEBENS-LINIE

SEITE 42–59

LEBENSLINIE
● WEITER BOGEN UM DAUMEN
● VENUSBERG GUT ENTWICKELT

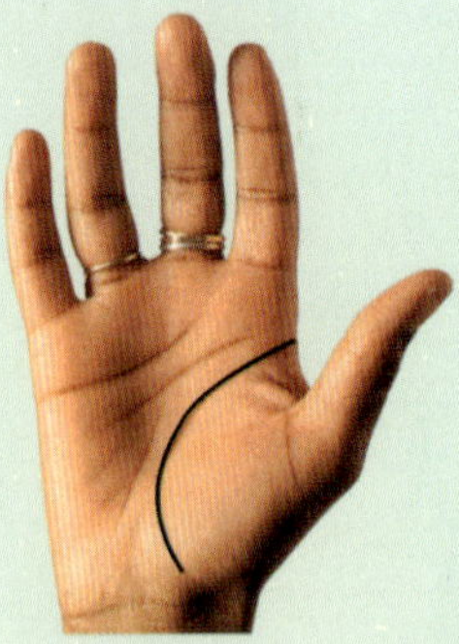

SEITE 47

LEBENSLINIE
● KURZ
● UNTERBROCHEN

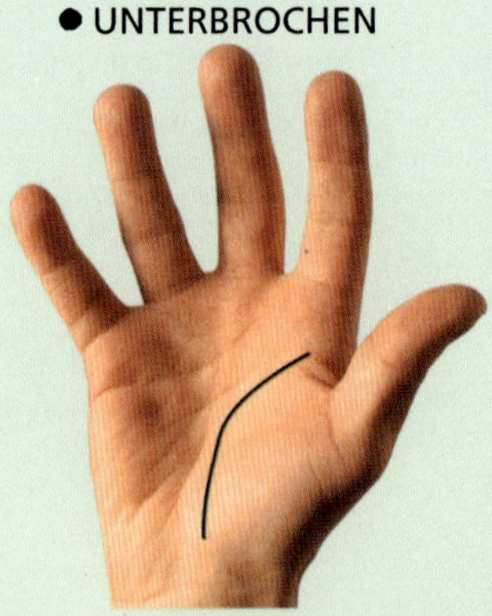

SEITE 48

LEBENSLINIE
● KURZ
● UNTERBROCHEN

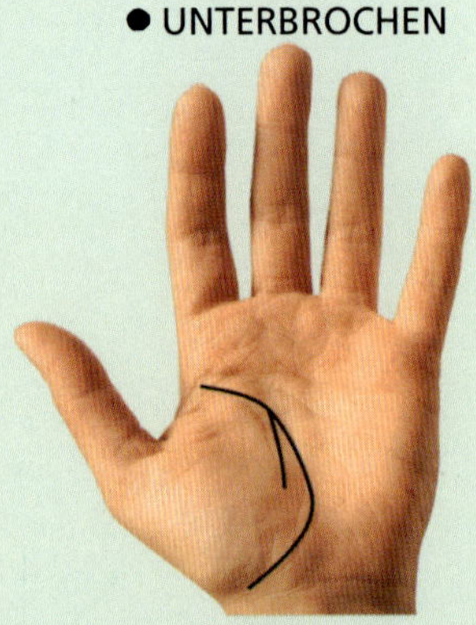

SEITE 49

LEBENSLINIE
● GANZ ● ENDE GEGABELT

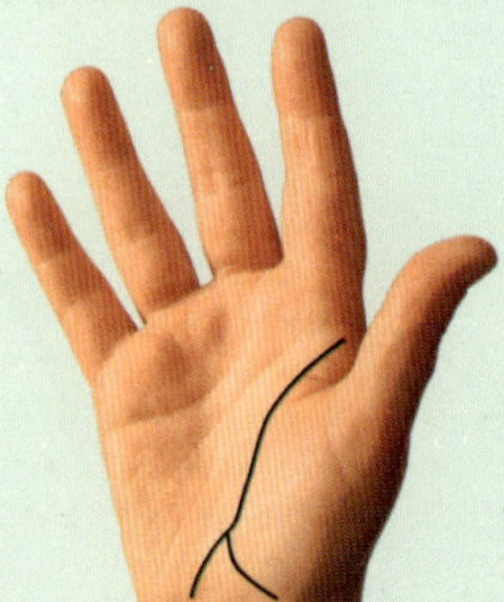

SEITE 53

LEBENSLINIE
● ENDE UNTER DEM DAUMENBALLEN

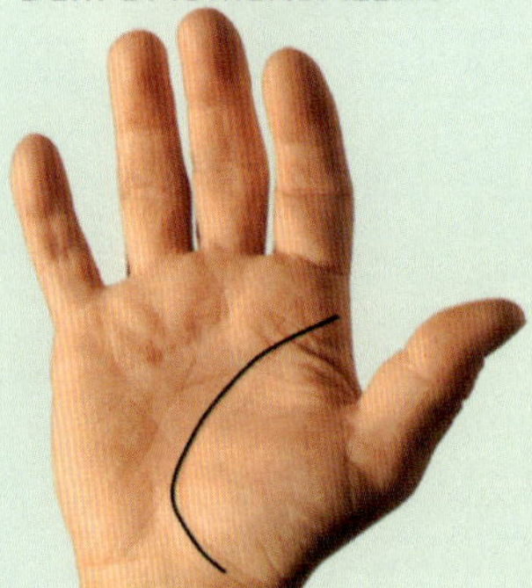

SEITE 54

LEBENSLINIE
● ENDE FERN VOM DAUMEN

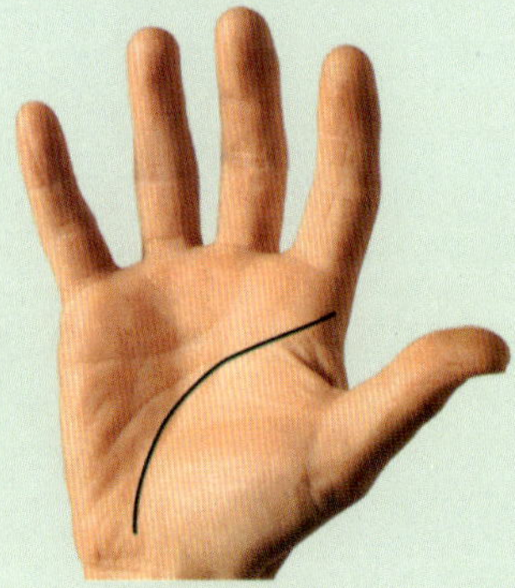

SEITE 55

LEBENSLINIE
● NAHE AM DAUMEN
● SCHMALER VENUSBERG

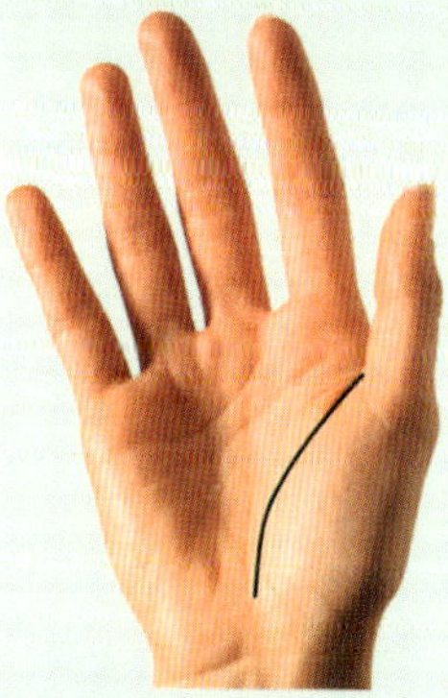

SEITE 44

LEBENSLINIE
● NAHE AM DAUMEN
● SCHMALER VENUSBERG

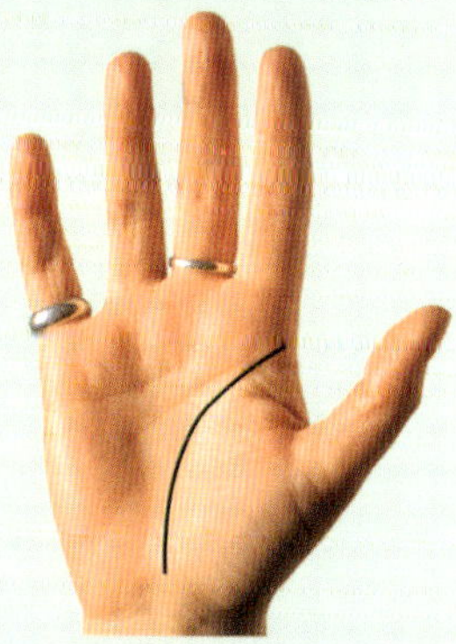

SEITE 45

LEBENSLINIE
● WEITER BOGEN UM DAUMEN
● VENUSBERG GUT ENTWICKELT

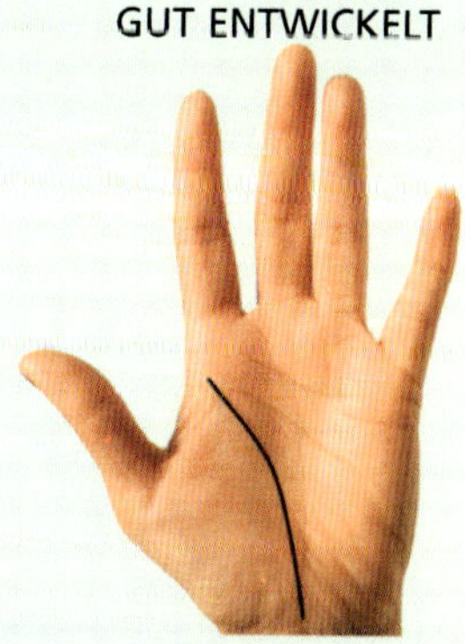

SEITE 46

LEBENSLINIE
● KURZ ● UNTERBROCHEN

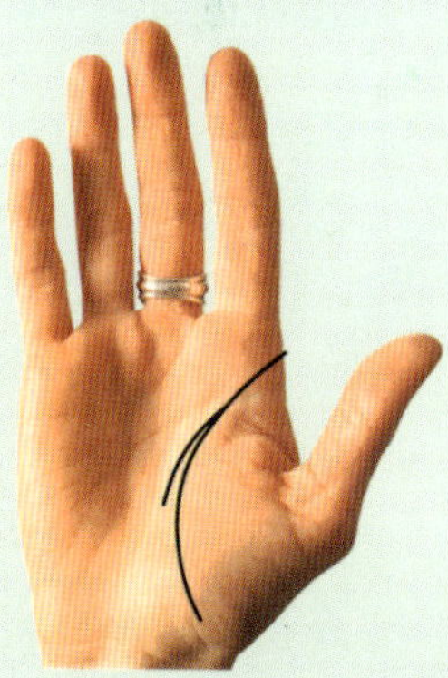

SEITE 50

LEBENSLINIE
● DOPPELT ● GANZ ODER TEIL

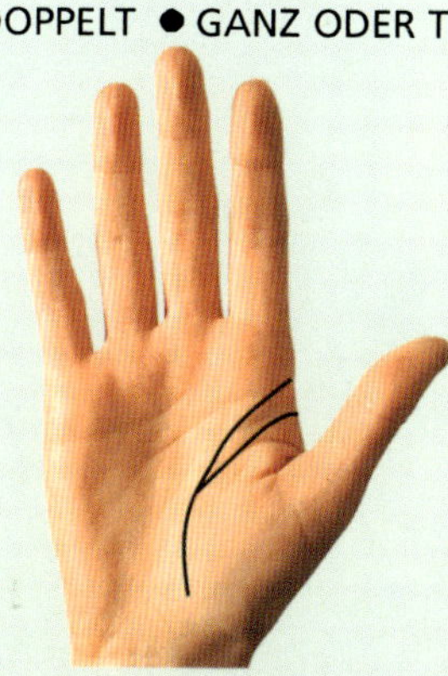

SEITE 51

LEBENSLINIE
● GANZ ● ENDE GEGABELT

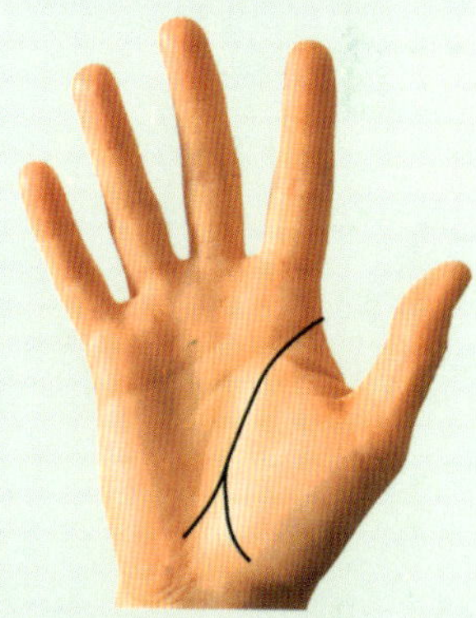

SEITE 52

LEBENSLINIE
● BEGINNT HOCH

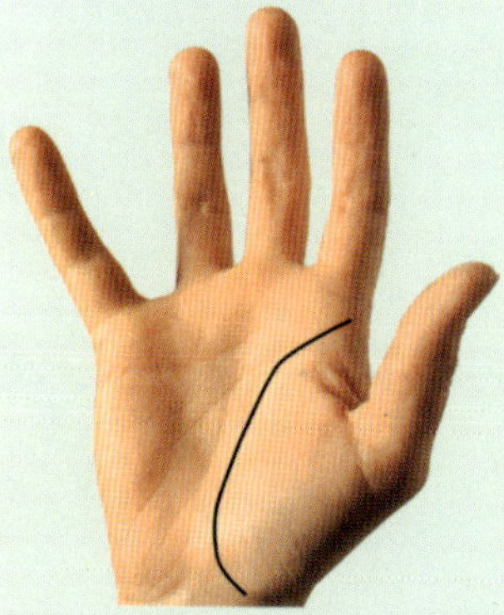

SEITE 56

LEBENSLINIE
● BEGINNT TIEF
● NAHE AM DAUMEN

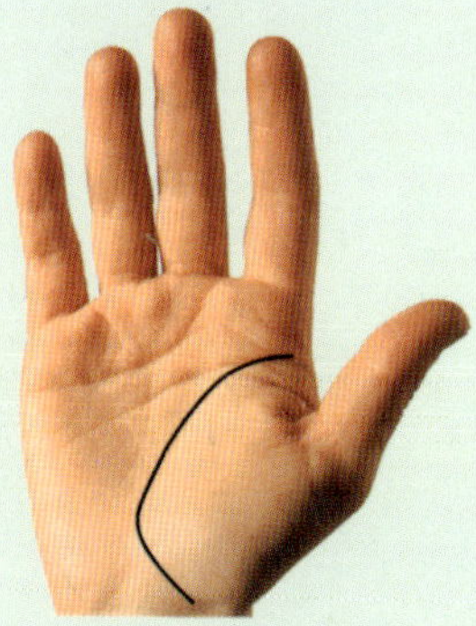

SEITE 57

LEBENSLINIE
● PASSIVE HAND
● ANDERS ALS DOMINANTE HAND

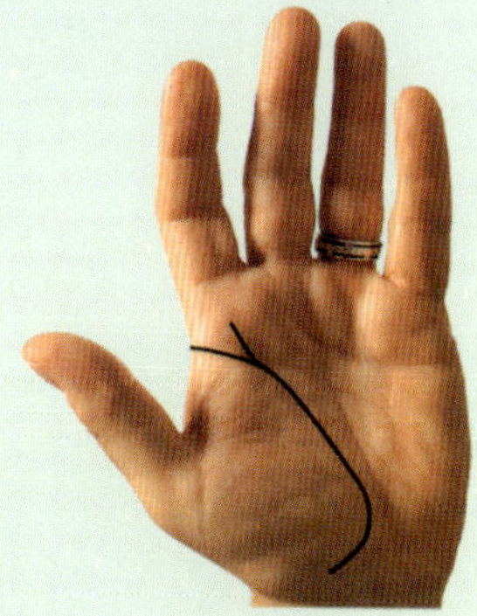

SEITE 58

LEBENSLINIE
- DOMINANTE HAND
- DOPPELT
- GANZ ODER TEIL

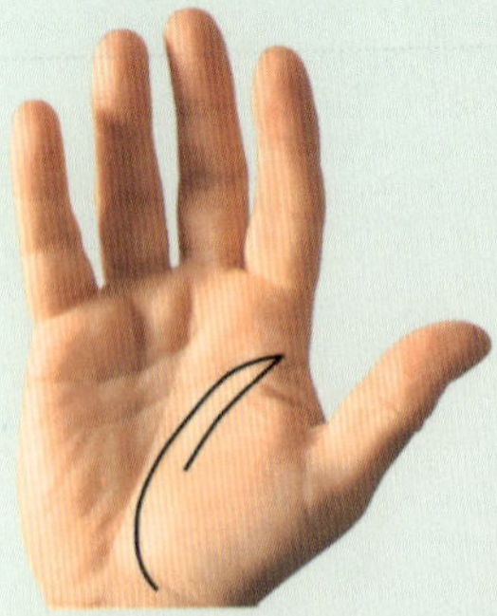

SEITE 59

HERZ-LINIE

SEITE 60–73

HERZLINIE
- ENDE UNTER ZEIGEFINGER
- ENDE AUF JUPITERBERG

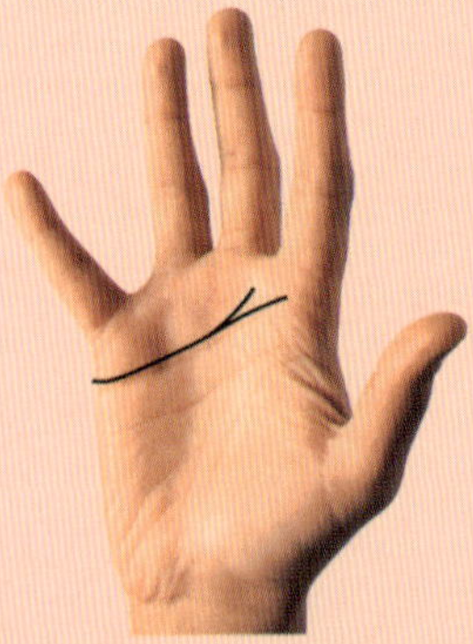

SEITE 65

HERZLINIE
- ENDE ZWISCHEN ZEIGE- UND MITTELFINGER

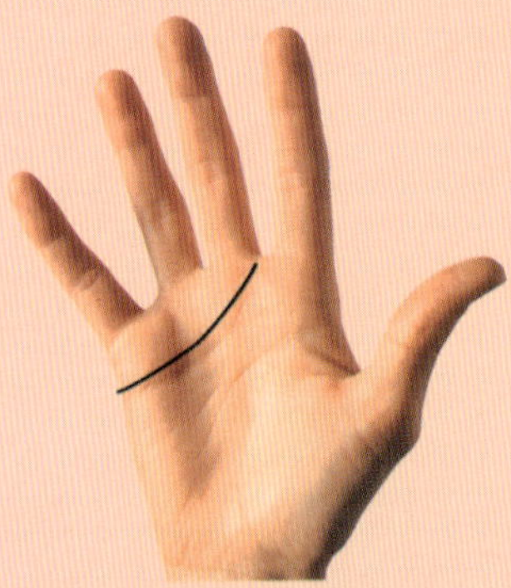

SEITE 66

HERZLINIE
- ENDE ZWISCHEN ZEIGE- UND MITTELFINGER

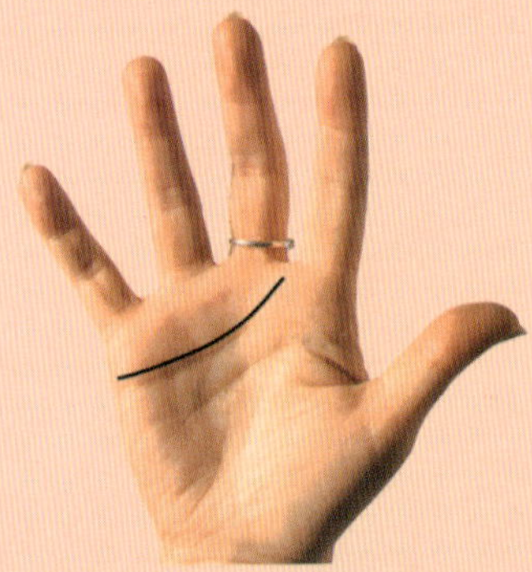

SEITE 67

HERZLINIE
- DOPPELT
- HAT EINE PARALLELE

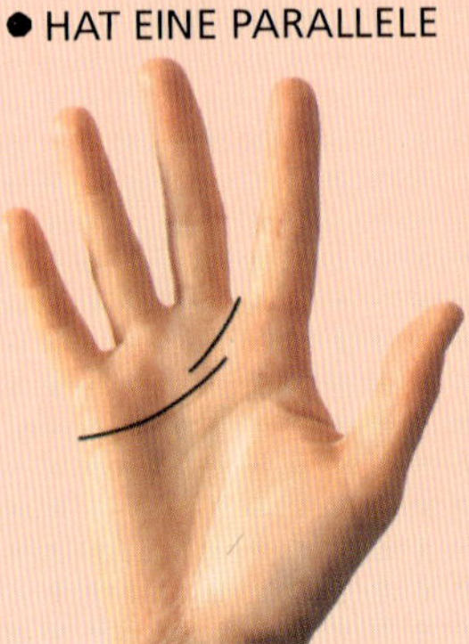

SEITE 71

HERZLINIE
- PASSIVE HAND
- ANDERS ALS DOMINANTE HAND

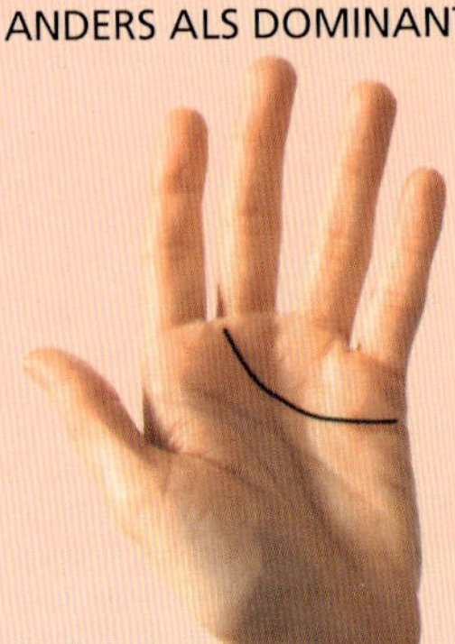

SEITE 72

HERZLINIE
- DOMINANTE HAND
- ENDE AM ZEIGEFINGER

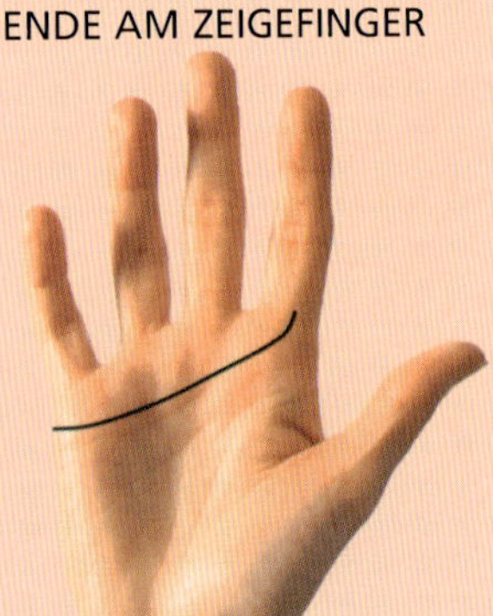

SEITE 73

HERZLINIE
- KURZ
- GERADE
- ENDE UNTER MITTELFINGER

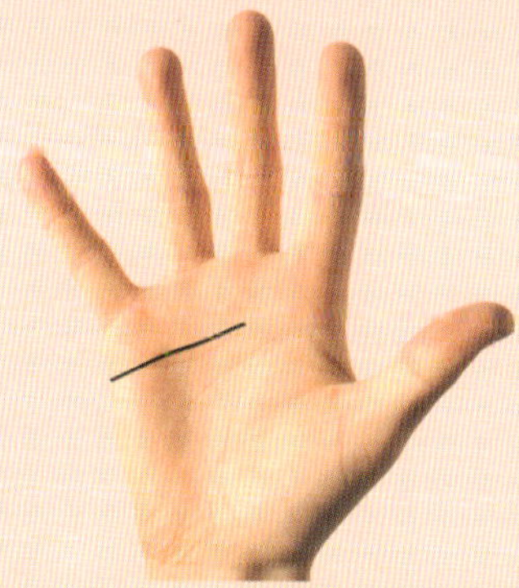

SEITE 62

HERZLINIE
- KURZ
- GERADE
- ENDE UNTER MITTELFINGER

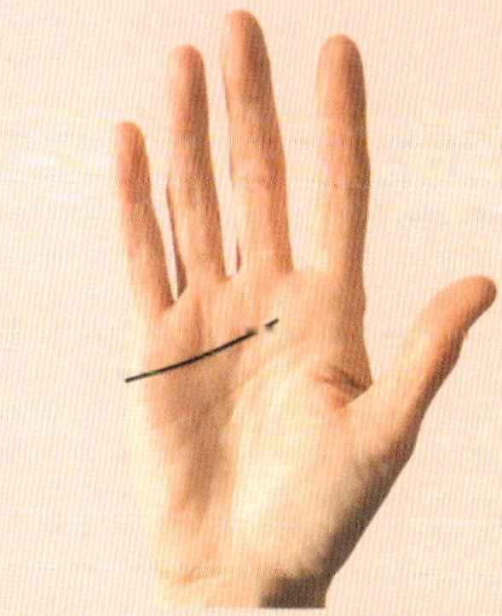

SEITE 63

HERZLINIE
- LANG
- GERADE
- ENDE UNTER ZEIGEFINGER

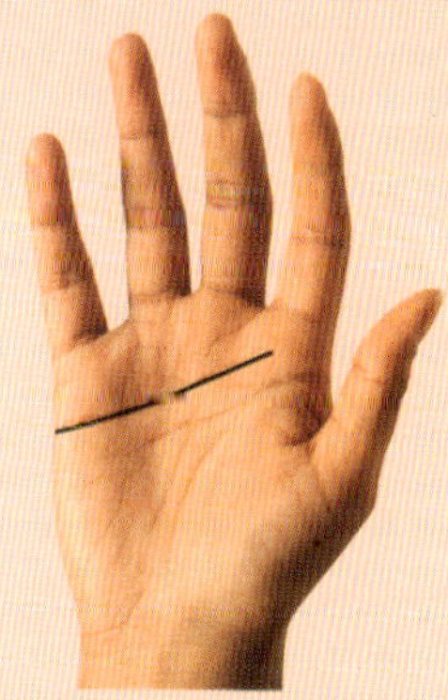

SEITE 64

HERZLINIE
- ENDE ALS GABEL
- ENDE ALS DREIZACK

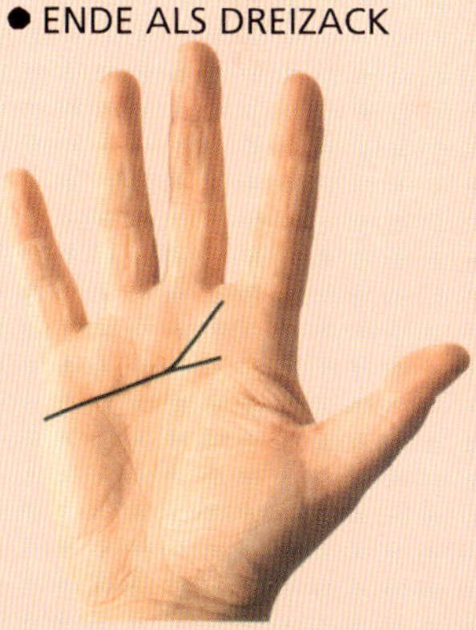

SEITE 68

HERZLINIE
- STARK
- KLAR

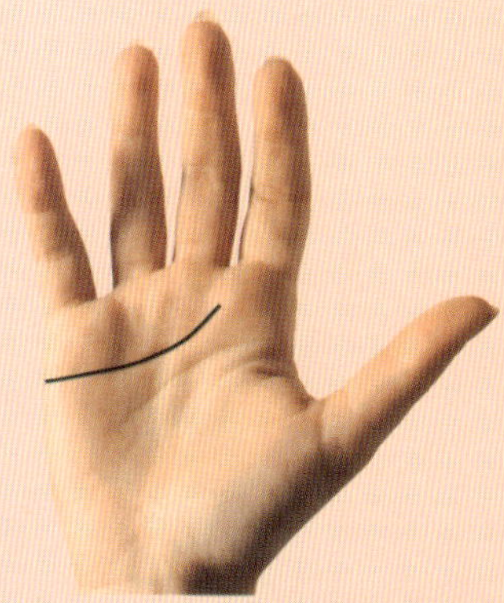

SEITE 69

HERZLINIE
- MIT VIELEN ÄSTEN

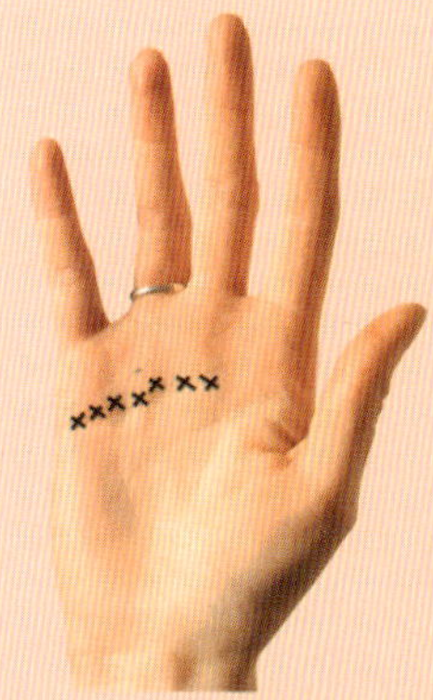

SEITE 70

KOPF-LINIE

SEITE 74–89

KOPFLINIE
- KURZ
- GERADE
- ENDE UNTER MITTELFINGER

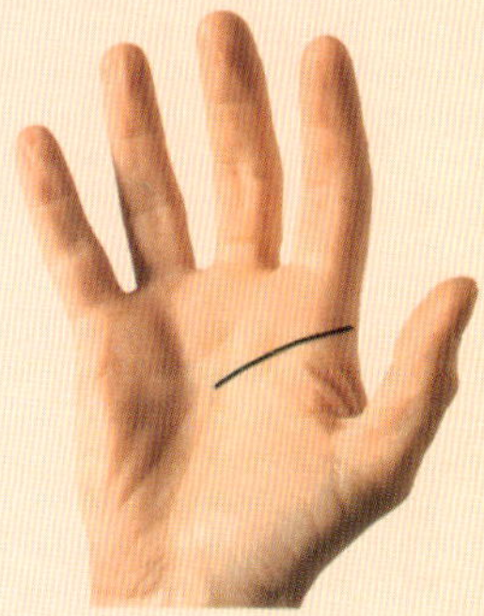

SEITE 76

KOPFLINIE
- LANG
- GERADE
- ENDE UNTER RING- ODER MITTELFINGER

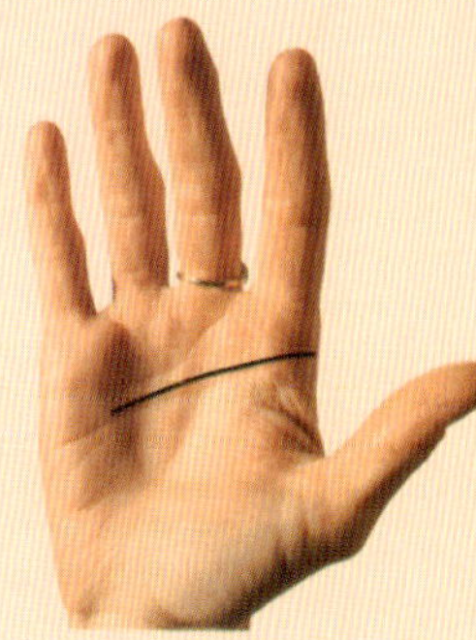

SEITE 77

KOPFLINIE
● LANG ● ABWÄRTS GEBOGEN

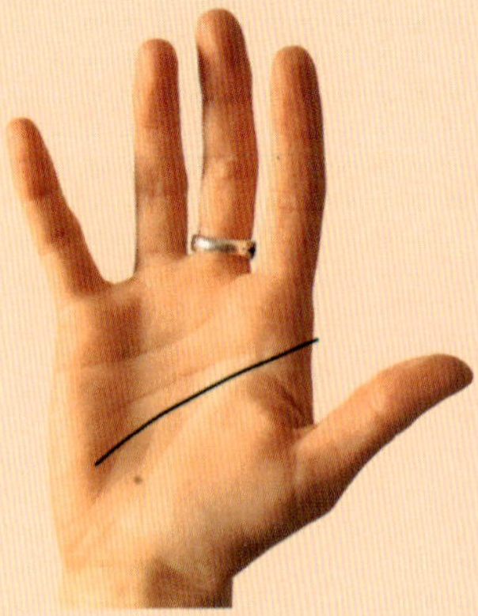

SEITE 78

KOPFLINIE
● LANG ● JÄH ABFALLEND

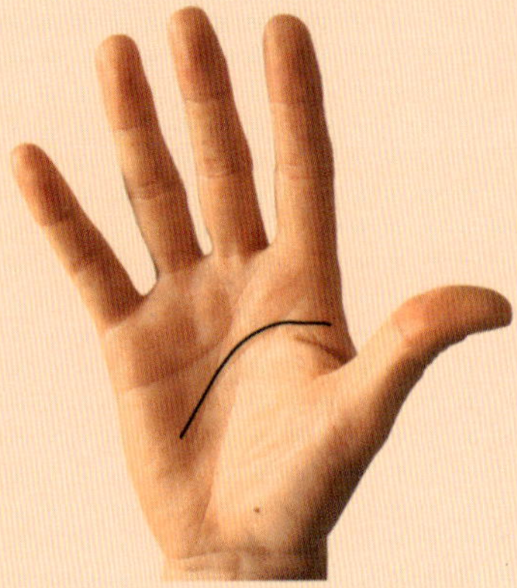

SEITE 79

KOPFLINIE
● ANFANG VERBUNDEN MIT LEBENSLINIE

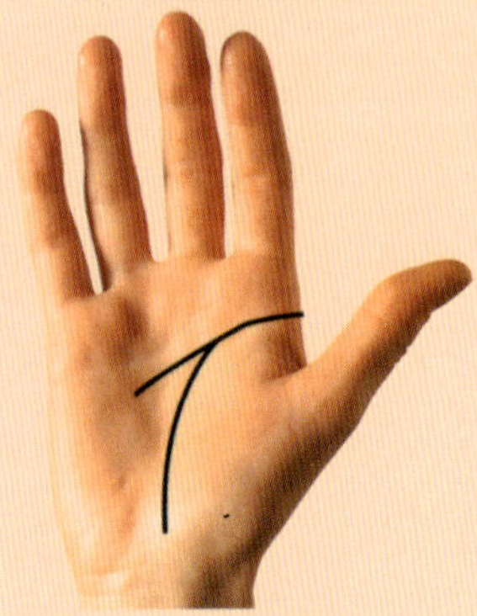

SEITE 80

KOPFLINIE
● ENDE MIT AUFWÄRTSGABEL

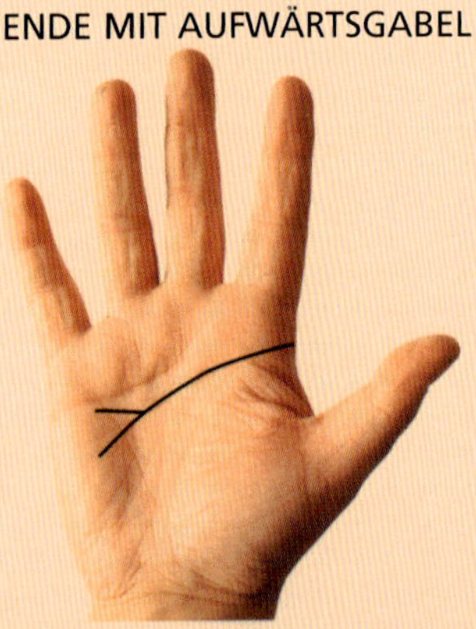

SEITE 84

KOPFLINIE
● ENDE MIT ABWÄRTSGABEL

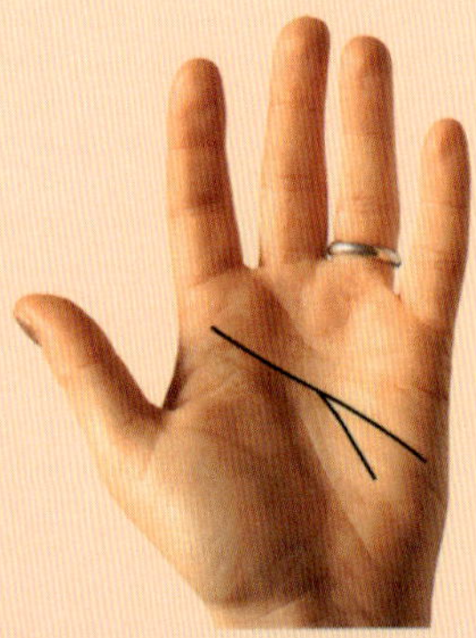

SEITE 85

KOPFLINIE
● ENDE MIT DREIZACK

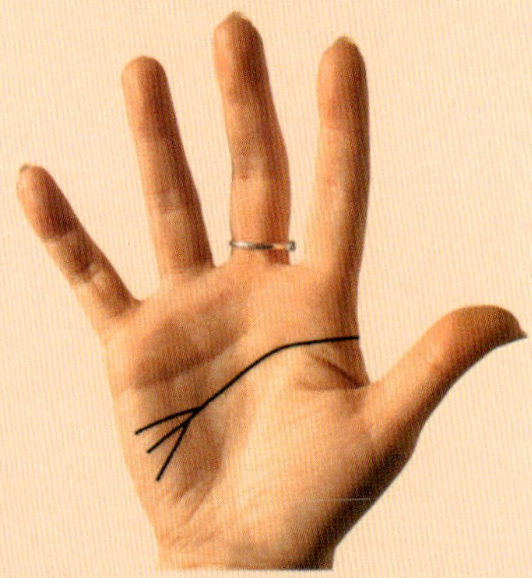

SEITE 86

AFFEN-LINIE

SEITE 90–95

AFFENLINIE
● GERADE, QUER ÜBER DIE HAND
● KEINE KOPF- UND HERZLINIE

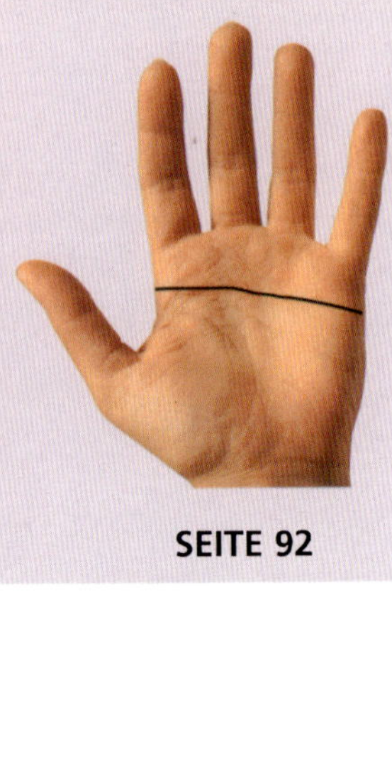

SEITE 92

KOPFLINIE
- BEGINNT GETRENNT VON LEBENSLINIE

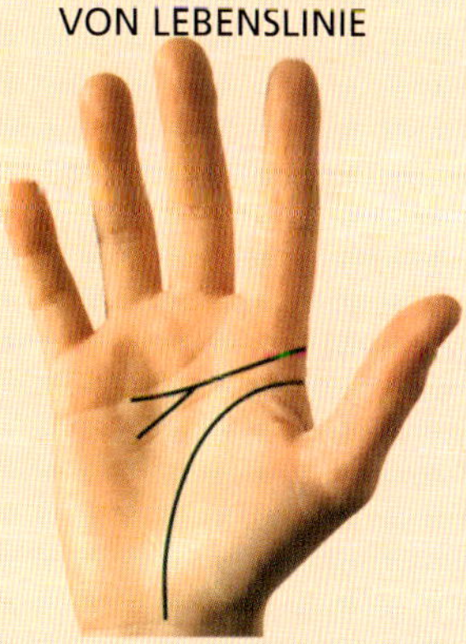

SEITE 81

KOPFLINIE
- BEGINNT NÄHER AM ZEIGEFINGER ALS AM DAUMEN

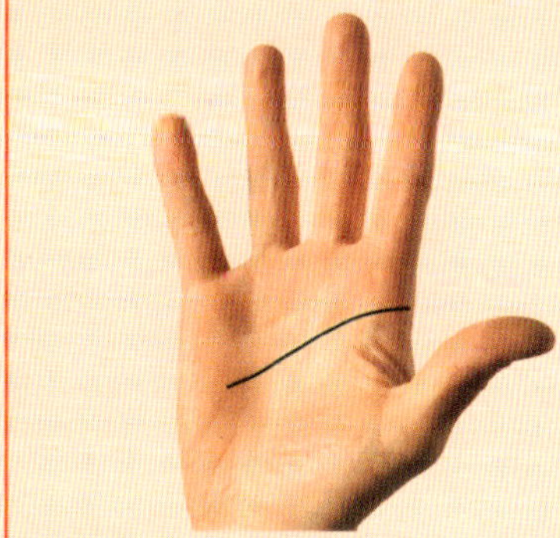

SEITE 82

KOPFLINIE
- BEGINNT NÄHER AM DAUMEN ALS AM ZEIGEFINGER

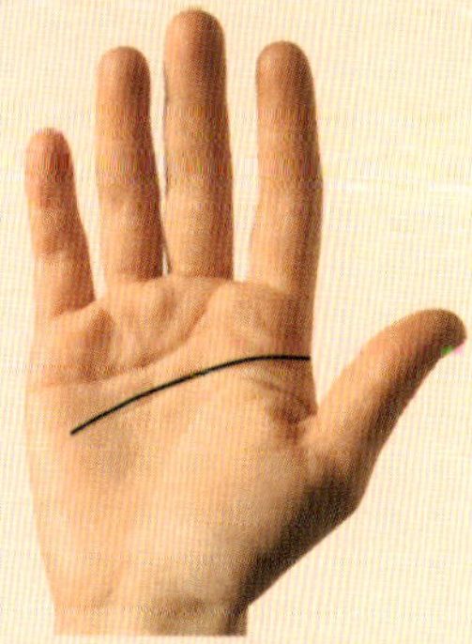

SEITE 83

KOPFLINIE
- DOPPELT
- GANZ ODER TEIL

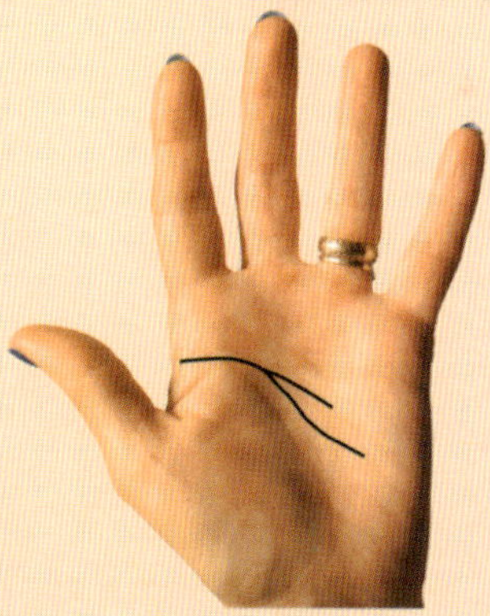

SEITE 87

KOPFLINIE
- LANG
- JÄH ABFALLEND

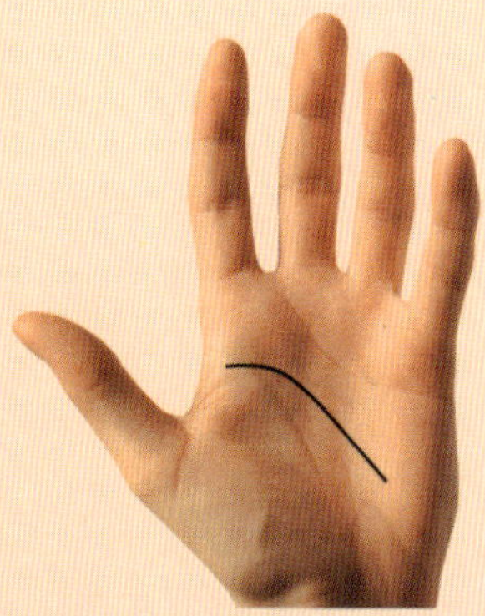

SEITE 88

KOPFLINIE
- DOMINANTE HAND
- ANDERS ALS PASSIVE HAND

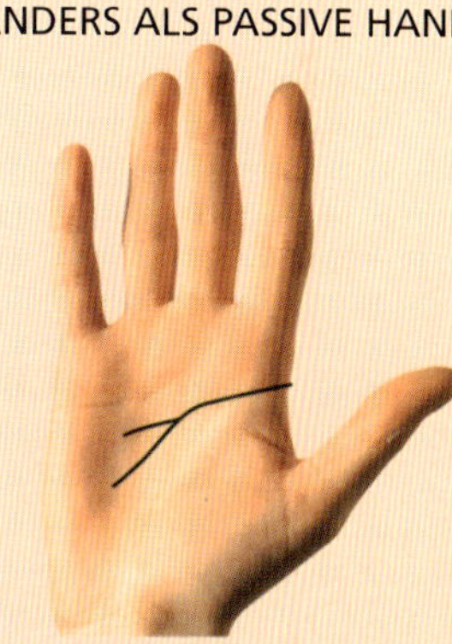

SEITE 89

AFFENLINIE
- MIT HERZLINIE
- MIT KOPFLINIE

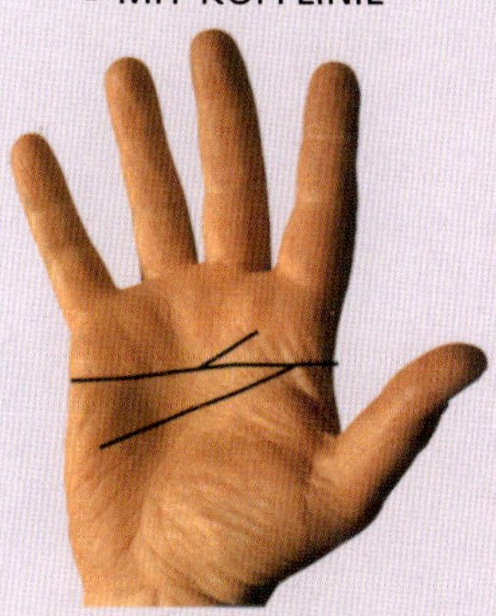

SEITE 93

AFFENLINIE
- GERADE UND QUER
- KEINE HERZ- ODER KOPFLINIE
- PASSIV
- BEIDE HÄNDE GLEICH

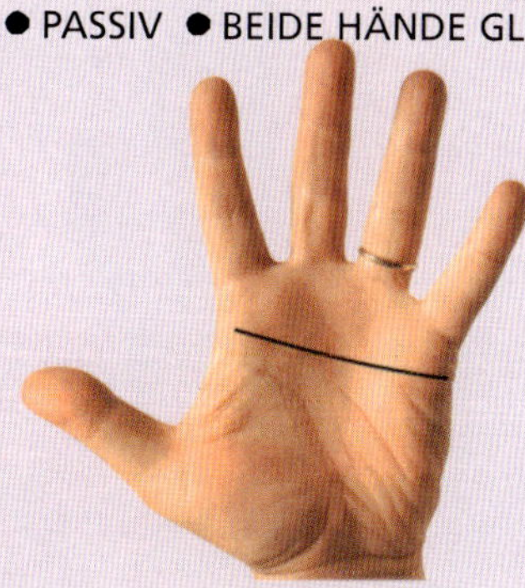

SEITE 94

AFFENLINIE
- GERADE UND QUER
- KEINE HERZ- ODER KOPFLINIE
- DOMINANTE HAND

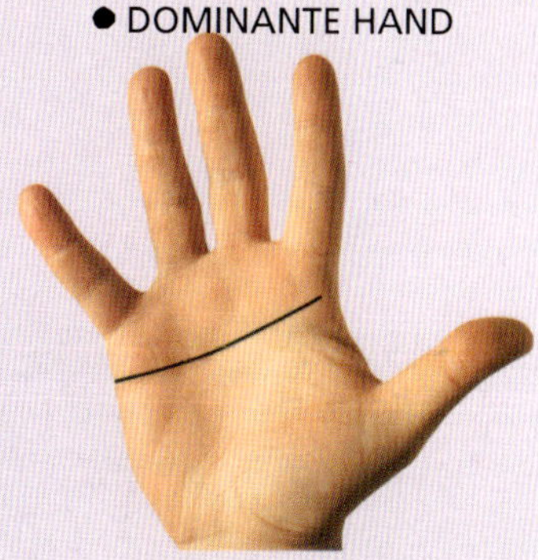

SEITE 95

SCHICKSALSLINIE

SEITE 96–111

SCHICKSALSLINIE
- GERADE
- AUSGEPRÄGT

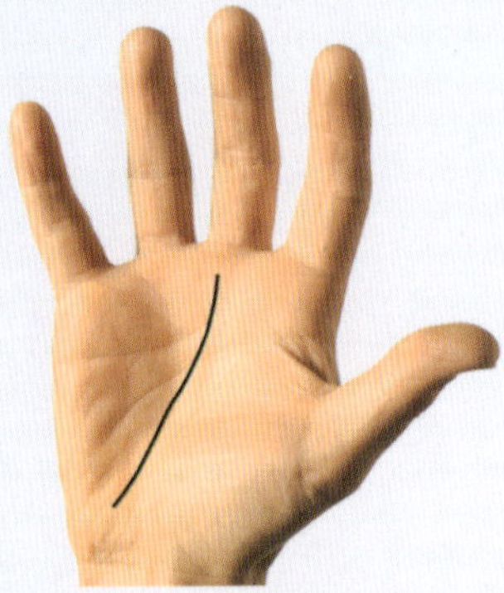

SEITE 98

SCHICKSALSLINIE
- UNTERBROCHEN

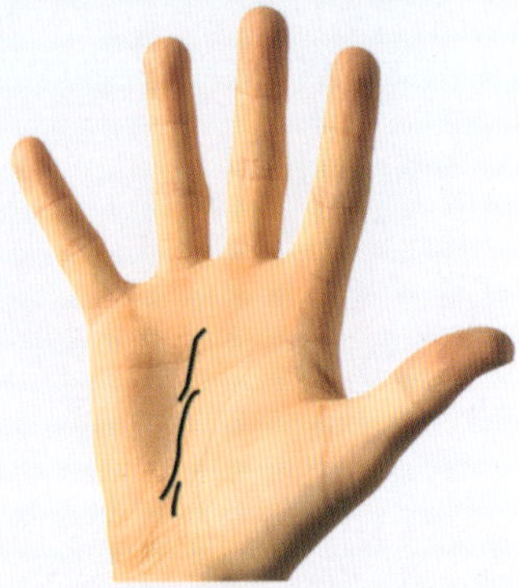

SEITE 99

SCHICKSALSLINIE
- ENDE HOCH AN FINGERWURZEL

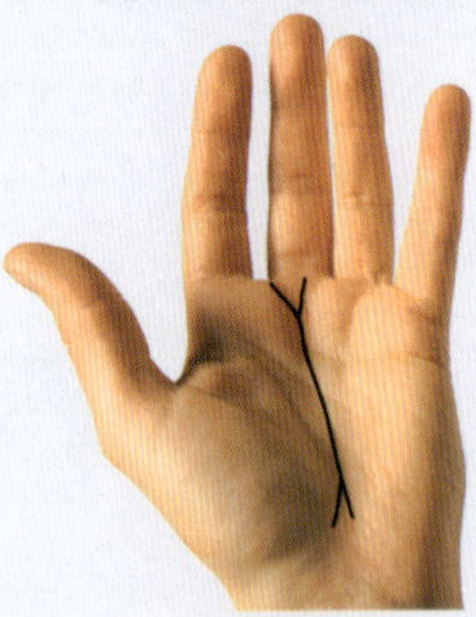

SEITE 103

SCHICKSALSLINIE
- ENDE AM ZEIGEFINGER

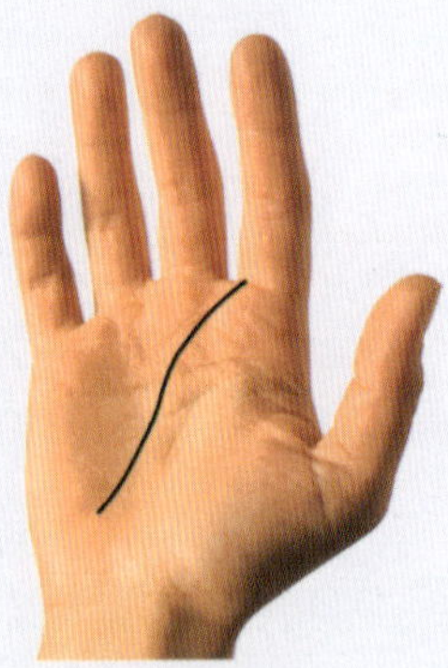

SEITE 104

SCHICKSALSLINIE
- ANDERE LINIE KREUZT
- AUFWÄRTS-AST

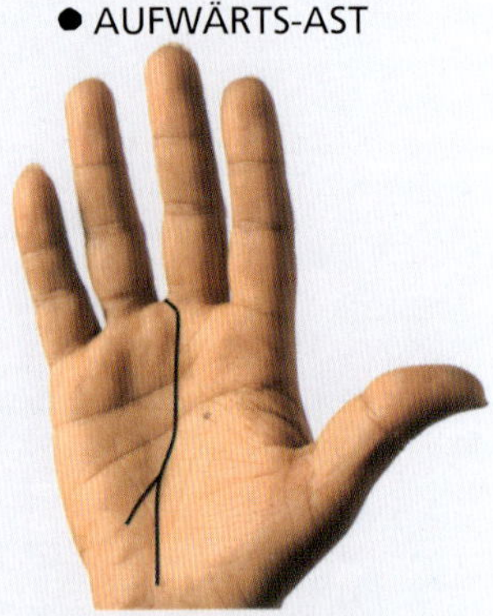

SEITE 105

SCHICKSALSLINIE
- TEILWEISE DOPPELT

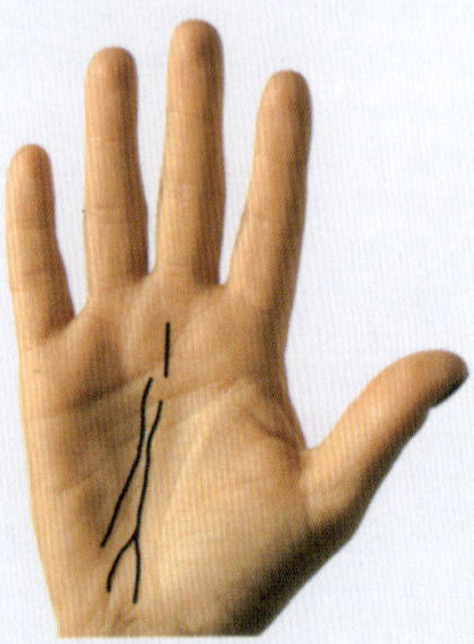

SEITE 109

SCHICKSALSLINIE
- BEGINNT AUF LEBENSLINIE
- PASSIVE HAND

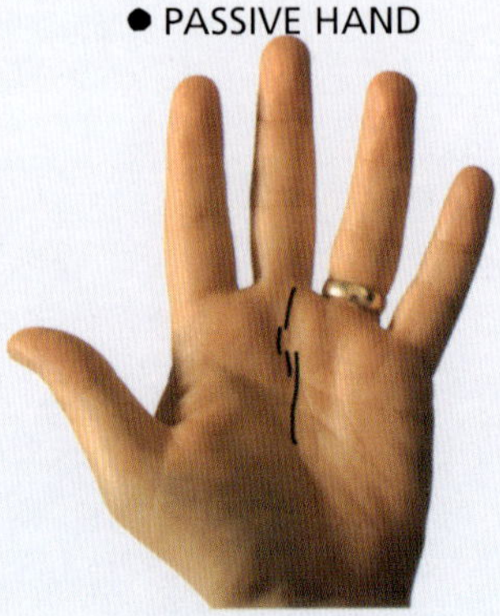

SEITE 110

SCHICKSALSLINIE
- DOMINANTE HAND
- ANDERS ALS PASSIVE HAND

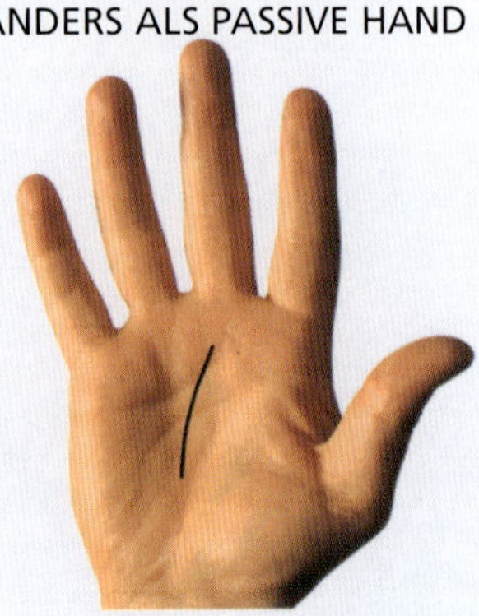

SEITE 111

SCHICKSALSLINIE
● BEGINNT WEIT OBEN

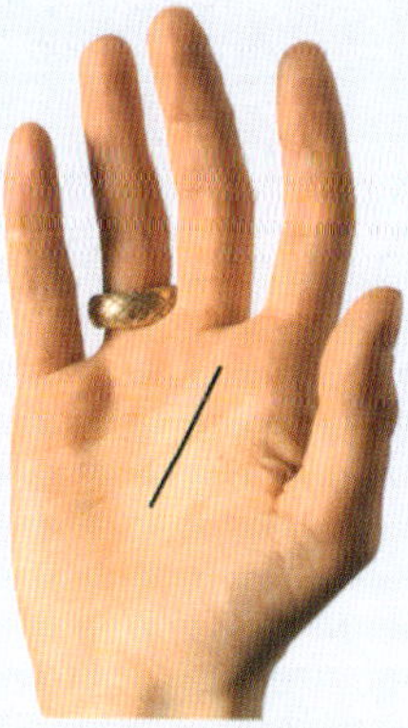

SEITE 100

SCHICKSALSLINIE
● BEGINNT AUF MONDBERG

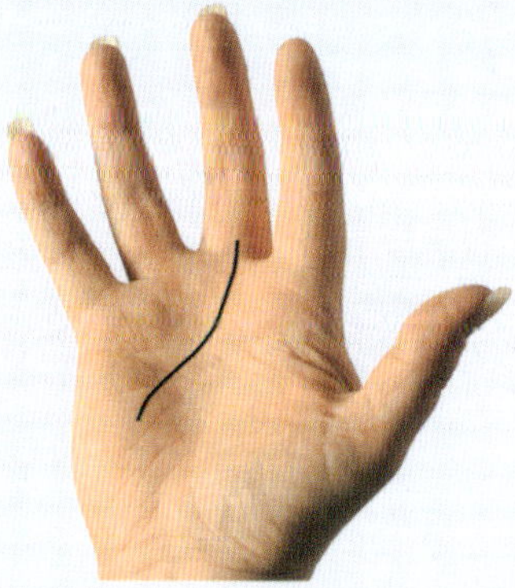

SEITE 101

SCHICKSALSLINIE
● ENDE WEIT ENTFERNT VON FINGERWURZELN

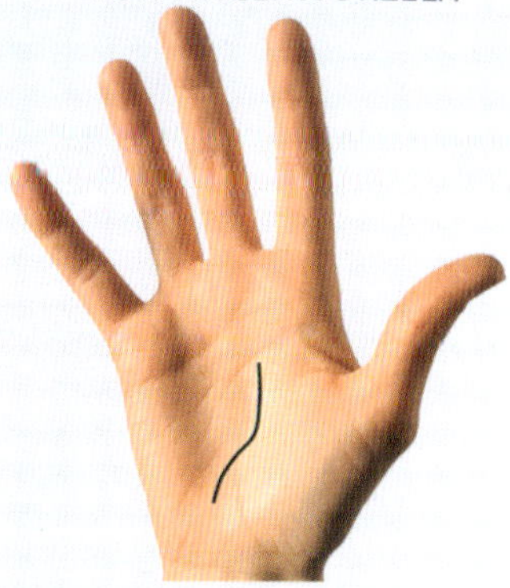

SEITE 102

SCHICKSALSLINIE
● BEGINNT AUF VENUSBERG

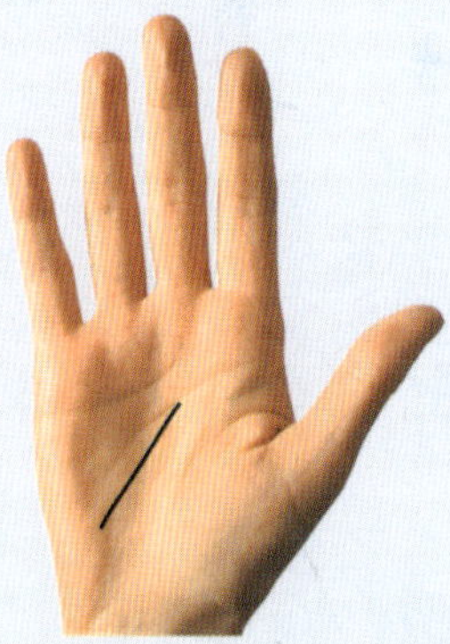

SEITE 106

SCHICKSALSLINIE
● VERÄSTELTES ENDE

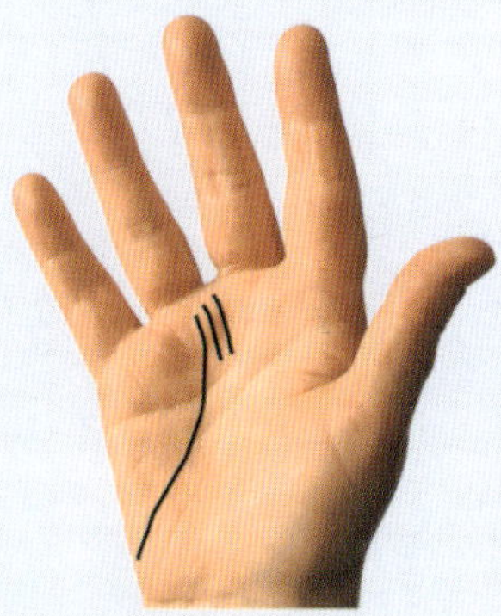

SEITE 107

SCHICKSALSLINIE
● TEILWEISE DOPPELT

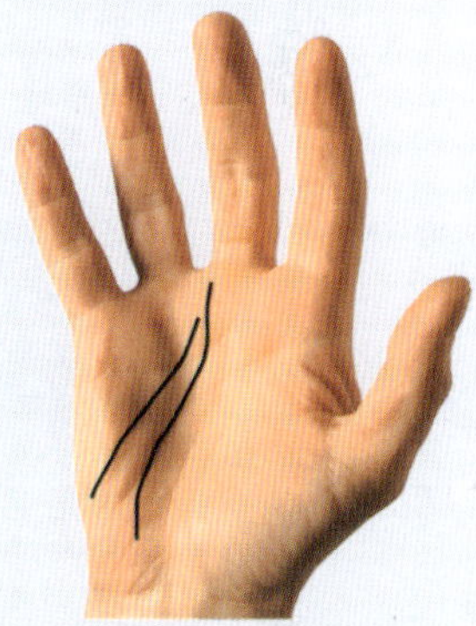

SEITE 108

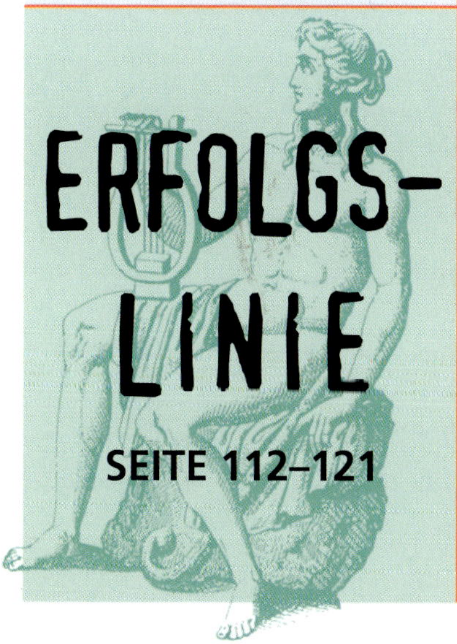

ERFOLGS-LINIE

SEITE 112–121

ERFOLGSLINIE
● KURZ
● BEGINN AUF OBERER HANDHÄLFTE

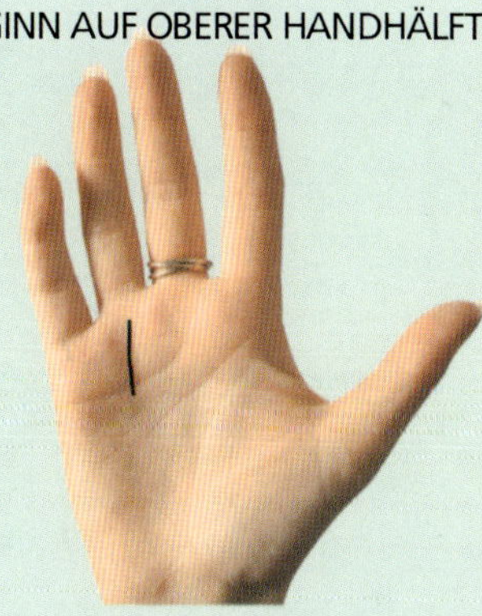

SEITE 114

ERFOLGSLINIE
● SCHWACH

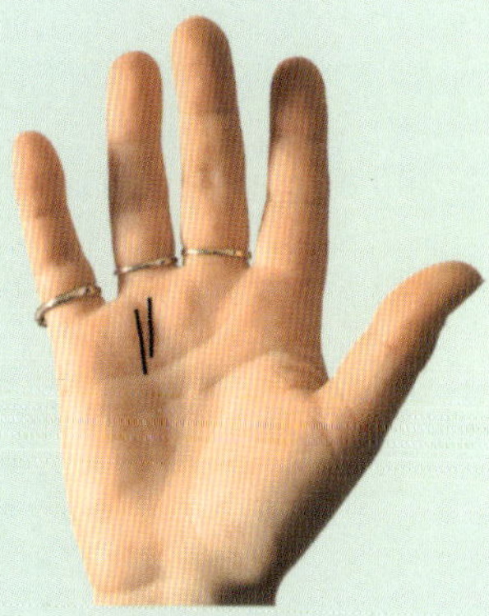

SEITE 115

ERFOLGSLINIE
- BEGINNT ALS STERN

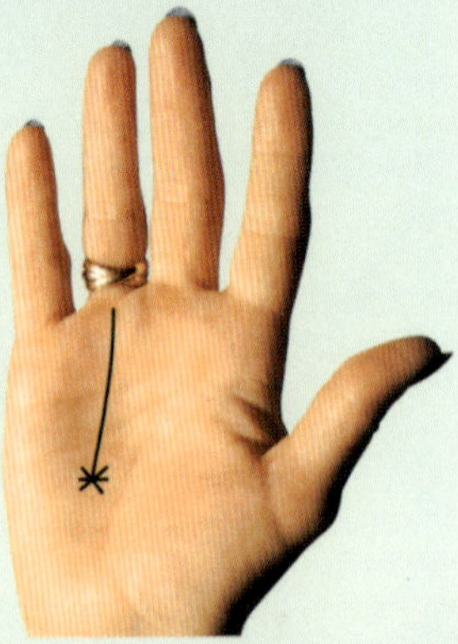

SEITE 116

ERFOLGSLINIE
- DREI LINIEN
- STEIGT VON HERZLINIE AUF

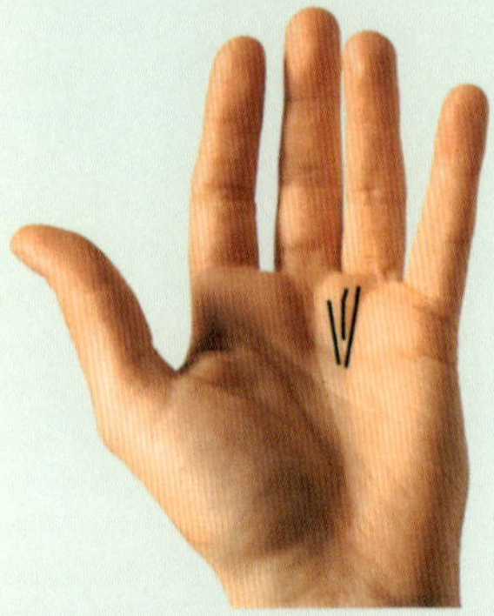

SEITE 117

ERFOLGSLINIE
- MEHRFACH
- SPIEGELT SCHICKSALSLINIE

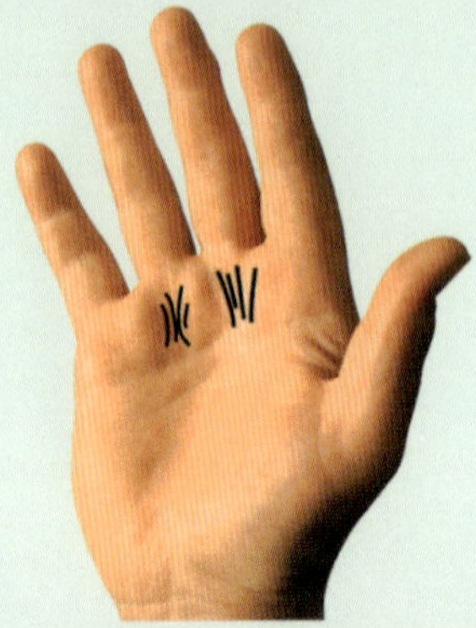

SEITE 118

BIN-DUNGS-LINIEN

SEITE 122–129

BINDUNGSLINIE
- ENDE GEGABELT

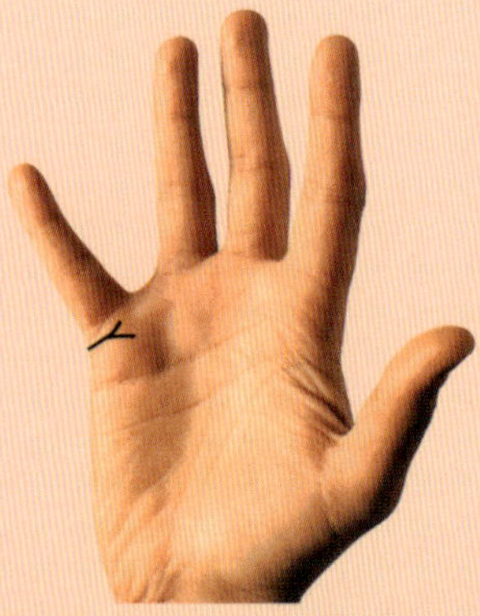

SEITE 124

BINDUNGSLINIE
- ZUM TEIL UNTERBROCHEN

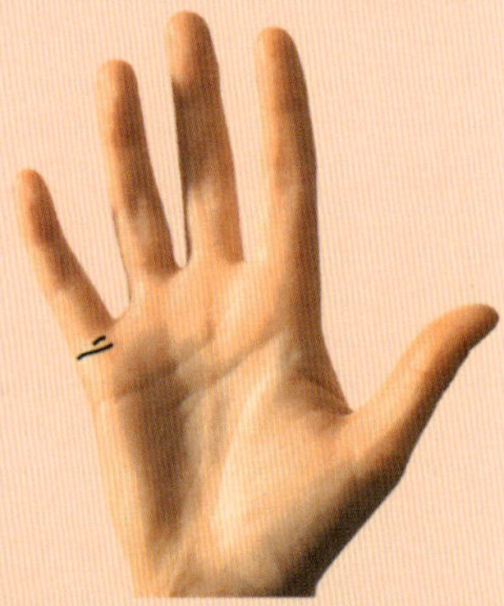

SEITE 125

BINDUNGSLINIE
- GERADE
- KLAR

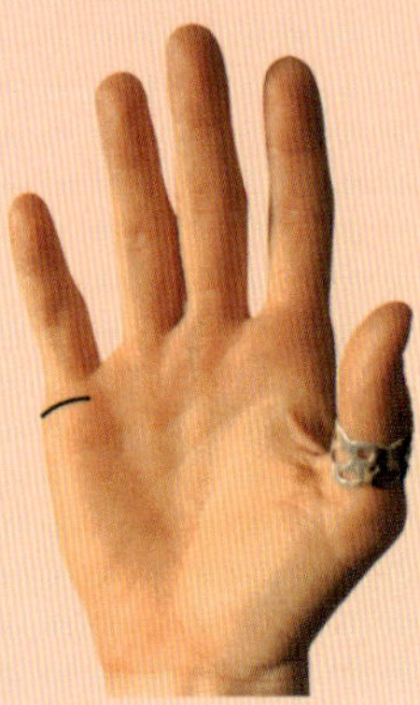

SEITE 129

GÜRTEL DER VENUS

SEITE 130–135

GÜRTEL DER VENUS
- GANZER HALBKREIS UM WURZEL DES MITTELFINGERS

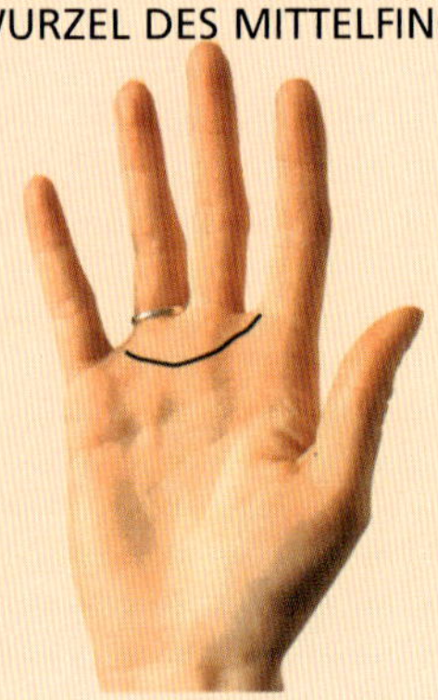

SEITE 132

ERFOLGSLINIE
● MEHRFACH
● SPIEGELT SCHICKSALSLINIE

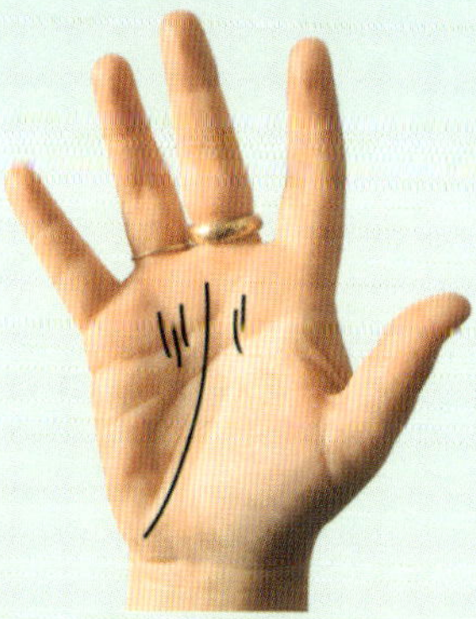

SEITE 119

ERFOLGSLINIE
● ANDERS ALS DOMINANTE HAND

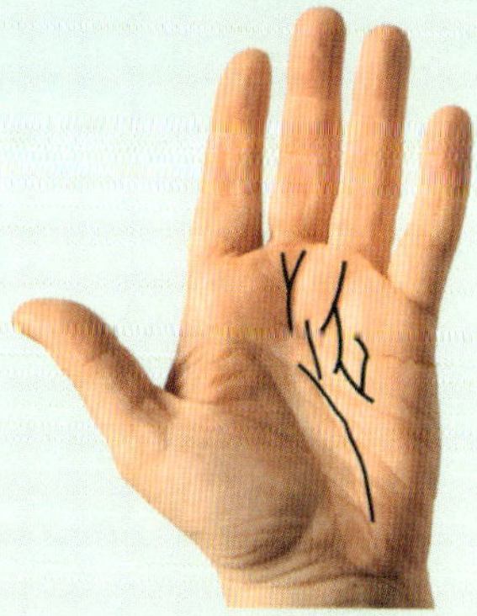

SEITE 120

ERFOLGSLINIE
● LANG

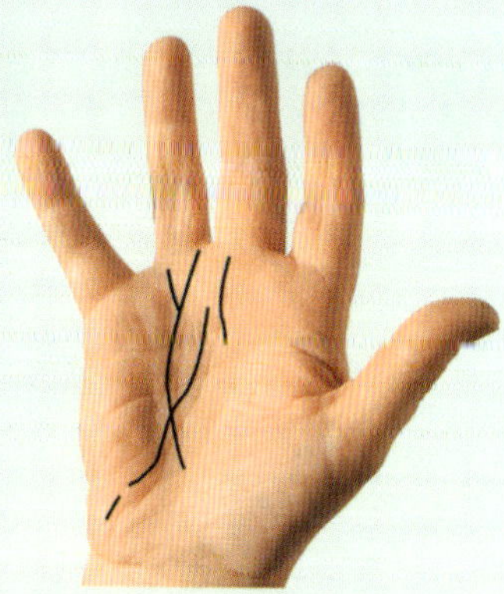

SEITE 121

BINDUNGSLINIE
● ABFALLEND

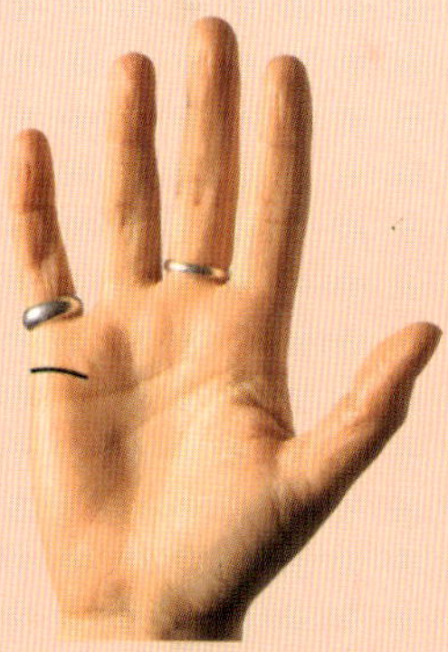

SEITE 126

BINDUNGSLINIE
● ABFALLEND

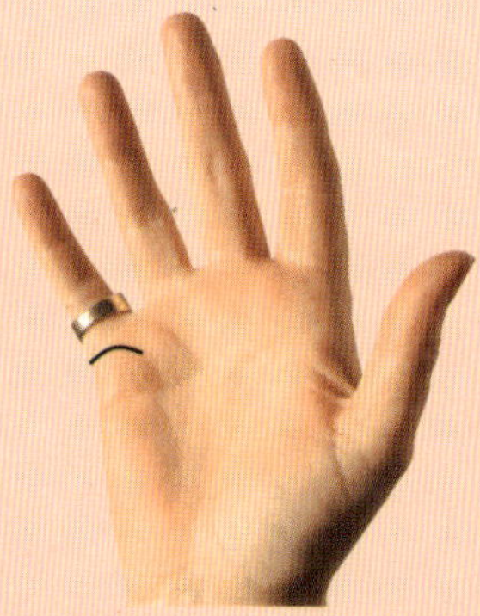

SEITE 127

BINDUNGSLINIE
● STEIL ANSTEIGEND

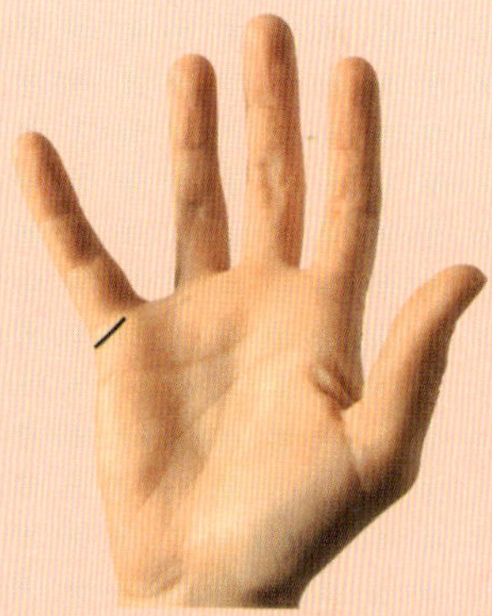

SEITE 128

GÜRTEL DER VENUS
● MIT BINDUNGSLINIE VERBUNDEN

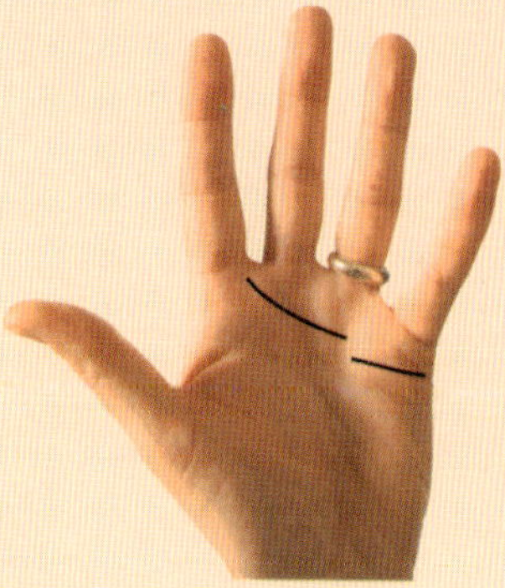

SEITE 133

GÜRTEL DER VENUS
● PARTIELL ● KURZ ZWISCHEN MITTEL- UND RINGFINGER

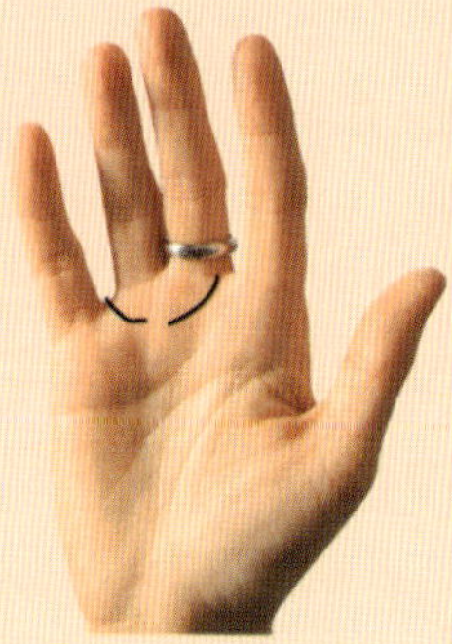

SEITE 134

GÜRTEL DER VENUS
● PARTIELL ● KURZ ZWISCHEN ZEIGE- UND RINGFINGER

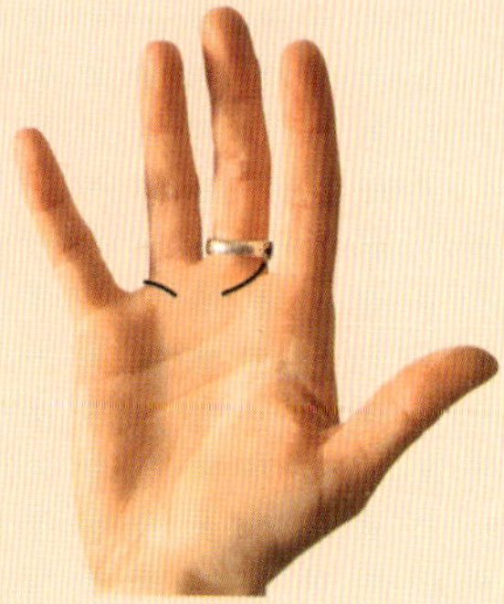

SEITE 135

WAS TREIBT SIE AN?

BERGE

Berge symbolisieren die treibenden Kräfte in Ihrem Leben. Die am stärksten ausgeprägten, also dominanten unter ihnen, haben den größten Einfluß auf Sie. Es ist ein wohltuendes und entspannendes Gefühl, sie zu befühlen, um ihre Größe einzuschätzen, gleich, ob Sie es bei sich oder bei anderen tun.

Beginnen Sie zunächst mit leichten, forschenden Berührungen, ohne die Handfläche anzusehen. Wenn Sie in etwa wissen, wo sich die erhobeneren Regionen befinden, machen Sie die Handfläche ein wenig hohl und betrachten Sie sie. Jetzt sehen Sie, wie die Berge hervortreten. Es ist übrigens völlig normal, wenn die Berge ein wenig versetzt zu den Fingerwurzeln positioniert sind.

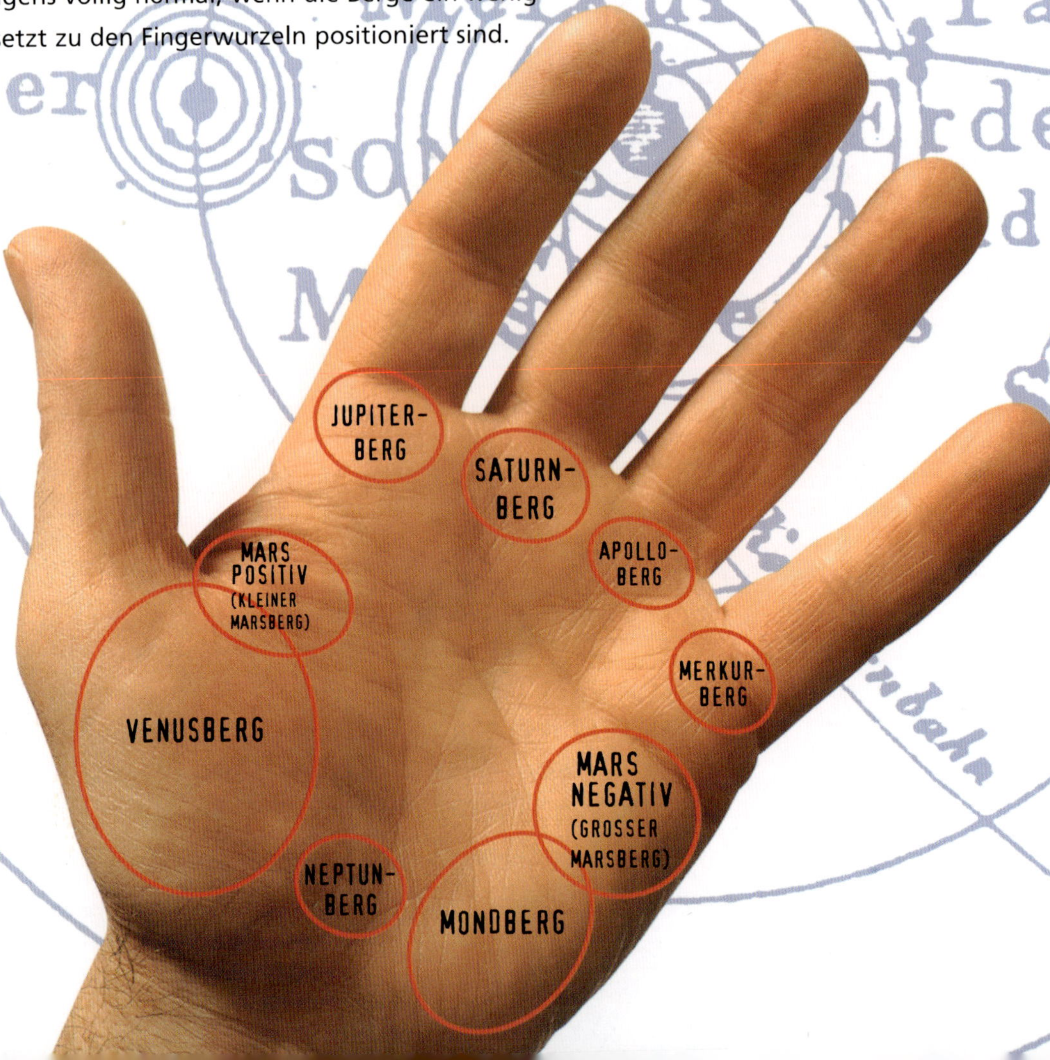

DIE LAGE

DIE GROSSEN BERGE:

JUPITERBERG	an der Wurzel des Zeigefingers
SATURNBERG	an der Wurzel des Mittelfingers
APOLLOBERG	an der Wurzel des Ringfingers
MERKURBERG	an der Wurzel des kleinen Fingers
VENUSBERG	an der Wurzel des Daumens
MONDBERG	auf der anderen Handseite gegenüber dem Venusberg

DIE KLEINE BERGE:

NEPTUNBERG	zwischen Venusberg und Mondberg oberhalb des Handgelenks
MARS NEGATIV	an der dem Daumen gegenüberliegende Seite der Hand, zwischen Mondberg und Merkurberg
MARS POSITIV	zwischen Zeigefinger und Daumen

FÜNF HÄUFIG GESTELLTE FRAGEN:

⟶ Warum habe ich das Bedürfnis, mich bei Arbeit und Spiel anzustrengen?

⟶ Bin ich eine Führernatur?

⟶ Warum ist Kommunikation für mich das Wichtigste?

⟶ Warum neige ich zu Tagträumen und denke mir Geschichten aus?

⟶ Warum brauche ich Menschen um mich herum, um mich »lebendig« zu fühlen?

1.0

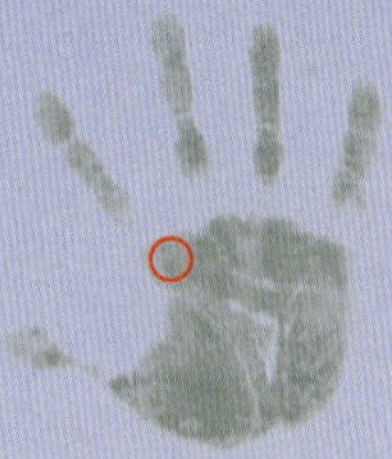

JUPITERBERG

• GUT ENTWICKELT

Sie sind klug und haben Geschäftssinn und Führungsqualitäten. Ein üppiger Jupiterberg geht oft mit Inseln auf der Fingerspitze einher. Ist der Berg leicht zum Mittelfinger hin verschoben, haben Sie hohe Moralvorstellungen, Sinn für Gerechtigkeit und Ehrgeiz. Ein übermäßig ausgeprägter Jupiterberg läßt darauf schließen, daß diese Charakterzüge übersteigert sind: aus Großzügigkeit wird Extravaganz, aus Unternehmungslust wird Arroganz.

Ergänzende Merkmale

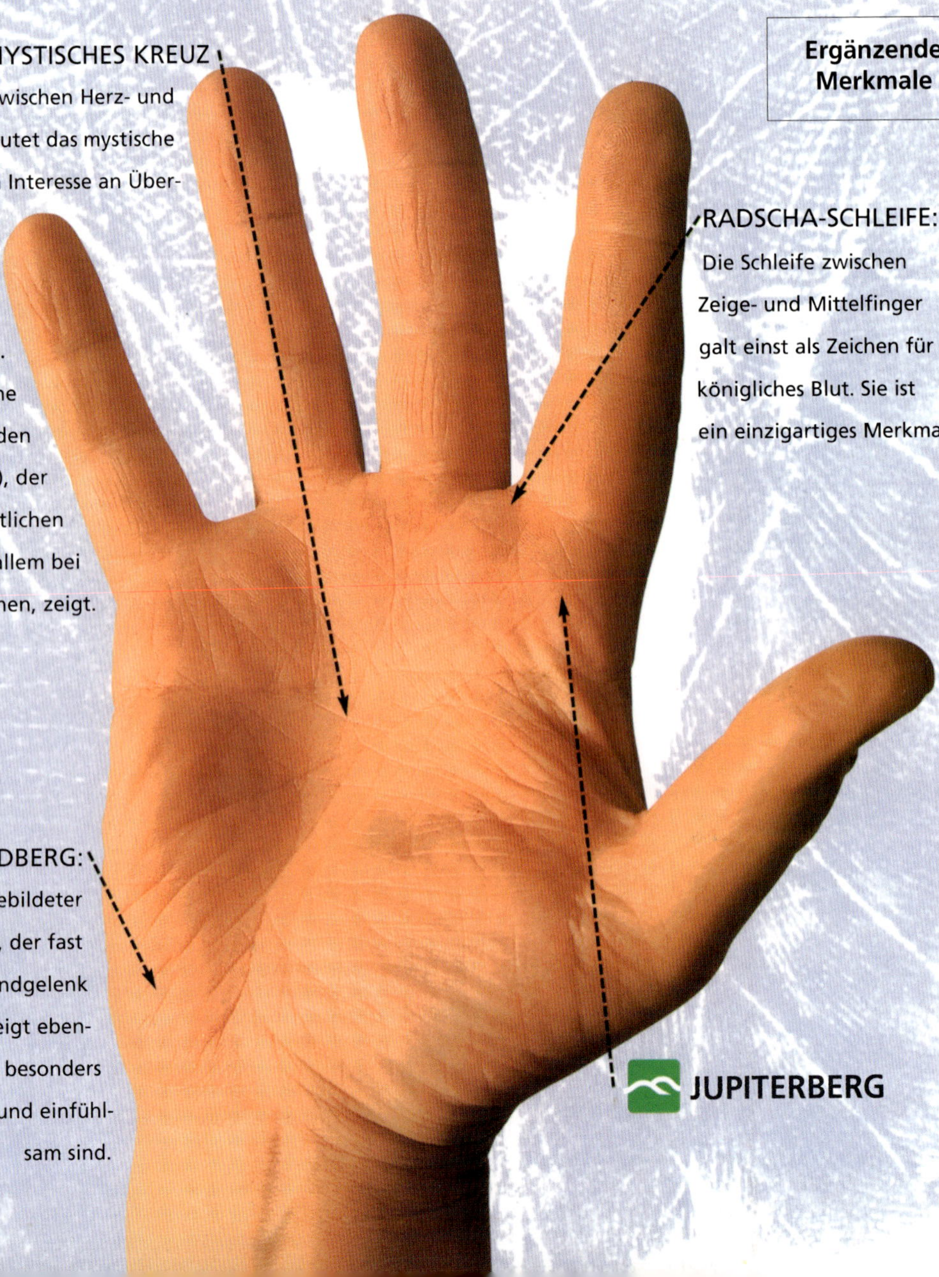

MYSTISCHES KREUZ

Im Viereck zwischen Herz- und Kopflinie deutet das mystische Kreuz auf ein Interesse an Übersinnlichem oder auf eine übernatürliche Fähigkeit hin. Sie haben eine gute Intuition (den »sechsten Sinn«), der sich in geschäftlichen Dingen, vor allem bei Spekulationen, zeigt.

RADSCHA-SCHLEIFE:

Die Schleife zwischen Zeige- und Mittelfinger galt einst als Zeichen für königliches Blut. Sie ist ein einzigartiges Merkmal.

MONDBERG:

Ein ausgebildeter Mondberg, der fast über das Handgelenk hinausreicht, zeigt ebenfalls, daß Sie besonders begabt und einfühlsam sind.

JUPITERBERG

SATURNBERG

• GUT ENTWICKELT

1.1

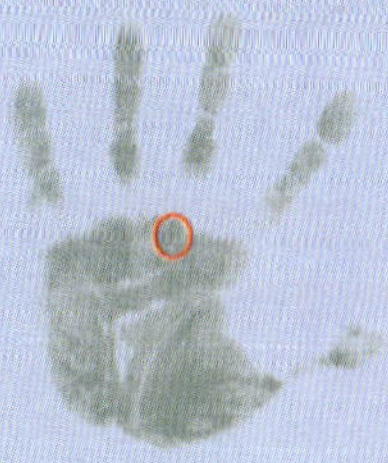

Stabilität, Ernsthaftigkeit und Liebe zur Tradition sind ausgeprägt. Ein hoher Berg kann eine Veranlagung zu zuviel Ernsthaftigkeit und Strenge bedeuten; aber der sanft gerundete Berg hier zeigt eher Ihr Interesse an Studium und Forschung – oder vielleicht auch eine unnötig pessimistische Einstellung zu Ihren Heiratsaussichten. Trotz der Strenge des Saturnberges verrät die Hand eine warmherzige Persönlichkeit.

Ergänzende Merkmale

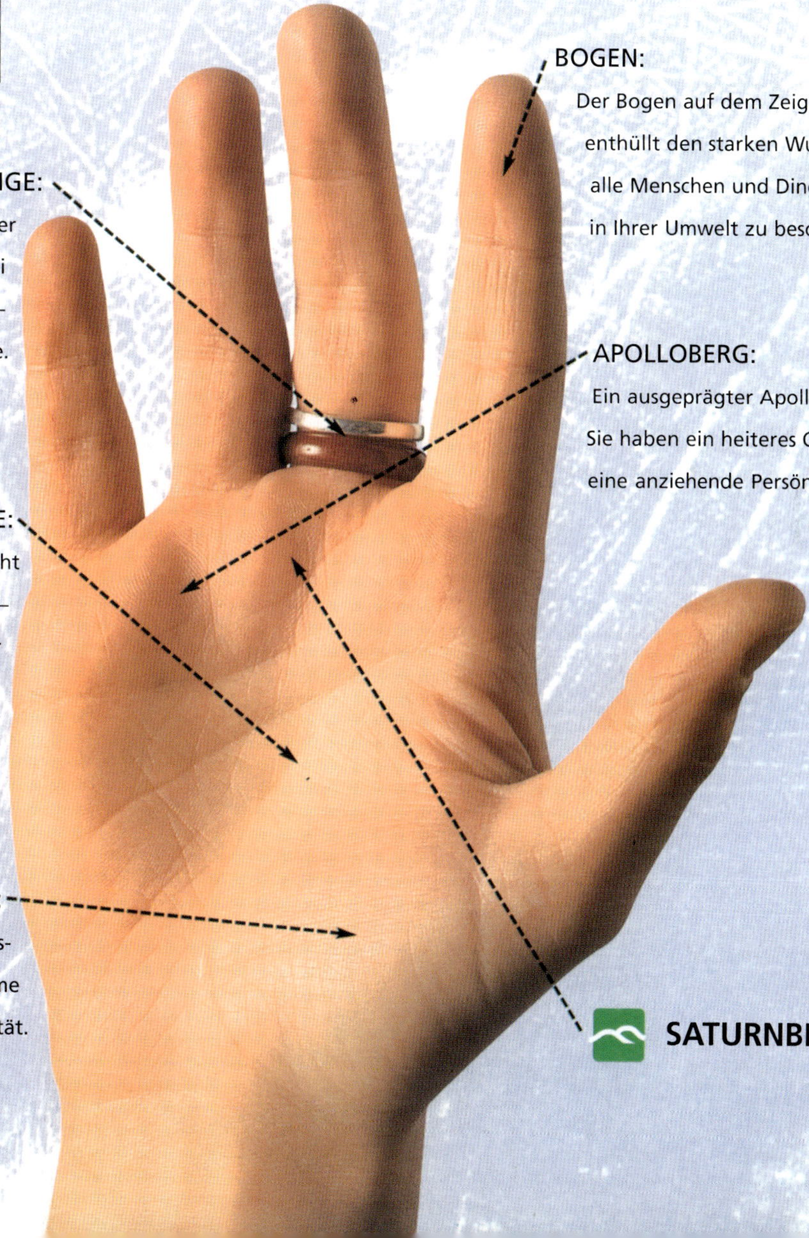

RINGE: Ringe am Mittelfinger sind ein Herzensschrei nach Sicherheit, vielleicht in der Ehe.

LEBENSLINIE: Die Lebenslinie macht einen weiten Bogen – Sie sind ein geselliger Typ mit einem großen Freundeskreis.

VENUSBERG: Der gerundete Venusberg steht für Wärme und Vitatlität.

BOGEN: Der Bogen auf dem Zeigefinger enthüllt den starken Wunsch, alle Menschen und Dinge in Ihrer Umwelt zu beschützen.

APOLLOBERG: Ein ausgeprägter Apolloberg – Sie haben ein heiteres Gemüt und eine anziehende Persönlichkeit.

SATURNBERG

1.2

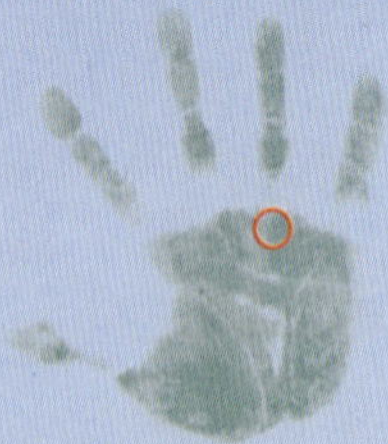

APOLLOBERG

• GUT ENTWICKELT

Der Apolloberg wird mit Geld, Spaß, Erholung und Erfolg in Verbindung gebracht. Wenn er gut entwickelt ist, haben Sie großes Talent für die Arbeit beim Fernsehen. Sie sind optimistisch und mit großer Wahrscheinlichkeit steht das Glück meist auf Ihrer Seite.

Ergänzende Merkmale

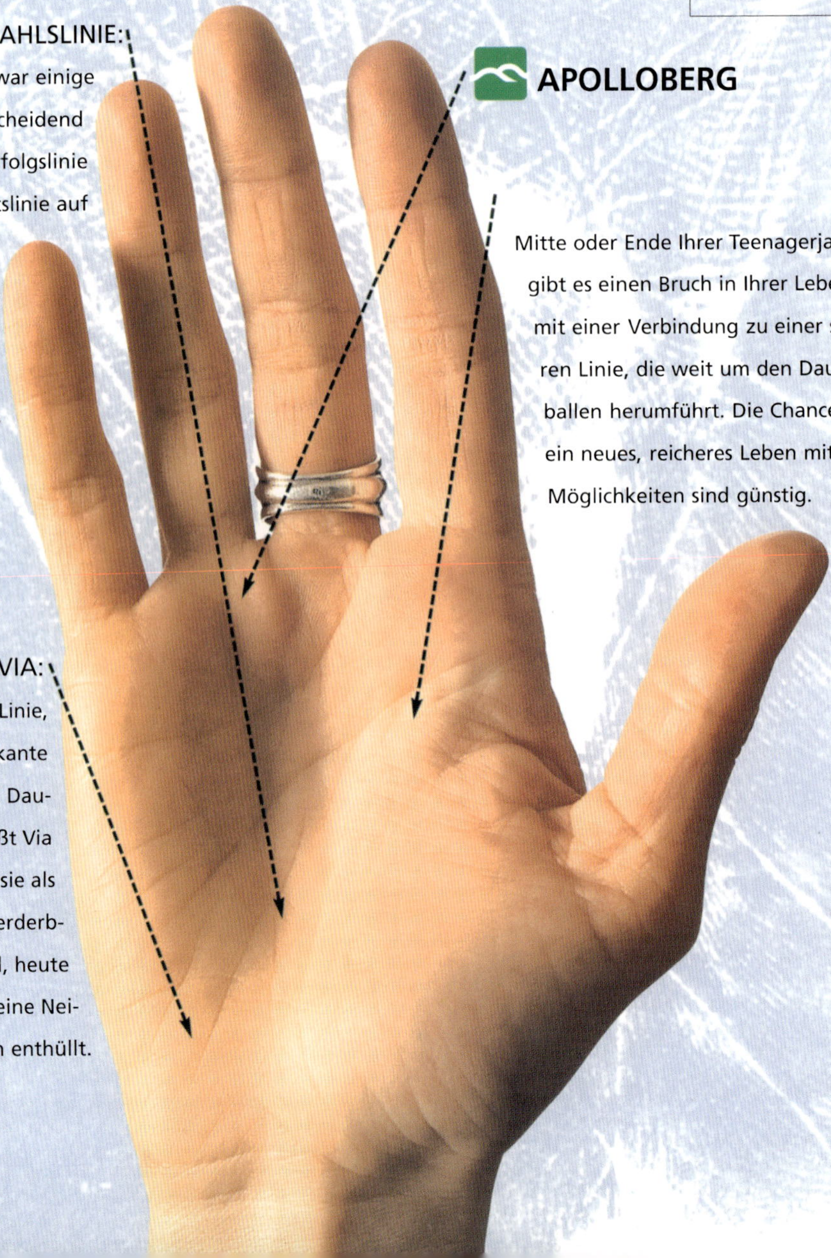

SCHICKSAHLSLINIE:
Ihre Karriere macht zwar einige Windungen, aber entscheidend ist, daß sowohl eine Erfolgslinie als auch eine Geschäftslinie auf der Schicksalslinie entspringen. Einige Anstrengungen sind nötig, aber sie werden Ihnen Erfolg bescheren.

APOLLOBERG

Mitte oder Ende Ihrer Teenagerjahre gibt es einen Bruch in Ihrer Lebenslinie, mit einer Verbindung zu einer stärkeren Linie, die weit um den Daumenballen herumführt. Die Chancen für ein neues, reicheres Leben mit mehr Möglichkeiten sind günstig.

VIA LASCIVIA:
Die waagerechte, tiefe Linie, die an der Handkante beginnt und sich vom Daumen entfernt, heißt Via lascivia. Früher galt sie als Zeichen für einen verderblichen Lebenswandel, heute wissen wir, daß sie eine Neigung zu Allergien enthüllt.

1.3

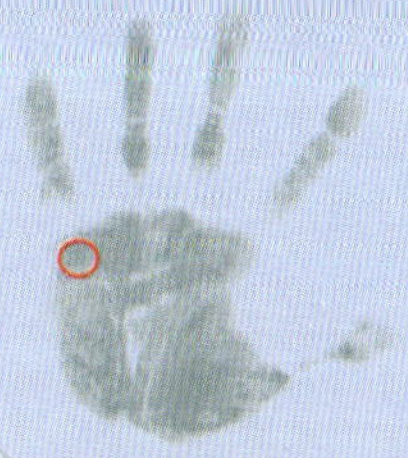

MERKURBERG

● GUT ENTWICKELT

Sie verfügen über große kommunikative Fähigkeiten, gepaart mit einer hervorragenden Intuition. Der gut entwickelte Merkurberg spiegelt auch Geschäftssinn, rasche Auffassungsgabe und Sexualität wider. Ihr Berg hat eine feine, ebene Struktur, die Ihre Art der Kommunikation reflektiert.

Ergänzende Merkmale

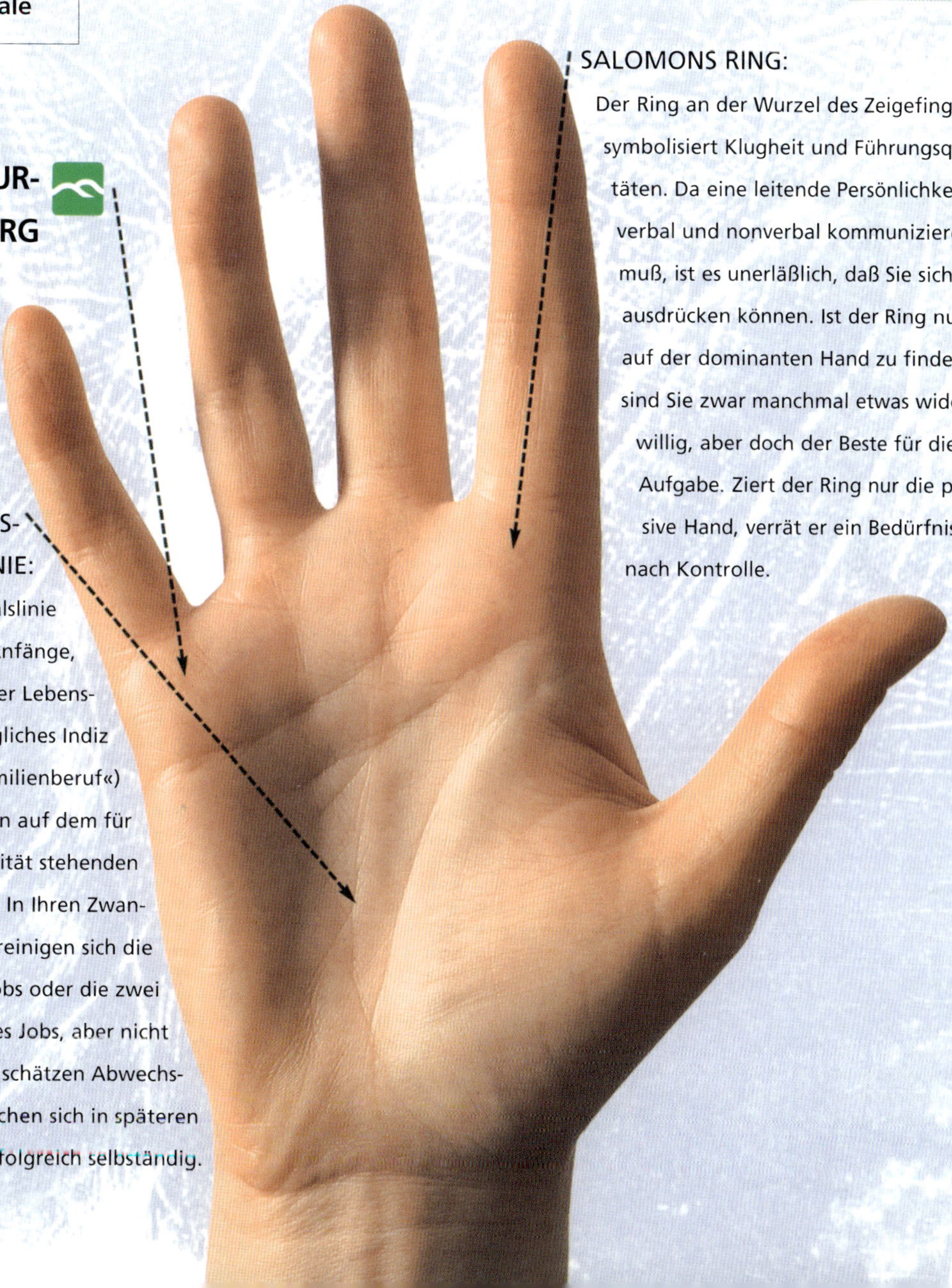

MERKUR-BERG

SALOMONS RING:

Der Ring an der Wurzel des Zeigefingers symbolisiert Klugheit und Führungsqualitäten. Da eine leitende Persönlichkeit verbal und nonverbal kommunizieren muß, ist es unerläßlich, daß Sie sich klar ausdrücken können. Ist der Ring nur auf der dominanten Hand zu finden, sind Sie zwar manchmal etwas widerwillig, aber doch der Beste für die Aufgabe. Ziert der Ring nur die passive Hand, verrät er ein Bedürfnis nach Kontrolle.

SCHICKSALS-LINIE:

Die Schicksalslinie hat zwei Anfänge, einen auf der Lebenslinie (ein mögliches Indiz für einen »Familienberuf«) und einen auf dem für Kreativität stehenden Mondberg. In Ihren Zwanzigern vereinigen sich die beiden Jobs oder die zwei Teile eines Jobs, aber nicht lange. Sie schätzen Abwechslung und machen sich in späteren Jahren erfolgreich selbständig.

1.4

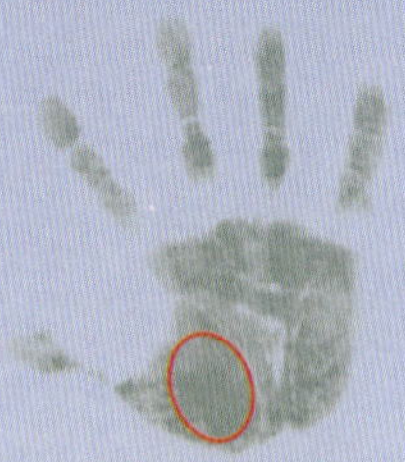

VENUSBERG

• GUT ENTWICKELT

Sie sind ein geselliger Typ, vital und herzlich. Ein großer Venusberg steht für Lebenslust und oft auch für Männlichkeit. Sie wollen geliebt werden. Höhe und Größe des Berges sowie seine feste, elastische Erscheinung entsprechen Ihrer Anpassungsfähigkeit und Ihren Energiereserven. Sie können sehr hart arbeiten.

Ergänzende Merkmale

FINGERSPITZEN: Der Bogen auf dem Zeigefinger zeigt, daß Sie engagiert und loyal sind. Sie wollen unbedingt für Sicherheit sorgen. Das Pfauenauge auf dem Ringfinger verspricht Schutz vor körperlicher Gefahr (auf anderen Fingern symbolisiert es scharfe Wahrnehmung).

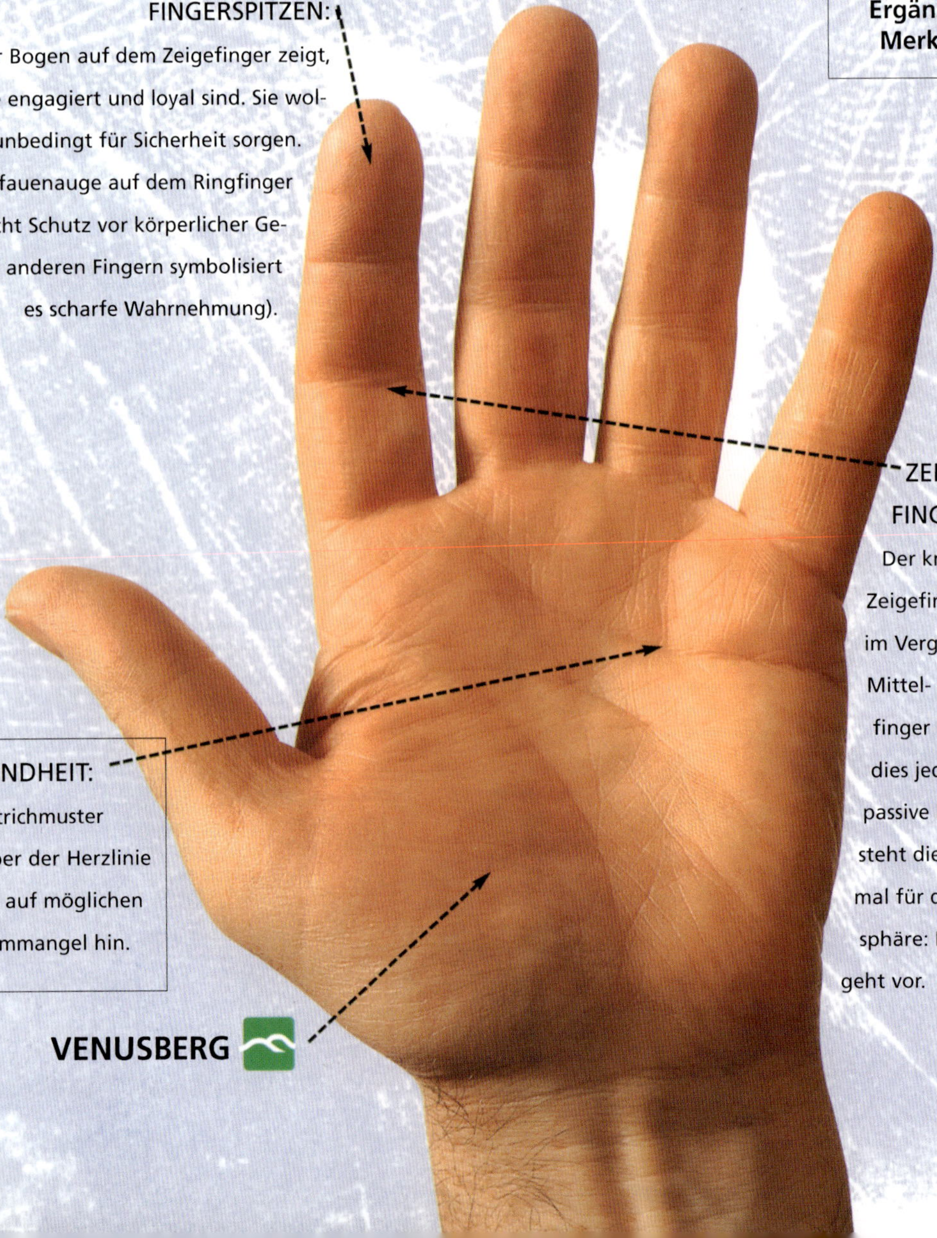

ZEIGEFINGER: Der kräftige Zeigefinger ist im Vergleich zum Mittel- und Ringfinger kurz. Da dies jedoch die passive Hand ist, steht dieses Merkmal für die Privatsphäre: Ihre Familie geht vor.

GESUNDHEIT: Ein Strichmuster quer über der Herzlinie deutet auf möglichen Kaliummangel hin.

VENUSBERG

MONDBERG

● GUT ENTWICKELT

1.5

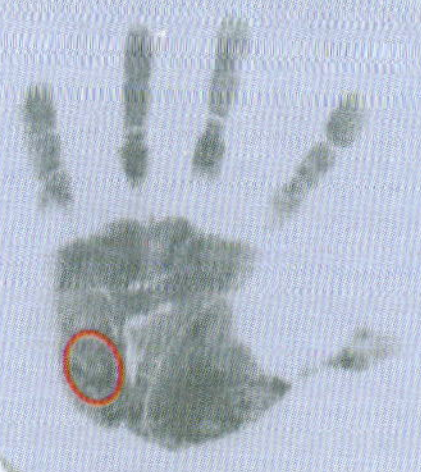

Sie sind kreativ und reagieren empfindsam auf Stimmungen. Sie lieben die Natur und sind gerne am Wasser. Die tiefe, gewölbte Handkante neben dem Mondberg verrät Interesse an Mystik. Eine Wölbung, die so tief liegt, daß sie fast über das Gelenk reicht, steht für übernatürliche Begabung und ein Interesse am Übersinnlichen. Dies ist auch der Berg des Unbewußten. Wenn er weich ist, sind Sie vielleicht ein Träumer, der Großes sieht, es aber nie erreicht. Hier sind jedoch Daumen, Zeigefinger und Venusberg stark – Sie sind also ein »Macher«, kein Träumer.

Ergänzende Merkmale

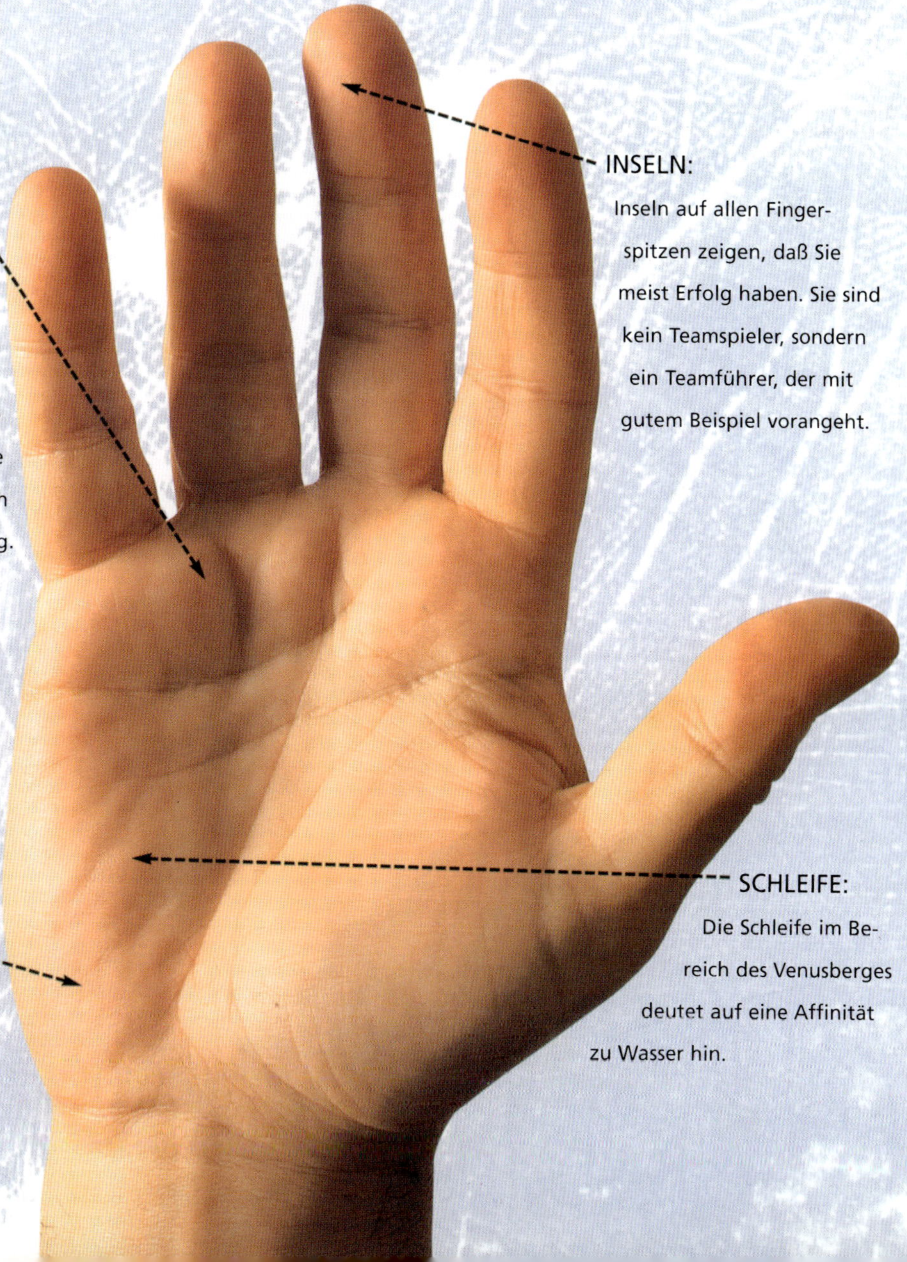

INSELN:

Inseln auf allen Fingerspitzen zeigen, daß Sie meist Erfolg haben. Sie sind kein Teamspieler, sondern ein Teamführer, der mit gutem Beispiel vorangeht.

APOLLOBERG

Der ausgeprägte Apolloberg verrät ein heiteres Gemüt und eine anziehende Persönlichkeit. Sie streben aber auch nach Wohlstand und Erfolg.

SCHLEIFE:

Die Schleife im Bereich des Venusberges deutet auf eine Affinität zu Wasser hin.

MOND-BERG

1.6

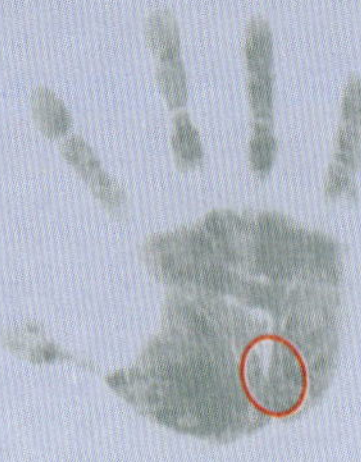

NEPTUNBERG

• GUT ENTWICKELT

Sie haben eine charismatische Persönlichkeit und sind aufgeweckt, scharfsinnig und charmant – wahrscheinlich ein Künstler. Sie nutzen Ihre Intuition bei der Kommunikation und interessieren sich für das Spirituelle. Neptun und Apollo sind beide gut entwickelt – das zeigt, daß Sie genauso hart arbeiten wie feiern können.

Ergänzende Merkmale

KOPFLINIE: Die separate Kopflinie beginnt auf dem Jupiterberg und läuft quer über die Handfläche zur anderen Handkante. Sie konzentrieren sich auf den Beruf, arbeiten hart und nehmen Ihre Pflichten sehr ernst.

ZEIGEFINGER: Der Zeigefinger ist sehr kräftig und unten dick – ein Indiz für Ehrgeiz und guten Geschäftssinn.

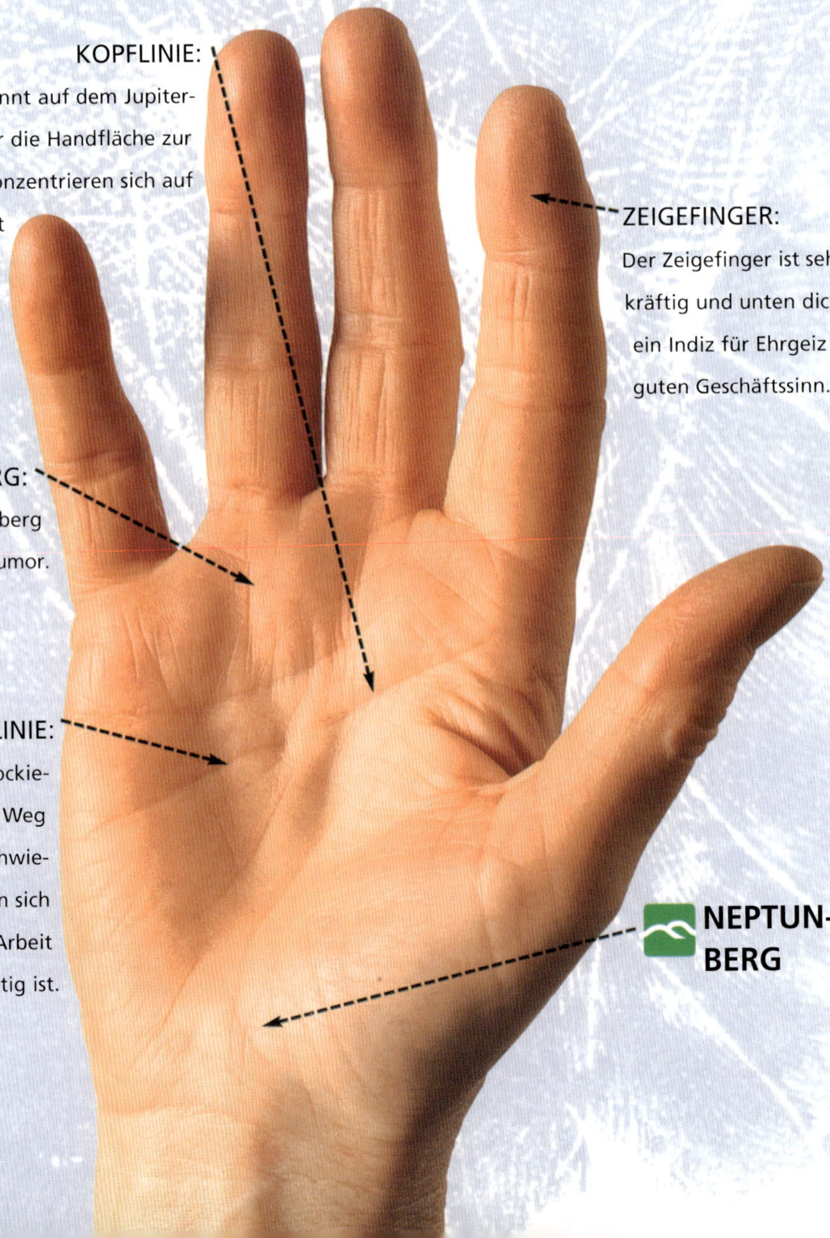

APOLLOBERG: Der volle Apolloberg verrät Ihren Humor.

KOPFLINIE: Eine Mulde oder ein blockierender Punkt auf halbem Weg spiegelt Konzentrationsschwierigkeiten wider. Sie ärgern sich sehr darüber, weil die Arbeit Ihnen so wichtig ist.

NEPTUNBERG

GROSSER MARSBERG

• GUT ENTWICKELT

1.7

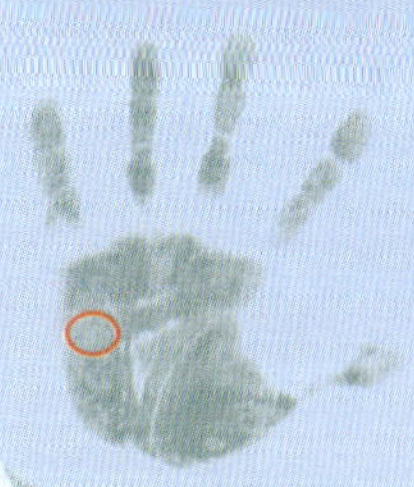

Dieser Berg liegt etwa in der Mitte der dem Daumen gegenüberliegenden Handkante. Eine ausgeprägte Handkante, die einem dicken Rahmen ähnelt, läßt darauf schließen, daß Sie feste Prinzipien haben und unter Druck gut arbeiten können. Passiver Widerstand und Entschlossenheit kennzeichnen Ihre beachtliche Ausdauer.

Ergänzende Merkmale

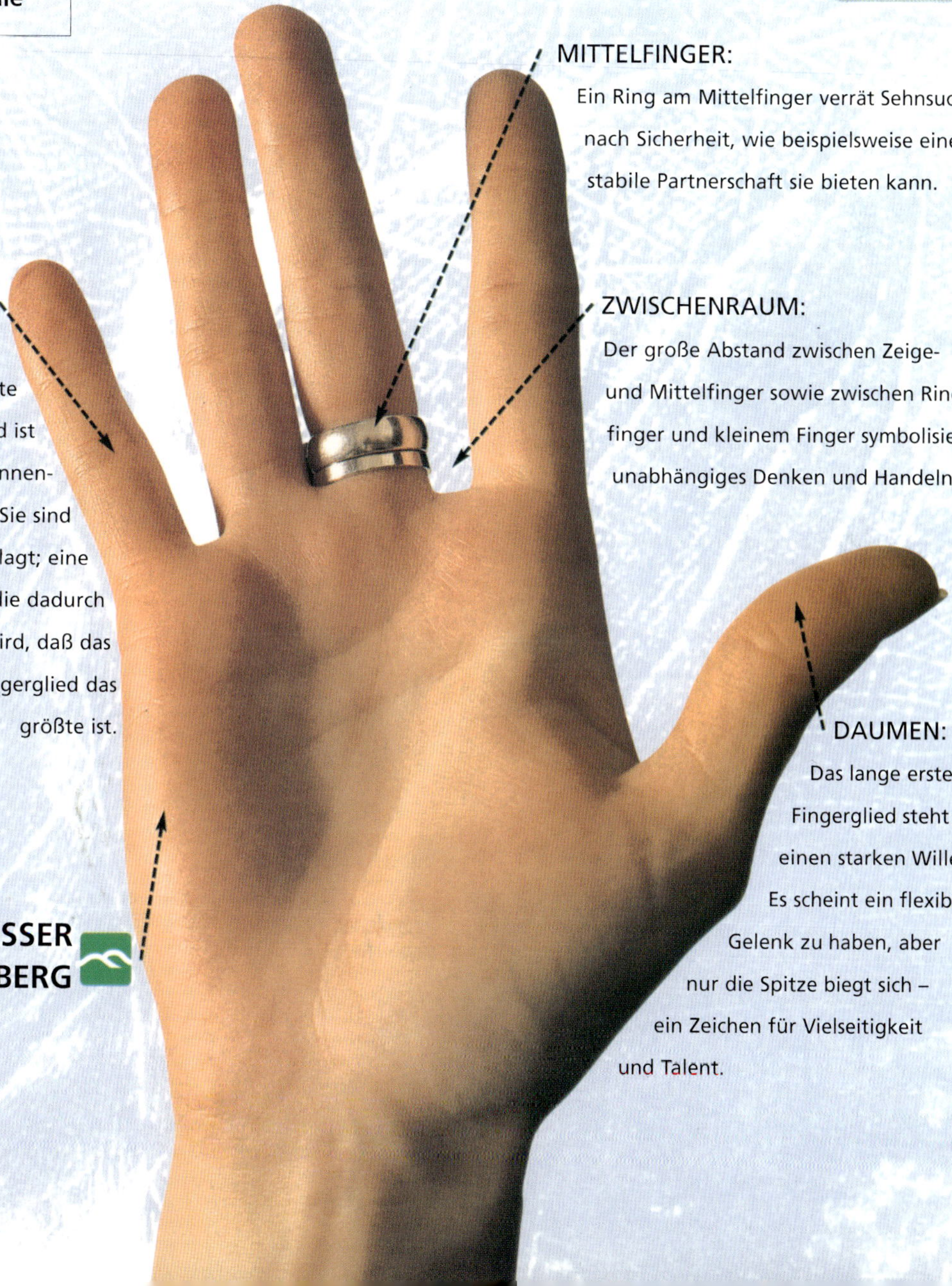

MITTELFINGER:
Ein Ring am Mittelfinger verrät Sehnsucht nach Sicherheit, wie beispielsweise eine stabile Partnerschaft sie bieten kann.

KLEINER FINGER:
Das zweite Fingerglied ist nur auf der Innenseite dicker – Sie sind sinnlich veranlagt; eine Eigenschaft, die dadurch bestätigt wird, daß das dritte Fingerglied das größte ist.

ZWISCHENRAUM:
Der große Abstand zwischen Zeige- und Mittelfinger sowie zwischen Ringfinger und kleinem Finger symbolisiert unabhängiges Denken und Handeln.

DAUMEN:
Das lange erste Fingerglied steht für einen starken Willen. Es scheint ein flexibles Gelenk zu haben, aber nur die Spitze biegt sich – ein Zeichen für Vielseitigkeit und Talent.

GROSSER MARSBERG

1.8

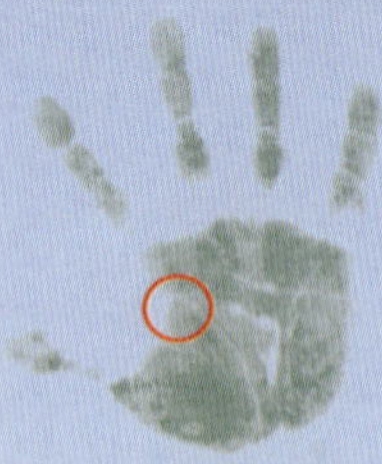

KLEINER MARSBERG

• GUT ENTWICKELT

Dieser Berg sagt etwas über Ihren körperlichen Mut und Kampfgeist aus. Sie sind couragiert und abenteuerlustig. Ein gut entwickelter kleiner Berg an einer Hand könnte bedeuten, daß Sie ziemlich streitsüchtig oder gar aggressiv sind; hier weist er jedoch darauf hin, daß Sie Herausforderungen lieben. Eine Mutlinie kreuzt den Berg; sie bestätigt, daß Sie zu Ihren Überzeugungen stehen.

Ergänzende Merkmale

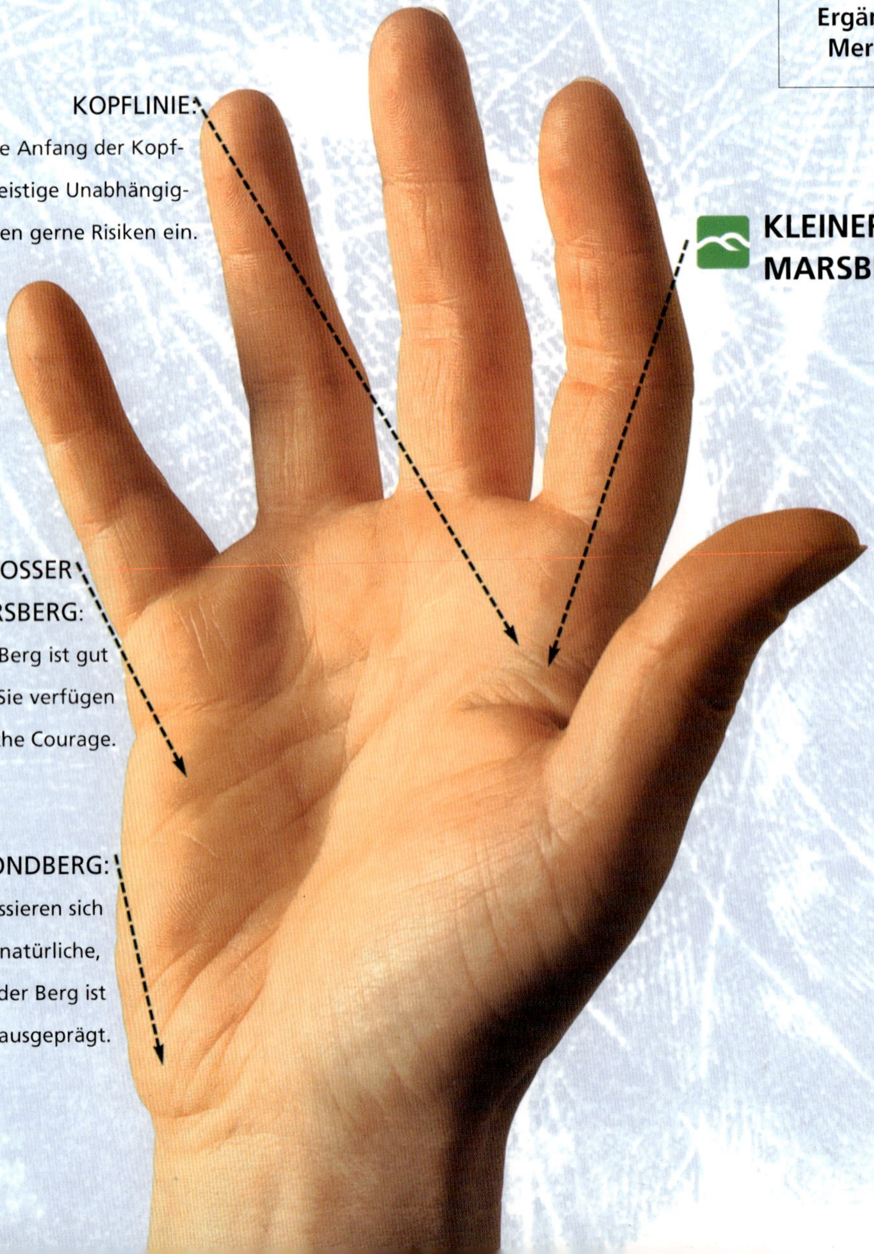

VENUS- UND NEPTUNBERG

• GUT ENTWICKELT

1.9

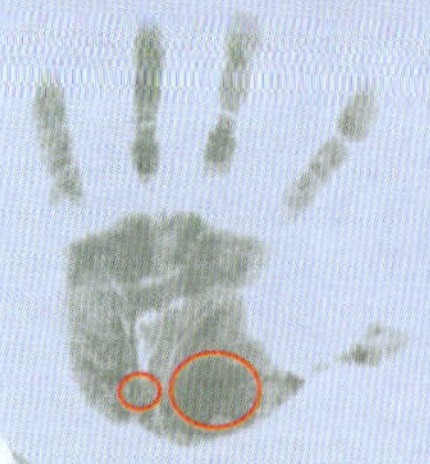

Sie sind ein geselliger Typ und wissen, wie Sie Aufmerksamkeit und Bewunderung auf sich lenken. Sie leisten mehr, wenn Sie ein Publikum haben. Der gut entwickelte Venusberg symbolisiert eine warmherzige, liebevolle Natur, Vitalität und Lebenslust. Sie wollen geliebt werden. Der ausgeprägte Neptunberg spricht für eine charismatische Persönlichkeit. Sie sind aufgeweckt, scharfsinnig und charmant, vielleicht ein Künstler, und nutzen im Umgang mit anderen Ihre Intuition.

Ergänzende Merkmale

AFFENLINIE: Die Affenlinie (verschmolzene Kopf- und Herzlinie) zeigt, daß Sie immer mit Intensität bei der Sache sind. Sie engagieren sich, und Sie erreichen Ihre Ziele.

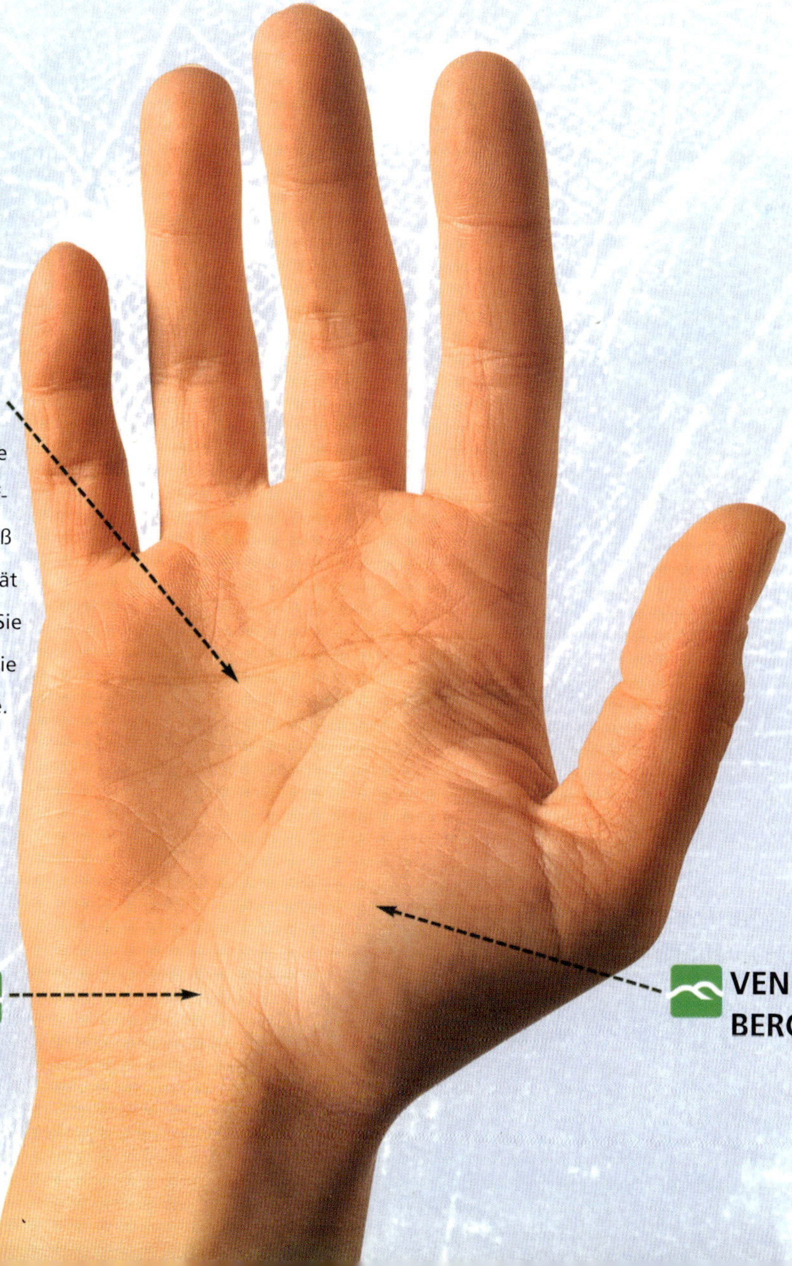

HABEN SIE EIN LANGES UND ERFOLGREICHES LEBEN VOR SICH?

LEBENSLINIE

Die Lebenslinie symbolisiert die Persönlichkeit, die Chancen im Leben, den Gesundheitszustand sowie Schwierigkeiten und Erfolge im Leben. Sie kann kurz, gerade, gebogen oder gegabelt sein. Eine kurze Lebenslinie bedeutet kein kurzes Leben, sondern kann im Gegenteil sogar ein ganz neues Leben bedeuten. Inseln oder eine schwache Linie deuten auf mögliche gesundheitliche Probleme hin. In diesem Kapitel werden zahlreiche Varianten von Lebenslinien erläutert.

FÜNF HÄUFIG GESTELLTE FRAGEN:

→ Werde ich auswandern?

→ Meine kurze Lebenslinie beunruhigt mich. Werde ich früh sterben?

→ Ich habe so viel Kummer im Leben gehabt. Wird die jetzige ruhigere Phase weitergehen?

→ Wie sieht es in Zukunft mit meiner Gesundheit aus?

→ Werde ich mein Examen bestehen?

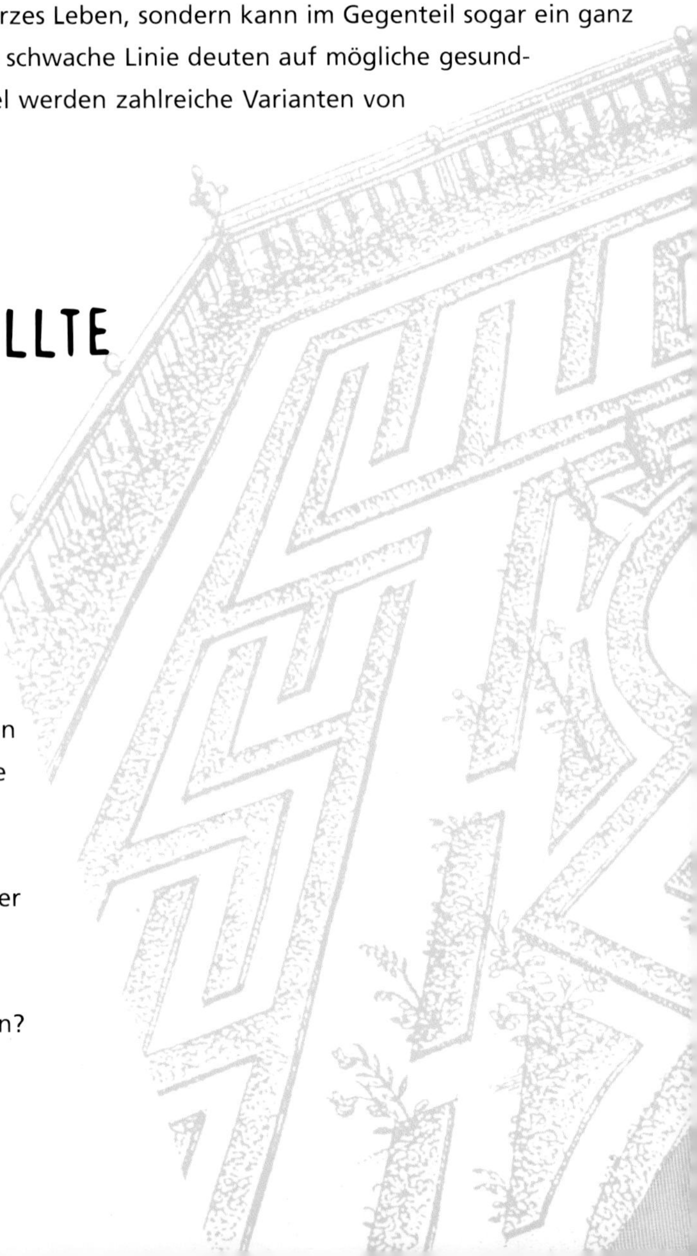

WELCHE RICHTUNG?

Die Lebenslinie beginnt zwischen Daumen und Zeigefinger und läuft zum Handgelenk hinunter. De Teil zwischen den Fingern steht für die Geburt. Fange Sie dort mit der Deutung an, und fahren Sie dann un den Daumenballen herum bus zum Gelenk fort.

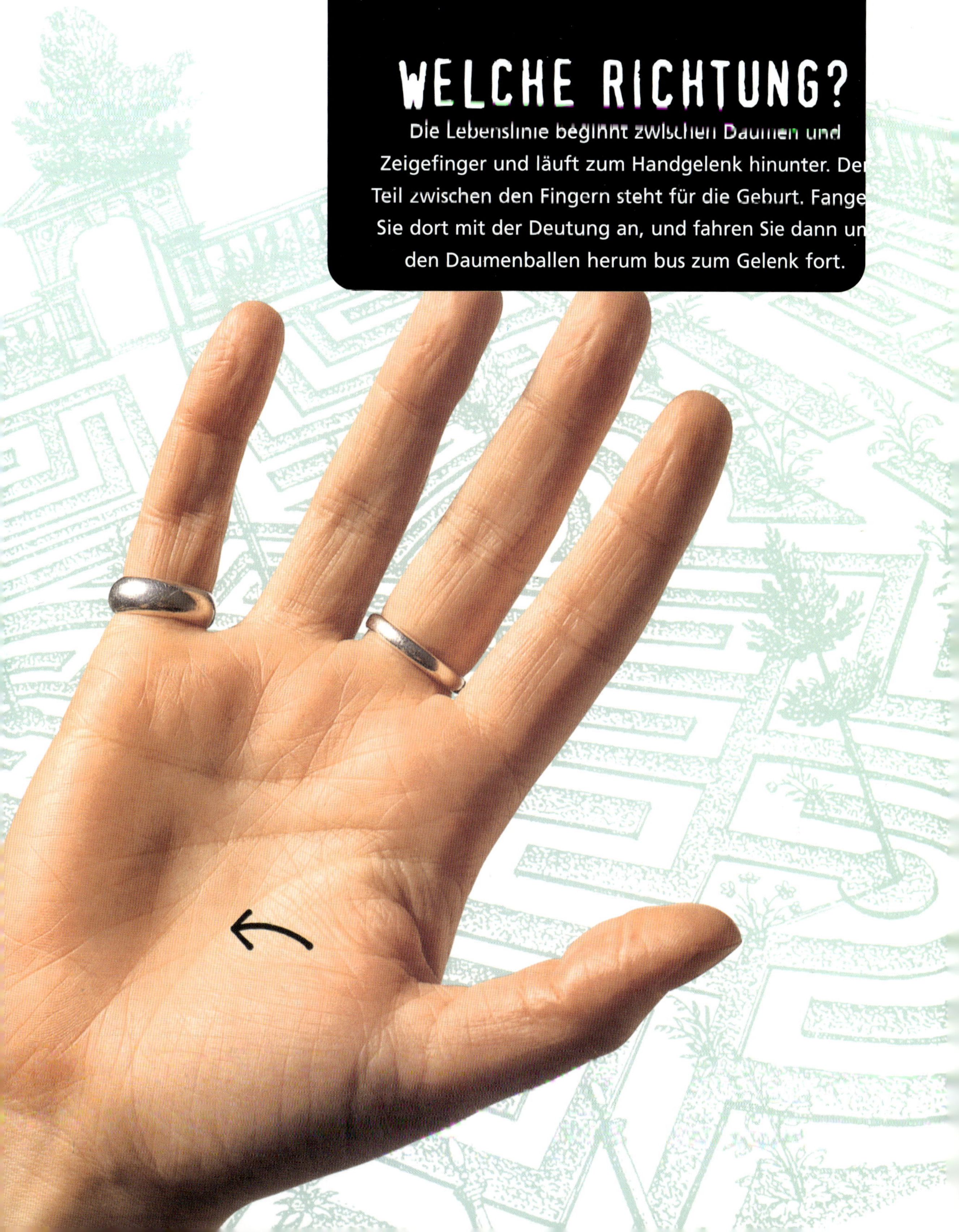

2.0

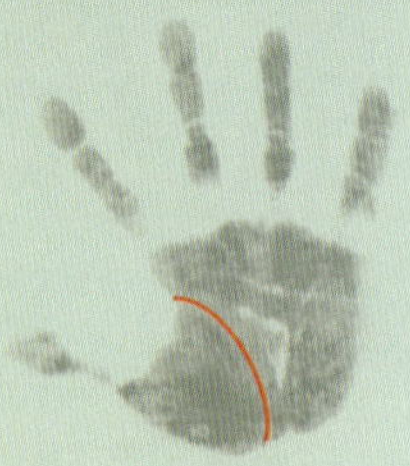

LEBENSLINIE

- NAHE AM DAUMEN
- SCHMALER VENUSBERG

Sie sind clever und geschäftstüchtig. Geheimnisse können Sie gut für sich behalten, doch Sie tendieren dazu, auch Ihre eigenen Angelegenheiten und Probleme nur mit sich selbst auszumachen. Da die Lebenslinie weit oben anfängt, sind Sie zielbewußt und ehrgeizig.

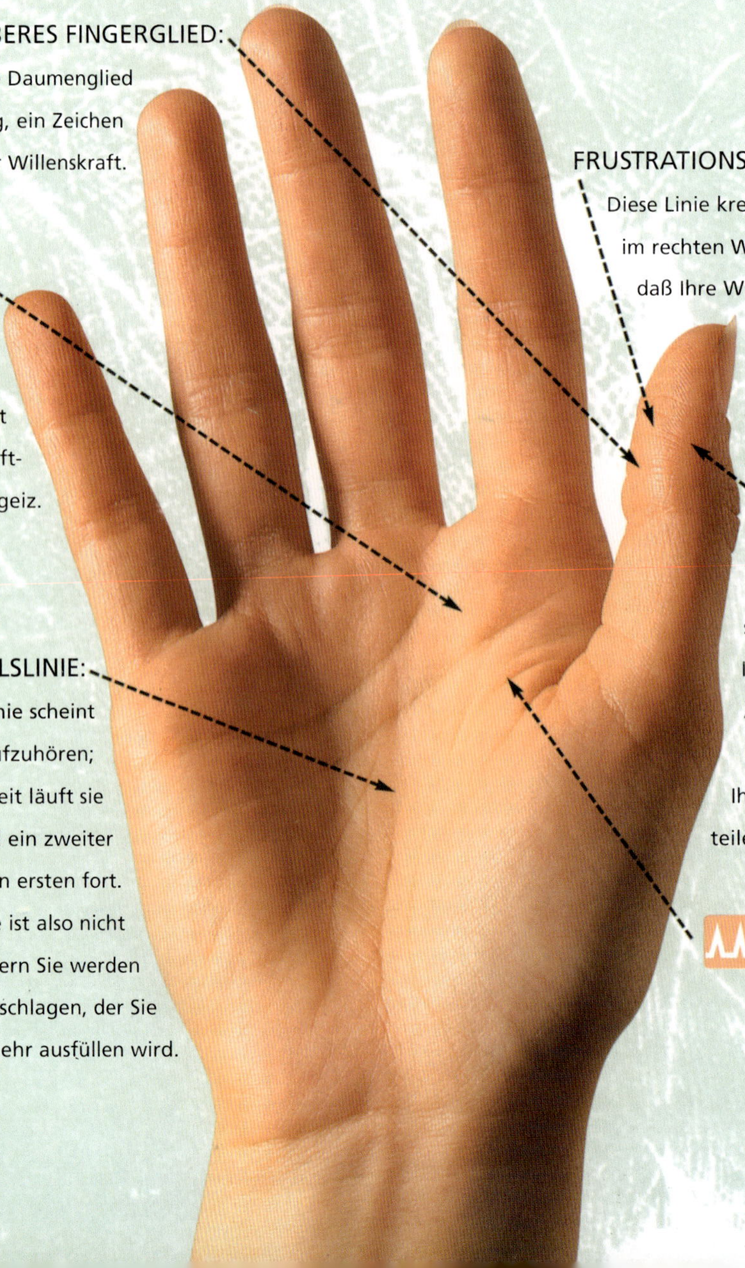

Ergänzende Merkmale

OBERES FINGERGLIED: Das obere Daumenglied ist recht lang, ein Zeichen für Willenskraft.

FRUSTRATIONSLINIE: Diese Linie kreuzt die Fingerspitze im rechten Winkel. Sie deutet an, daß Ihre Willenskraft oft auf die Probe gestellt wird.

JUPITERBERG: Der Jupiterberg ist gut entwickelt und verrät geschäftlichen Ehrgeiz.

DAUMEN: Ein nur wenig abgespreizter Daumen signalisiert, daß Sie Ideen, Gefühle und Ängste meist für sich behalten, selbst wenn Ihr Partner sie mit Ihnen teilen will.

SCHICKSALSLINIE: Die Schicksalslinie scheint in der Mitte aufzuhören; in Wirklichkeit läuft sie doppelt, und ein zweiter Teil setzt den ersten fort. Ihre Karriere ist also nicht zu Ende, sondern Sie werden einen Weg einschlagen, der Sie sehr viel mehr ausfüllen wird.

LEBENSLINIE

LEBENSLINIE

• NAHE AM DAUMEN
• SCHMALER VENUSBERG

2.1

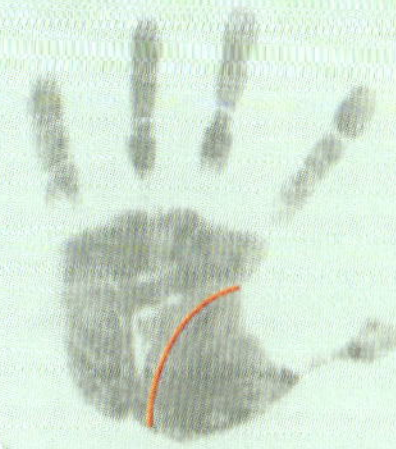

Sie sind clever und geschäftstüchtig, neigen zu Introversion und behalten Geheimnisse, Probleme und Gefühle für sich. Einige Traumalinien kreuzen die Lebenslinie im rechten Winkel; sie symbolisieren drastische Ereignisse, hören aber etwa im Alter von 30 Jahren auf. Zum Ende Ihrer Vierziger hin werden Schicksals- und Lebenslinie mit einer Linie verbunden. Das kann Umzug oder Auswanderung und spätere Rückkehr bedeuten.

Ergänzende Merkmale

LEBENSLINIE

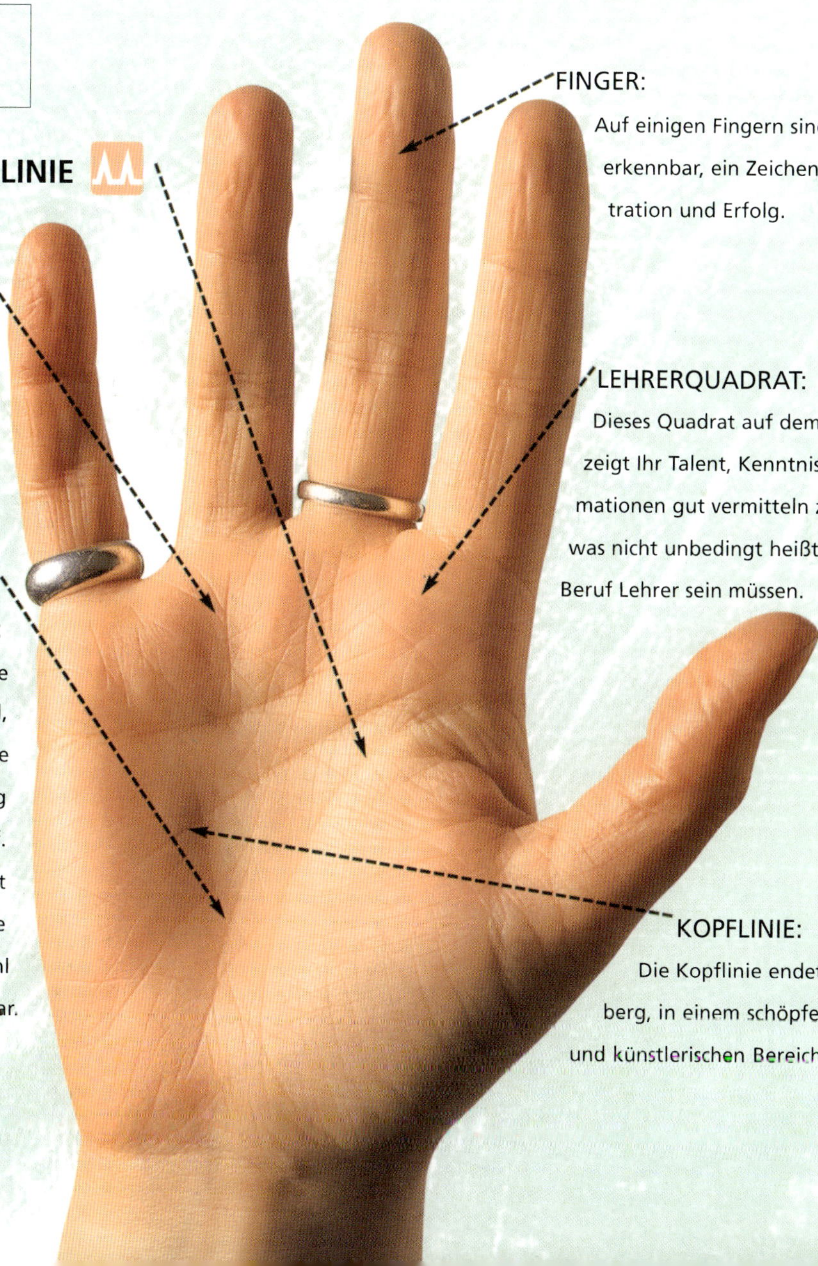

STERN:
Der Stern auf dem Apolloberg ist ein klares Zeichen für Ruhm und Glück.

SCHICKSALSLINIE:
Die Schicksalslinie beginnt als Gabel, ein Symbol für die Berufsausbildung oder einen Beruf. Der stärkere Ast zeigt, daß Ihre Berufswahl richtig war.

FINGER:
Auf einigen Fingern sind Inseln erkennbar, ein Zeichen für Konzentration und Erfolg.

LEHRERQUADRAT:
Dieses Quadrat auf dem Jupiterberg zeigt Ihr Talent, Kenntnisse und Informationen gut vermitteln zu können – was nicht unbedingt heißt, daß Sie von Beruf Lehrer sein müssen.

KOPFLINIE:
Die Kopflinie endet am Mondberg, in einem schöpferischen und künstlerischen Bereich.

2.2

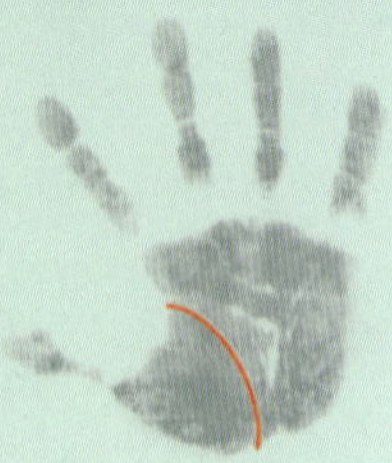

LEBENSLINIE

- WEITER BOGEN UM DEN DAUMEN
- VENUSBERG GUT ENTWICKELT

Sie sind ein geselliger Typ mit vielen Freunden und Interessen. Die Lebenslinie deutet darauf hin, daß Sie in der Lebensmitte auswandern. Wenn Sie Rechtshänder sind und dies Ihre linke Hand ist, sind Ihre Eltern ausgewandert. Zwei Traumalinien kreuzen die Lebenslinien im rechten Winkel; sie weisen auf zwei einschneidende (gute oder schlechte) Ereignisse im Alter zwischen 20 und 30 Jahren hin. Danach bleibt die Linie gerade, tief und klar und spiegelt einen klaren Lebensweg wider. Ernste Krankheiten sind selten.

Ergänzende Merkmale

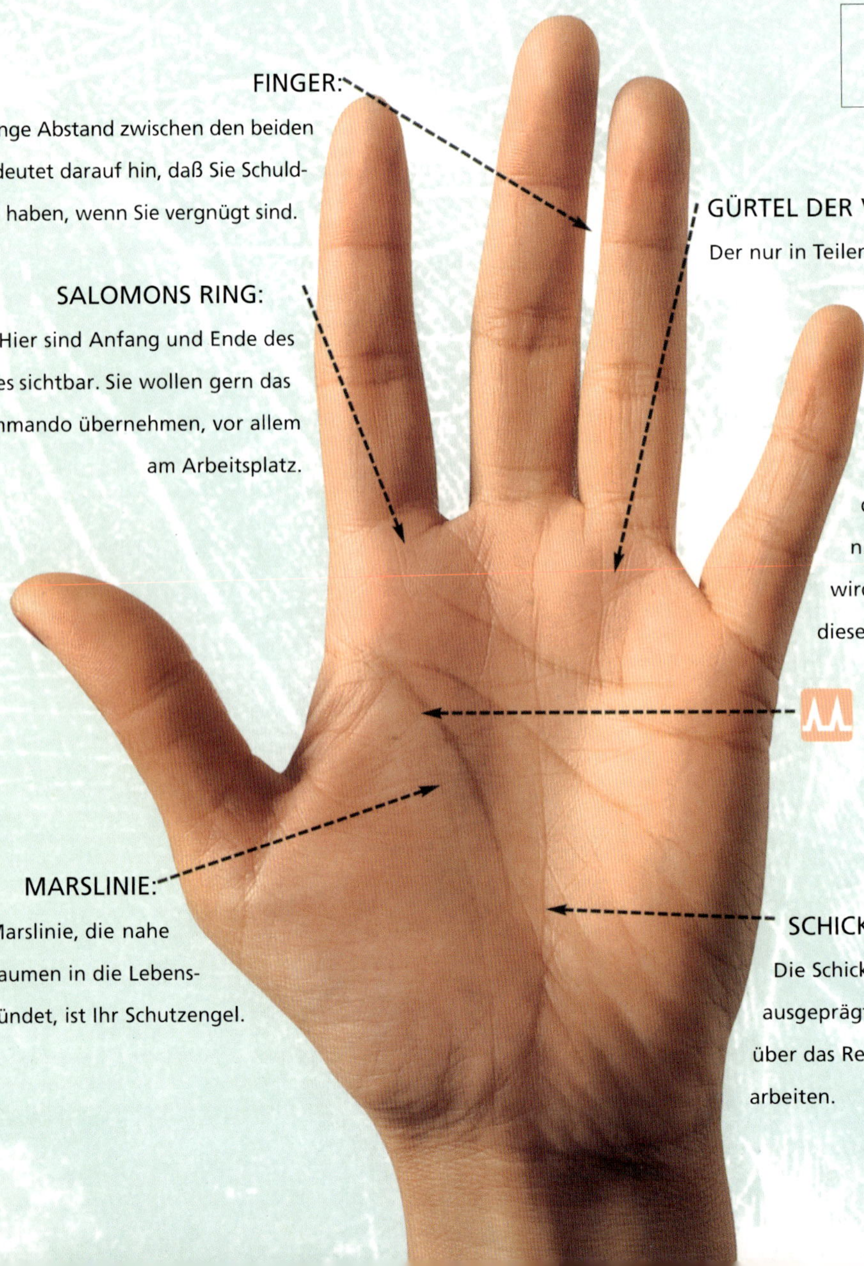

FINGER:
Der geringe Abstand zwischen den beiden Fingern deutet darauf hin, daß Sie Schuldgefühle haben, wenn Sie vergnügt sind.

GÜRTEL DER VENUS:
Der nur in Teilen vorhandene Venusgürtel verrät, daß Sie sinnlich und empfindsam sind. Wenn dieses Zeichen in der dominanten Hand nicht widergespiegelt wird, unterdrücken Sie diese Seite Ihrer Natur.

SALOMONS RING:
Hier sind Anfang und Ende des Ringes sichtbar. Sie wollen gern das Kommando übernehmen, vor allem am Arbeitsplatz.

LEBENSLINIE

MARSLINIE:
Die Marslinie, die nahe am Daumen in die Lebenslinie mündet, ist Ihr Schutzengel.

SCHICKSALSLINIE:
Die Schicksalslinie ist gut ausgeprägt. Sie werden über das Rentenalter hinaus arbeiten.

LEBENSLINIE

2.3

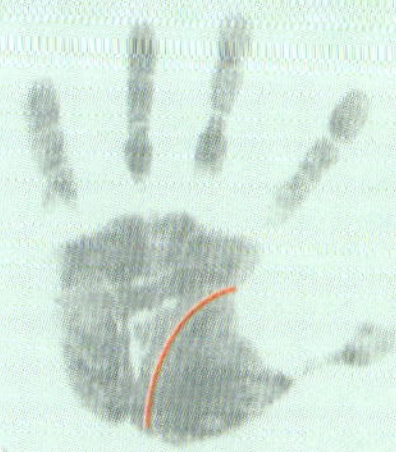

- WEITER BOGEN UM DEN DAUMEN
- VENUSBERG GUT ENTWICKELT

Sie sind ein geselliger Typ mit vielen Freunden und Interessen. Die Lebenslinie ist meist gerade und klar, wird aber im Alter von etwa 60 Jahren schwächer und gabelt sich. Hier könnte es ein Indiz für Kreuzschmerzen sein. Die Gabel symbolisiert wahrscheinlich einen Umzug. Traumalinien von den Teenagerjahren bis in die Dreißiger schwächen die Kräftigkeit Ihrer Lebenslinie kaum. Sie sind sehr robust.

Ergänzende Merkmale

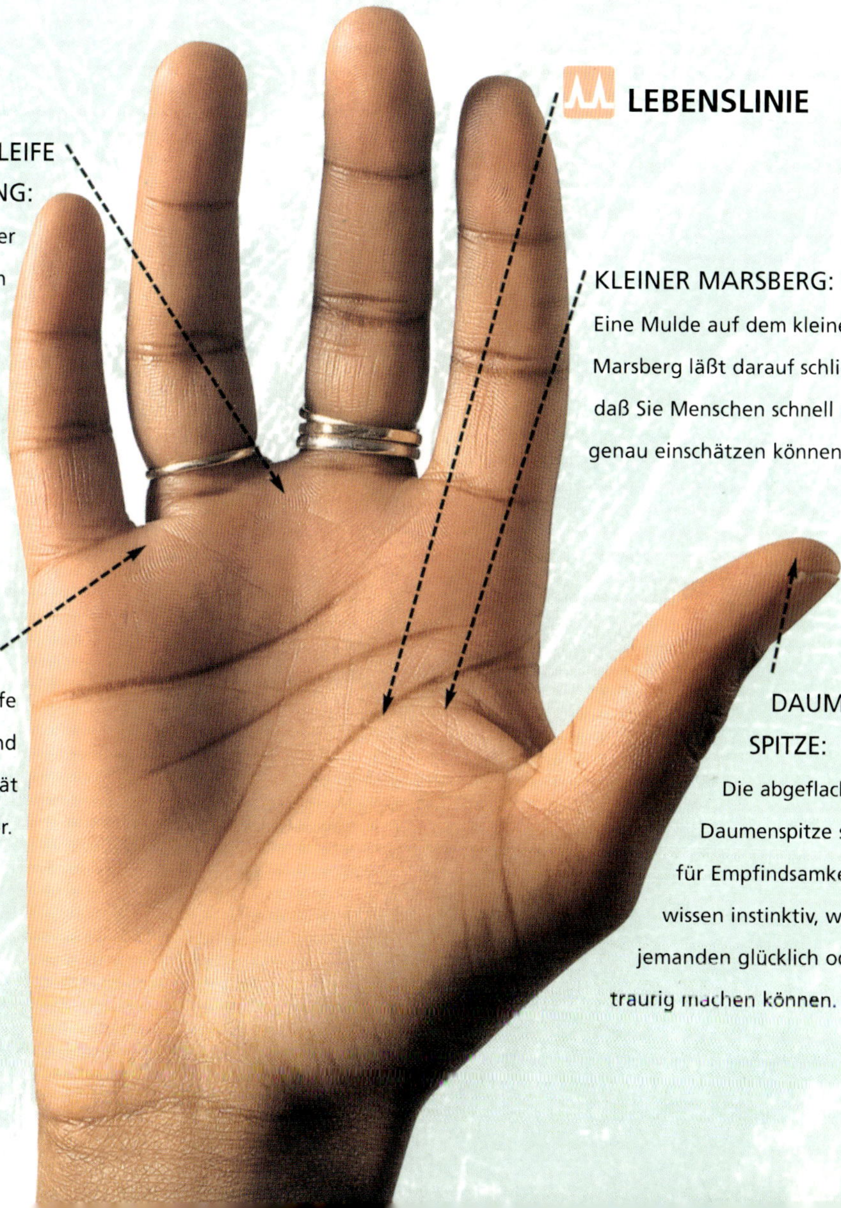

LEBENSLINIE

SCHLEIFE DER BERUFUNG: Die Schleife der Berufung zwischen Zeige- und Mittelfinger zeigt Ihr Engagement, anderen Menschen zu helfen.

KLEINER MARSBERG: Eine Mulde auf dem kleinen Marsberg läßt darauf schließen, daß Sie Menschen schnell und genau einschätzen können.

HUMORSCHLEIFE: Die Humorschleife zwischen Ringfinger und kleinem Finger verrät trockenen Humor.

DAUMENSPITZE: Die abgeflachte Daumenspitze steht für Empfindsamkeit. Sie wissen instinktiv, wie Sie jemanden glücklich oder traurig machen können.

2.4

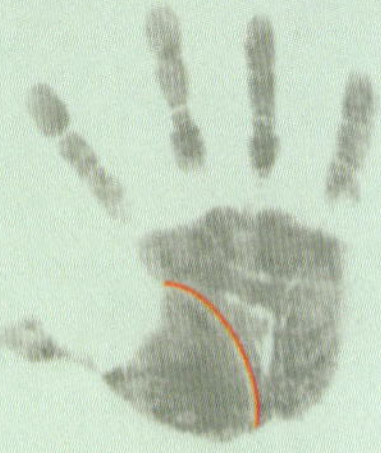

LEBENSLINIE

• KURZ UND UNTERBROCHEN

Oft wird eine kurze Lebenslinie durch eine schwache Linie mit der Schicksalslinie verbunden. Das bedeutet meist Auswanderung, und der Abstand zwischen Lebens- und Schicksalslinie symbolisiert die Entfernung. Diese Lebenslinie ist im Alter von ca. 55 Jahren schwach mit der Schicksalslinie verbunden – wahrscheinlich ziehen Sie aus beruflichen Gründen um. Die Lebenslinie beginnt weit oben und verläuft nahe am Daumen – Sie sind ein ehrgeiziger Ellbogentyp.

Ergänzende Merkmale

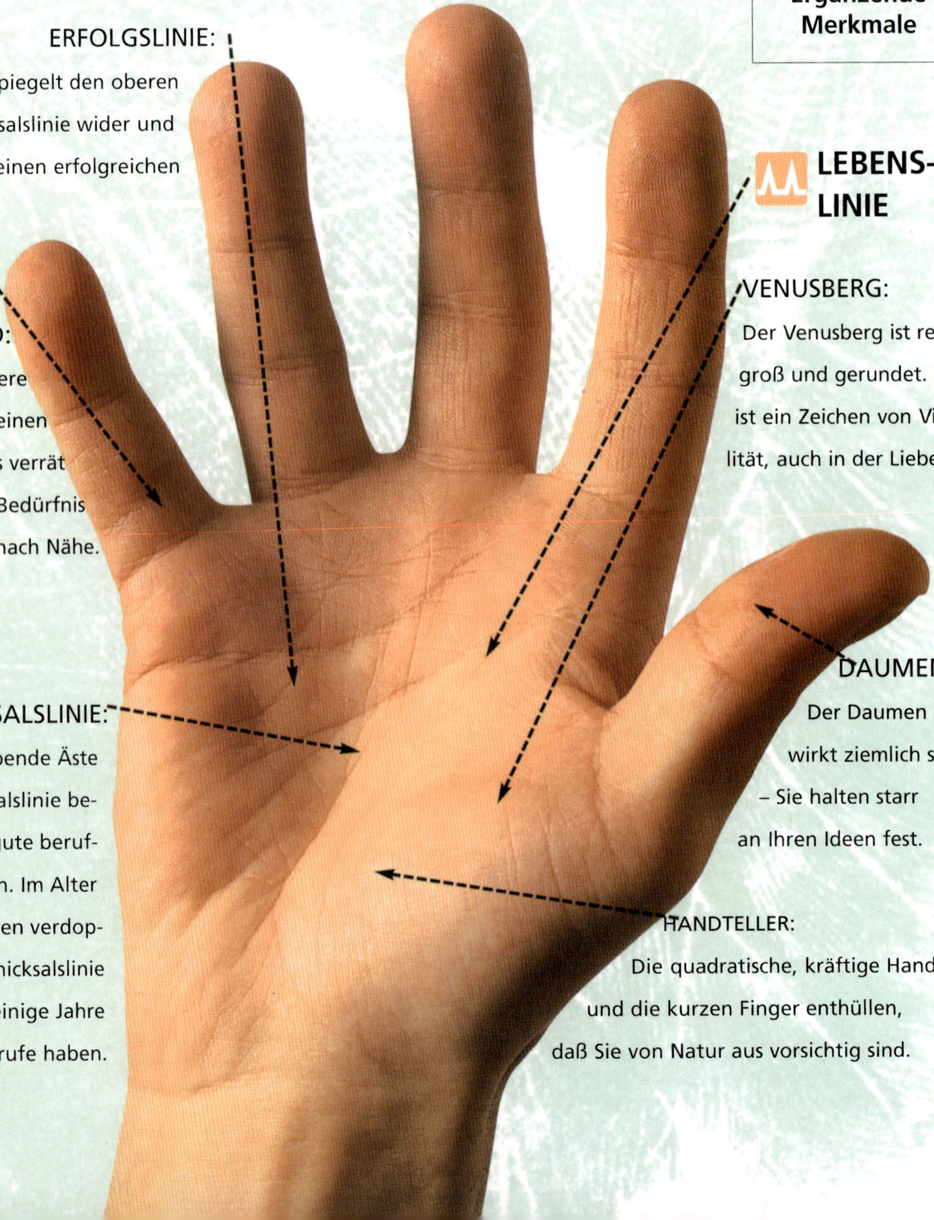

ERFOLGSLINIE: Die Erfolgslinie spiegelt den oberen Teil der Schicksalslinie wider und verspricht einen erfolgreichen

UNTERES FINGERGLIED: Das kurze untere Glied des kleinen Fingers verrät starkes Bedürfnis nach Nähe.

SCHICKSALSLINIE: Nach oben strebende Äste auf der Schicksalslinie bedeuten viele gute berufliche Chancen. Im Alter von ca. 55 Jahren verdoppelt sich die Schicksalslinie – Sie werden einige Jahre lang zwei Berufe haben.

LEBENSLINIE

VENUSBERG: Der Venusberg ist recht groß und gerundet. Das ist ein Zeichen von Vitalität, auch in der Liebe.

DAUMEN: Der Daumen wirkt ziemlich steif – Sie halten starr an Ihren Ideen fest.

HANDTELLER: Die quadratische, kräftige Hand und die kurzen Finger enthüllen, daß Sie von Natur aus vorsichtig sind.

LEBENSLINIE

• KURZ UND UNTERBROCHEN

2.5

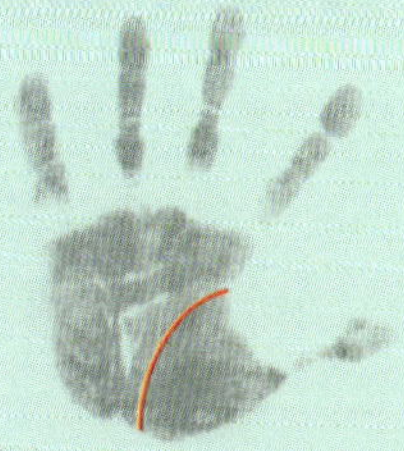

Die Lebenslinie ist eine Kette und wird im ersten Teil gekreuzt. Das deutet auf Probleme hin und auf die Schwierigkeiten, damit zu Rande zu kommen. Anfang zwanzig verbindet eine lange Linie die Lebens- mit der Schicksalslinie, wobei erstere schwächer wird. Auf der dominanten Hand ist das ein Zeichen für Auswanderung, wobei der Abstand zwischen Lebens- und Schicksalslinie die Entfernung angibt. Knapp unter dem Anfang der Lebenslinie beginnt eine zweite Lebenslinie, ein Indiz für eine verpaßte Chance.

Ergänzende Merkmale

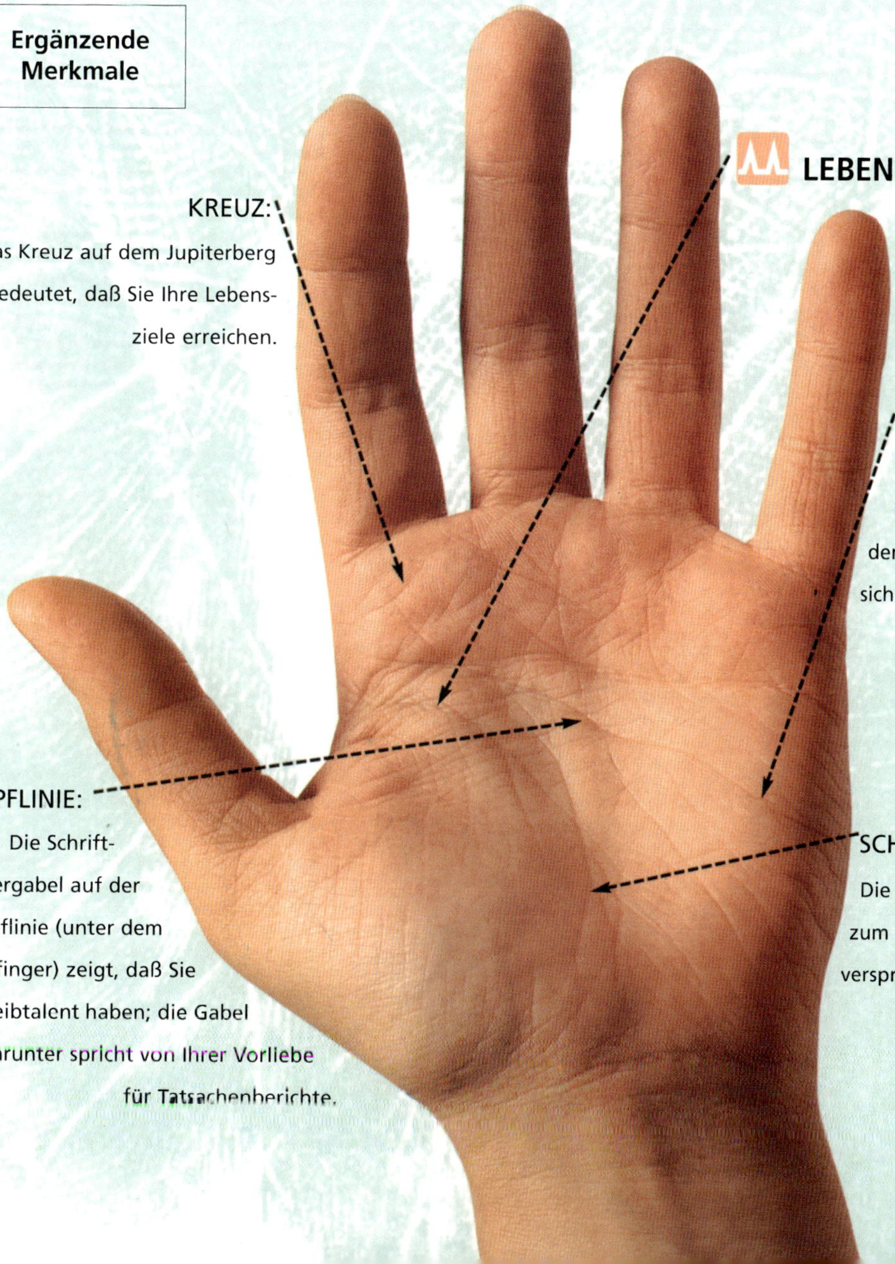

LEBENSLINIE

KREUZ: Das Kreuz auf dem Jupiterberg bedeutet, daß Sie Ihre Lebensziele erreichen.

REISELINIEN: An der Seite der Handfläche neben dem Mondberg befinden sich viele Reiselinien.

KOPFLINIE: Die Schriftstellergabel auf der Kopflinie (unter dem Ringfinger) zeigt, daß Sie Schreibtalent haben; die Gabel darunter spricht von Ihrer Vorliebe für Tatsachenberichte.

SCHICKSALSLINIE: Die Schicksalslinie, die zum Zeigefinger strebt, verspricht Erfolg im Leben.

2.6

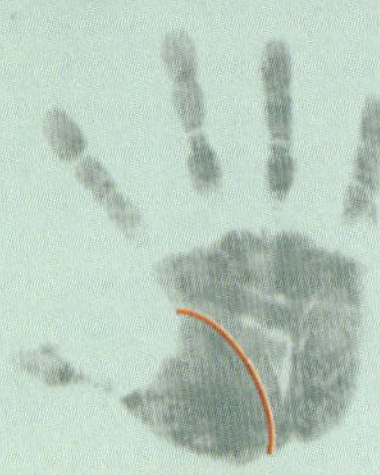

LEBENSLINIE

- KURZ
- UNTERBROCHEN

Wenn die Lebenslinie unterbrochen ist, verbindet sie meist eine schwache Linie mit der Schicksalslinie. Das deutet oft auf Auswanderung hin, wobei der Abstand zwischen Lebens- und Schicksalslinie die Entfernung angibt. Manchmal bedeutet eine Lücke einen radikalen Wandel des Umfelds – vielleicht erben Sie beispielsweise ein großes Vermögen.

Ergänzende Merkmale

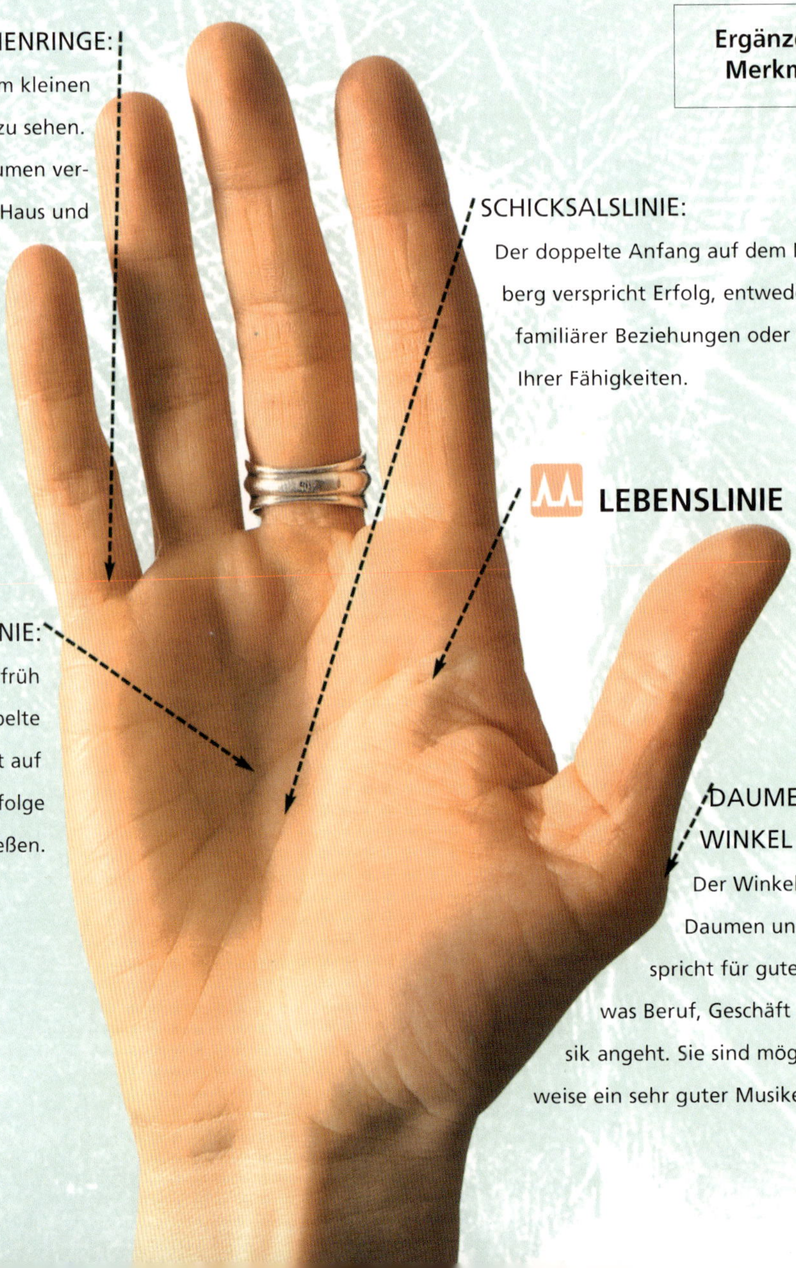

FAMILIENRINGE: Familienringe sind am kleinen Finger und am Daumen zu sehen. Die beiden Ringe am Daumen versprechen ein zweites Haus und eine Erbschaft – vielleicht der Wandel, den die unterbrochene Lebenslinie ankündigt.

SCHICKSALSLINIE: Der doppelte Anfang auf dem Mondberg verspricht Erfolg, entweder dank familiärer Beziehungen oder dank Ihrer Fähigkeiten.

LEBENSLINIE

ERFOLGSLINIE: Die Erfolgslinie beginnt früh und begleitet die doppelte Schicksalslinie; sie läßt auf große berufliche Erfolge schließen.

DAUMENWINKEL: Der Winkel zwischen Daumen und Hand spricht für gutes Timing, was Beruf, Geschäft oder Musik angeht. Sie sind möglicherweise ein sehr guter Musiker.

LEBENSLINIE

• DOPPELT
• GANZ ODER TEIL

2.7

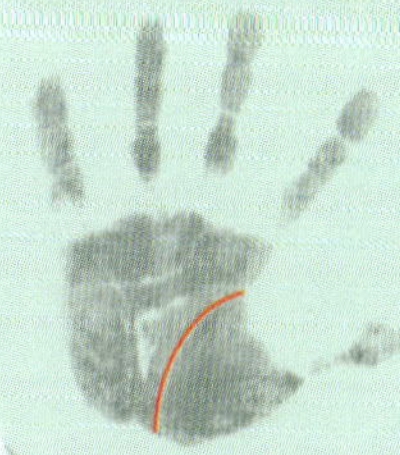

Eine doppelte Lebenslinie zeigt, daß Sie eine Art Doppelleben führen können – ein gewöhnliches und ein möglicherweise aufregenderes. Viele Schauspieler und Leute im Showbusiness weisen dieses Merkmal auf. Die zweite Linie, die innerhalb der Hauptlinie verläuft, liegt sehr tief und nahe am Daumen. Entwickelt hat sie sich erst mit Anfang zwanzig, was darauf hindeutet, daß Sie diesen zweiten Aspekt Ihres Lebens nicht nutzen. Die Tiefe zeigt jedoch, daß diese Chance nicht verloren ist.

Ergänzende Merkmale

GESUNDHEIT: Erschöpfungslinien laufen zu mehreren Fingerspitzen hinauf. Ihnen fehlt der Instinkt, der Ihnen sagt, wann Sie eine Pause brauchen.

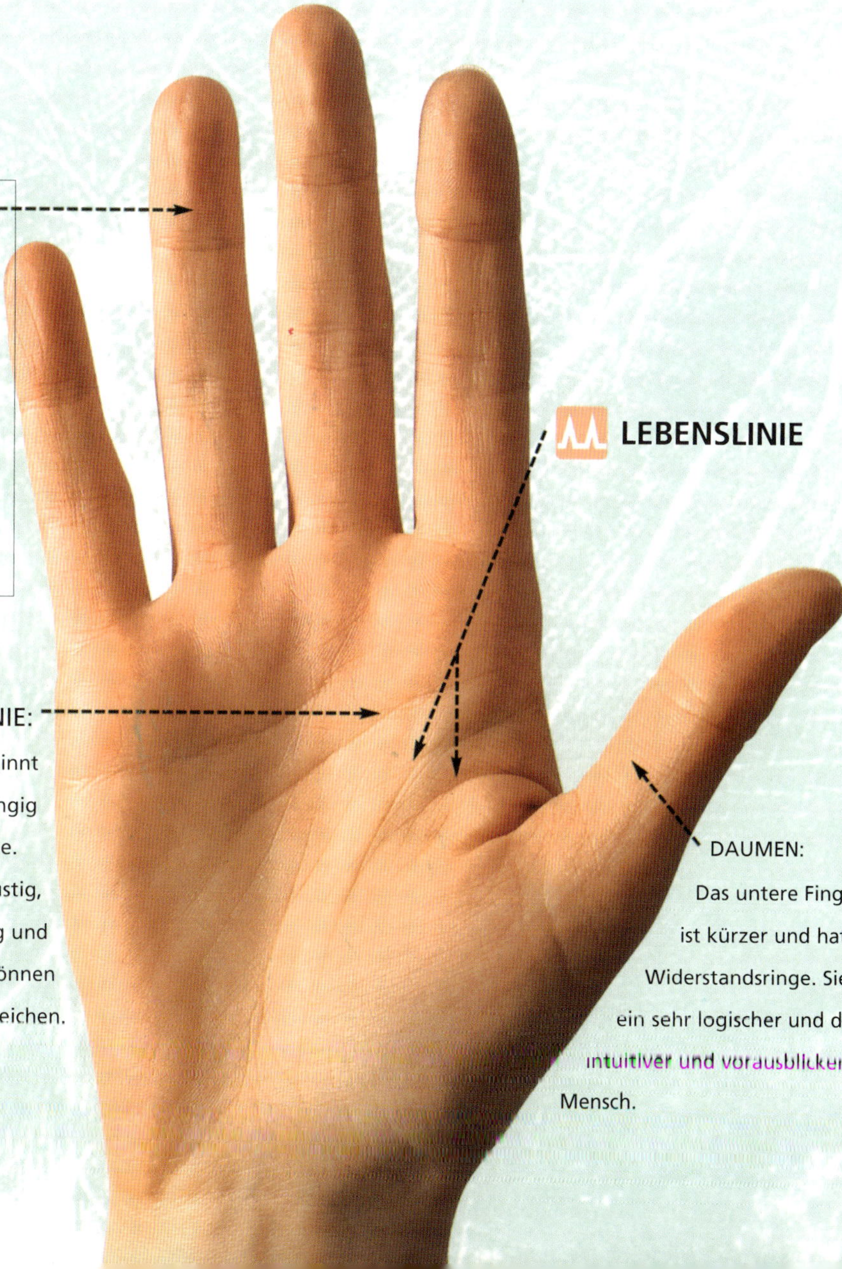

KOPFLINIE: Die Kopflinie beginnt weit oben, unabhängig von der Lebenslinie. Sie sind abenteuerlustig, impulsiv, ehrgeizig und sehr motiviert. Sie können viel erreichen.

DAUMEN: Das untere Fingerglied ist kürzer und hat viele Widerstandsringe. Sie sind ein sehr logischer und dennoch intuitiver und vorausblickender Mensch.

2.8

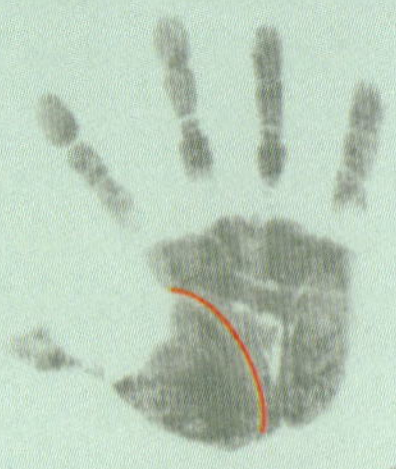

LEBENSLINIE

- GANZ
- ENDE GEGABELT

Nach einer schwierigen Entscheidung Anfang oder Mitte fünfzig wandern Sie aus oder verändern Ihr Leben drastisch. Der klare, tiefe Ast zeigt, daß Ihre Entscheidung richtig ist, obwohl die durchgehende Lebenslinie ebenfalls klar und tief ist. Die Gabel ist mit der Schicksalslinie verbunden. Das läßt darauf schließen, daß Sie wegen einer Beförderung umziehen. Das Gitterwerk, das den Anfang der Lebenslinie mit der Kopflinie verbindet, verrät ein Schwanken zwischen Selbstvertrauen und Zögern.

Ergänzende Merkmale

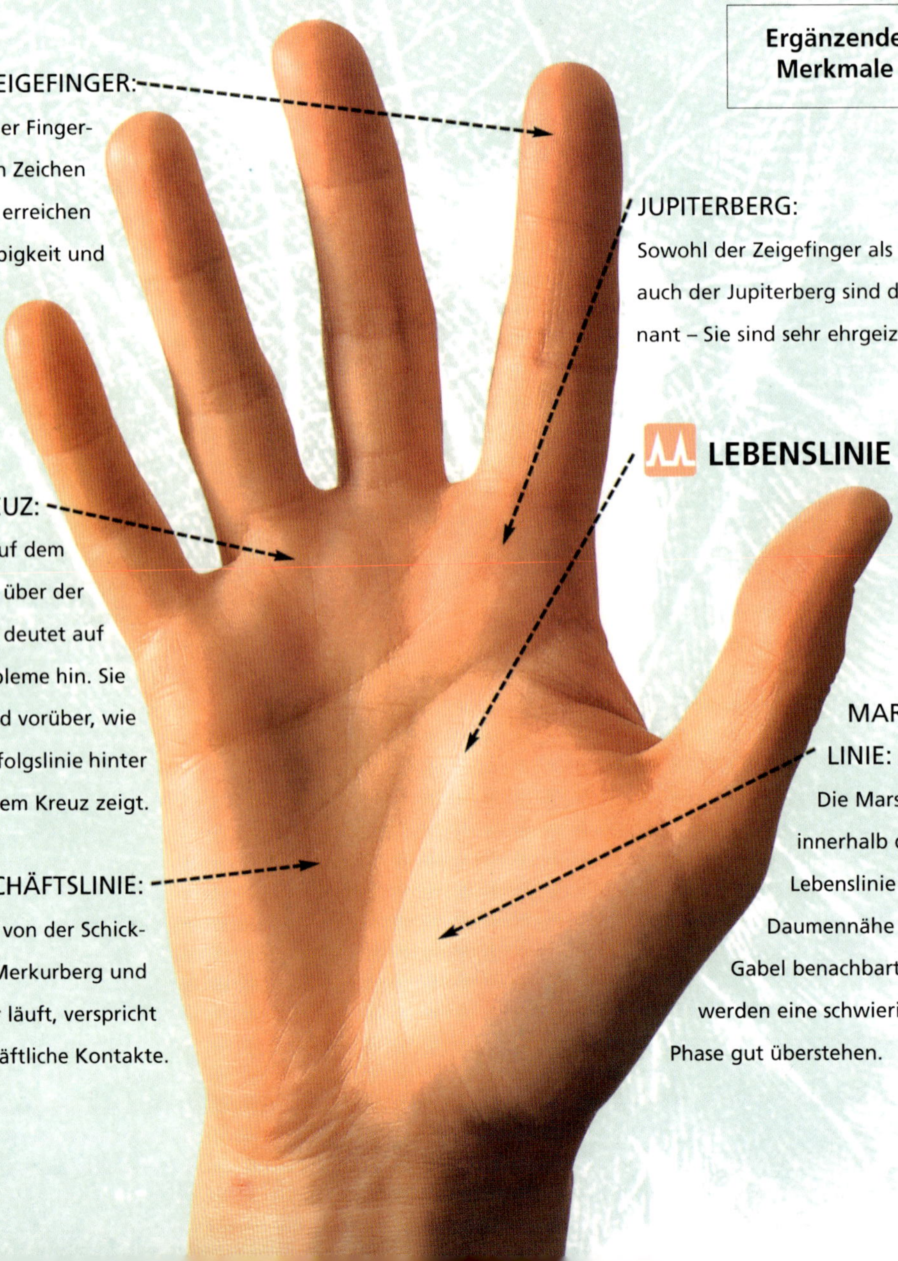

ZEIGEFINGER: Die Insel auf der Fingerspitze ist meist ein Zeichen für Erfolg. Sie erreichen dies durch Zielstrebigkeit und selbständiges Arbeiten.

JUPITERBERG: Sowohl der Zeigefinger als auch der Jupiterberg sind dominant – Sie sind sehr ehrgeizig.

LEBENSLINIE

KREUZ: Das Kreuz auf dem Apolloberg über der Erfolgslinie deutet auf finanzielle Probleme hin. Sie gehen jedoch bald vorüber, wie die kräftige Erfolgslinie hinter dem Kreuz zeigt.

MARS-LINIE: Die Marslinie innerhalb der Lebenslinie in Daumennähe is der Gabel benachbart. Sie werden eine schwierige Phase gut überstehen.

GESCHÄFTSLINIE: Diese Linie, ein Ast von der Schicksalslinie, der zum Merkurberg und zum kleinen Finger läuft, verspricht gute geschäftliche Kontakte.

LEBENSLINIE

- GANZ
- ENDE GEGABELT

2.9

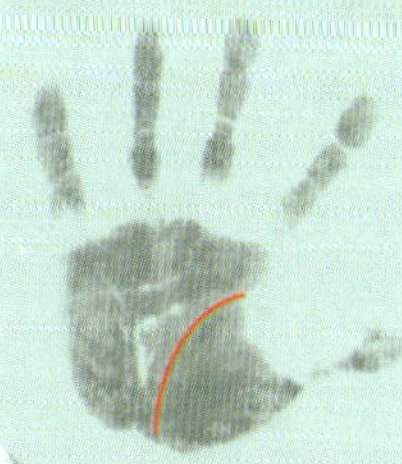

Nach einer schwierigen Entscheidung in den Sechzigern werden Sie auswandern oder Ihr Leben drastisch verändern. Beide Äste der Gabel sind tief und klar – sehr wahrscheinlich werden Sie zwei sehr unterschiedliche Wohnsitze zugleich haben.

Ergänzende Merkmale

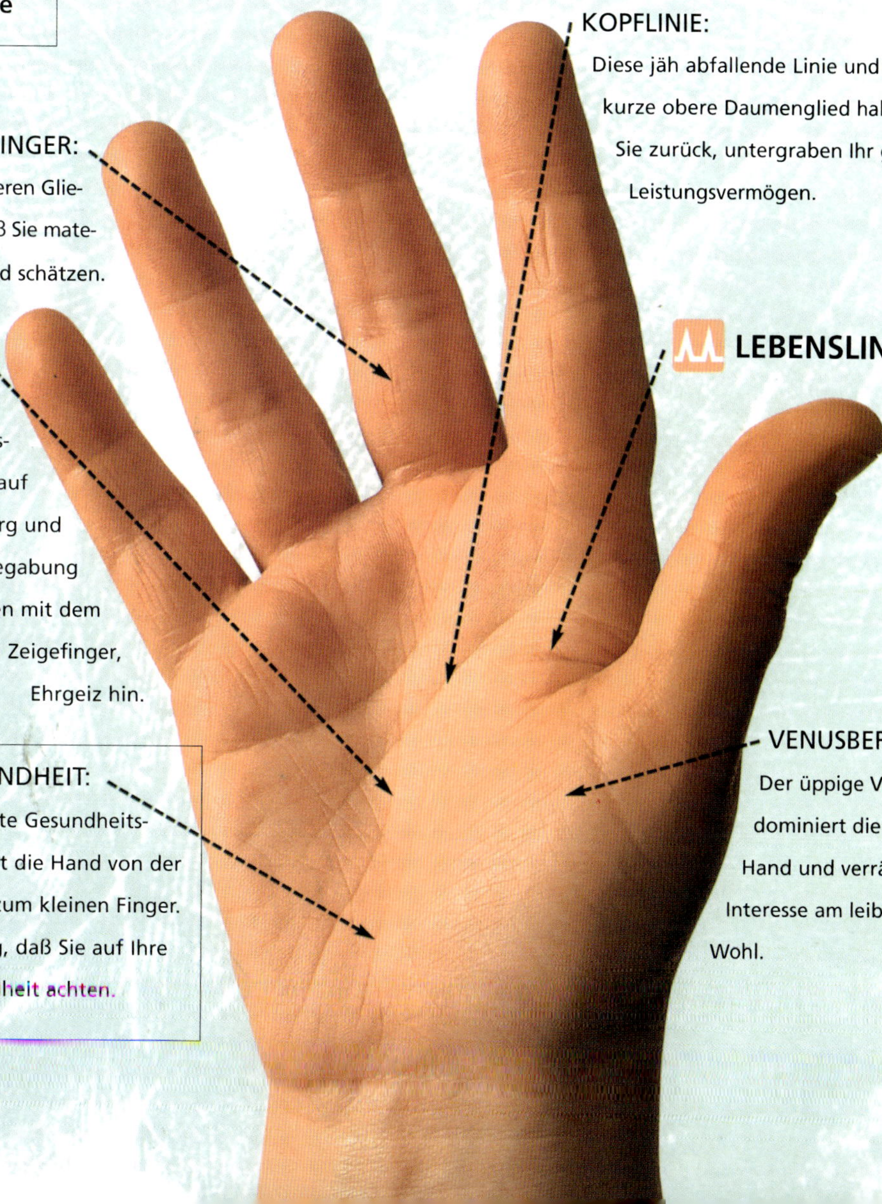

FINGER:
Die kräftigen unteren Glieder verraten, daß Sie materiellen Wohlstand schätzen.

SCHICKSALSLINIE:
Die Schicksalslinie beginnt auf dem Mondberg und weist auf Begabung und, zusammen mit dem kräftigen Zeigefinger, Ehrgeiz hin.

GESUNDHEIT:
Eine doppelte Gesundheitslinie überquert die Hand von der Gelenkmitte zum kleinen Finger. Es ist wichtig, daß Sie auf Ihre Gesundheit achten.

KOPFLINIE:
Diese jäh abfallende Linie und das kurze obere Daumenglied halten Sie zurück, untergraben Ihr großes Leistungsvermögen.

LEBENSLINIE

VENUSBERG:
Der üppige Venusberg dominiert die ganze Hand und verrät Ihr Interesse am leiblichen Wohl.

3.0

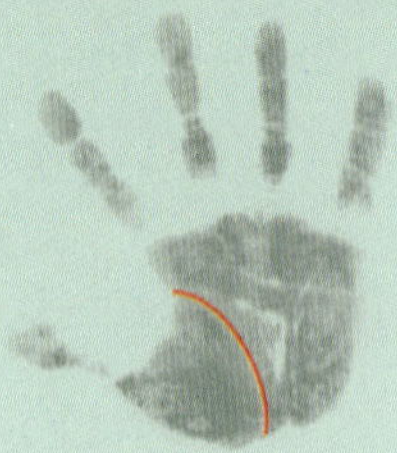

LEBENSLINIE

• ENDE UNTER DEM DAUMENBALLEN

Sie reisen oft, kehren aber gerne nach Hause zurück und wollen sich überall heimisch fühlen. Die Kopflinie ist am Anfang mit der Lebenslinie verbunden und bestätigt die enge Bindung an das Heim, verrät aber auch, daß Sie große Rücksicht auf die Meinung anderer nehmen. Meiden Sie, wenn möglich, kritische Menschen. Der frühe Ast zum Jupiterberg und ein Ast von der Lebenslinie zum kleinen Finger zeigen, daß Sie ehrgeizig und finanziell erfolgreich sind.

Ergänzende Merkmale

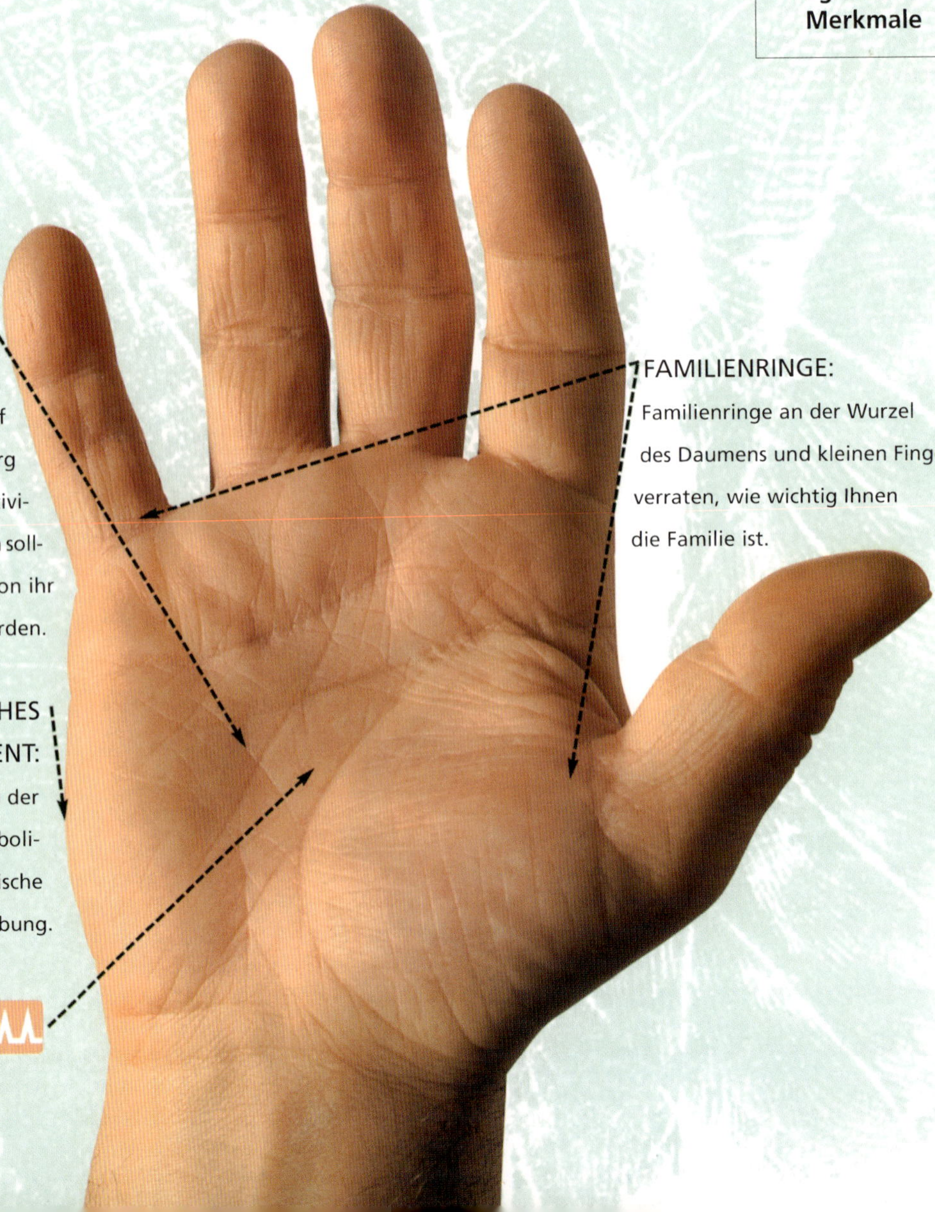

LEBENSLINIE

• ENDE FERN VOM DAUMEN

3.1

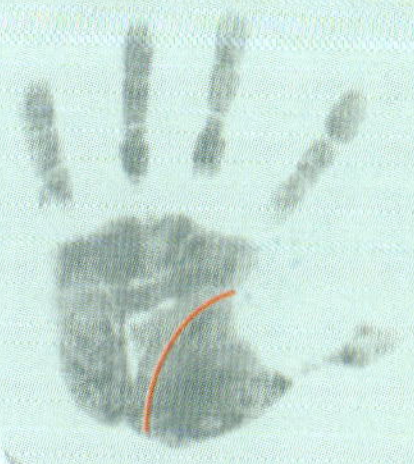

Sie sind abenteuerlustig und reisen gerne. Die frühen Verbindungslinien zwischen Lebens- und Kopflinie sprechen sowohl von Selbstvertrauen als auch -zweifeln. Sobald Sie Ihre Fähigkeiten bewiesen haben, verschwinden diese Linien und die Unsicherheiten. Sie haben großen Einfluß auf Ihr privates und berufliches Leben; das zeigen die Einflußlinien in den Dreißigern, die sowohl die Lebens- als auch die Schicksalslinie kreuzen. Die Linien werden stärker und bestätigen, daß Ihr Engagement ein gutes Kapital ist.

Ergänzende Merkmale

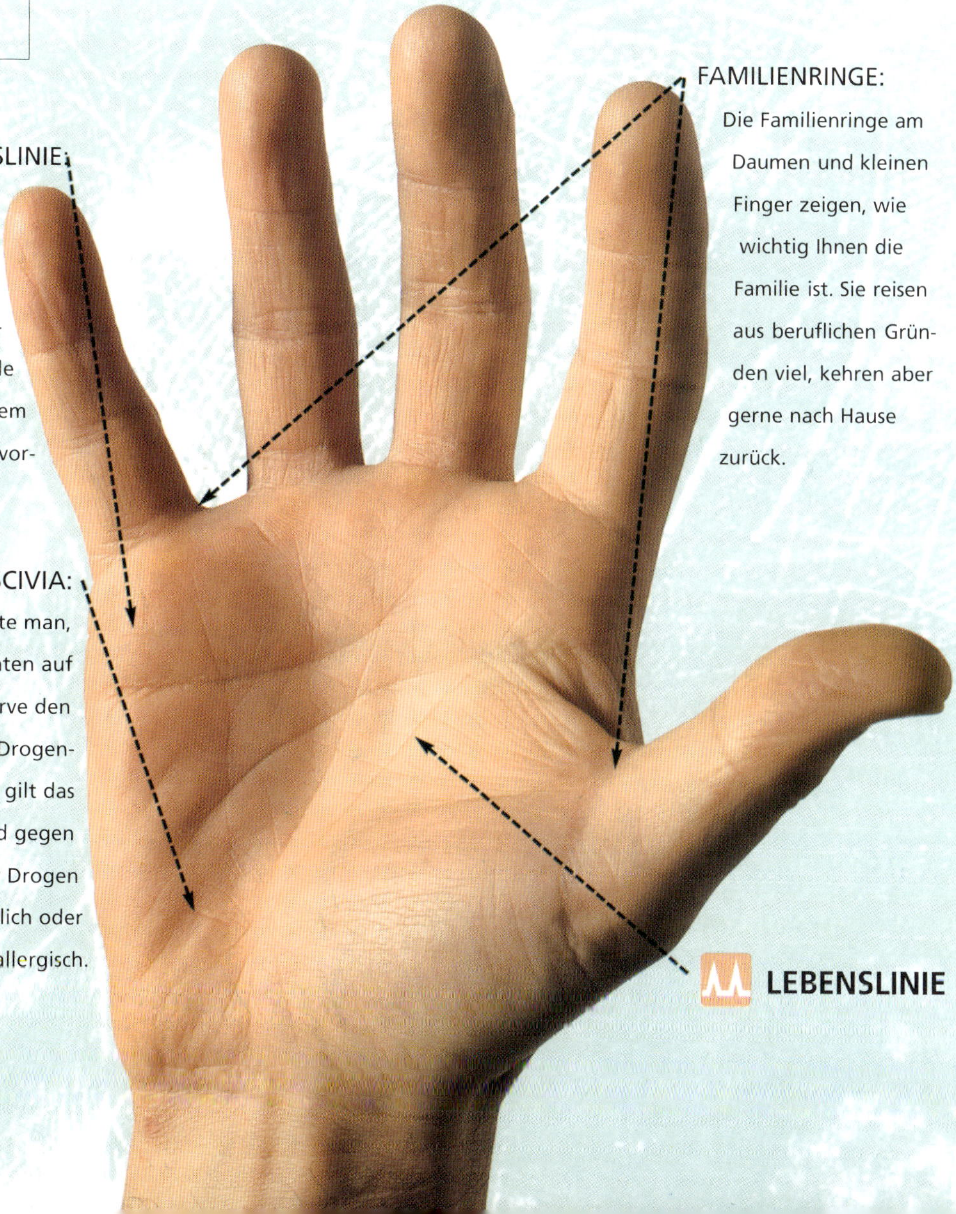

BINDUNGSLINIE: Diese Linie ist unterbrochen, vereinigt sich aber wieder: Eine möglicherweise aktuelle Trennung von Ihrem Partner ist nur vor-

FAMILIENRINGE: Die Familienringe am Daumen und kleinen Finger zeigen, wie wichtig Ihnen die Familie ist. Sie reisen aus beruflichen Gründen viel, kehren aber gerne nach Hause zurück.

VIA LASCIVIA: Früher glaubte man, die Via lascivia unten auf der Hand entlarve den Alkoholiker oder Drogensüchtigen. Heute gilt das Gegenteil: Sie sind gegen Alkohol und/oder Drogen überempfindlich oder sogar allergisch.

LEBENSLINIE

3.2

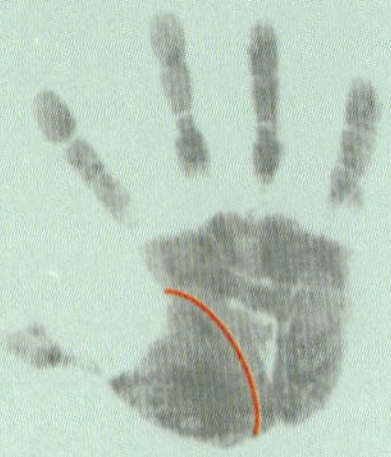

LEBENSLINIE

• BEGINNT HOCH

Sie sind ein ehrgeiziger und zielstrebiger Mensch mit einem starken Wunsch nach Erfolg. Die gekreuzten Linien und Ketten deuten frühe Probleme an; doch später wird die Lebenslinie klarer und stärker. Sie verläuft nahe am Daumen, und daß sich Ihr Daumen nahe am Handteller befindet, zeigt, daß Sie vorsichtig und beherrscht sind.

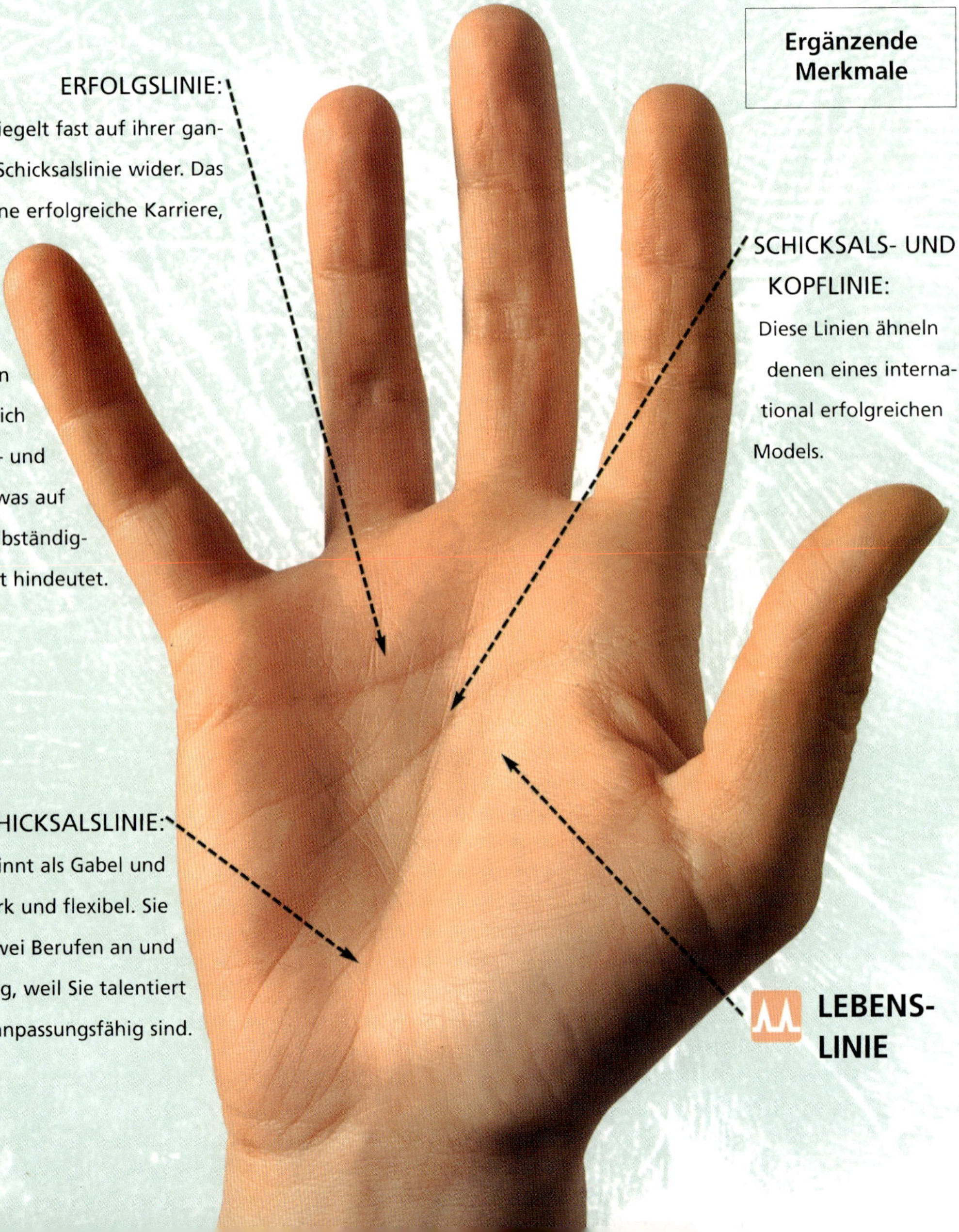

Ergänzende Merkmale

ERFOLGSLINIE:
Die Linie spiegelt fast auf ihrer ganzen Länge die Schicksalslinie wider. Das spricht für eine erfolgreiche Karriere, Anerkennung, Prämien oder Beförderung. Später im Leben verästeln sich Schicksals- und Erfolgslinie, was auf erfolgreiche Selbständigkeit hindeutet.

SCHICKSALS- UND KOPFLINIE:
Diese Linien ähneln denen eines international erfolgreichen Models.

SCHICKSALSLINIE:
Die Linie beginnt als Gabel und wird dann stark und flexibel. Sie fangen mit zwei Berufen an und haben Erfolg, weil Sie talentiert und zugleich anpassungsfähig sind.

LEBENSLINIE

3.3

LEBENSLINIE

- BEGINNT TIEF
- NAHE AM DAUMEN

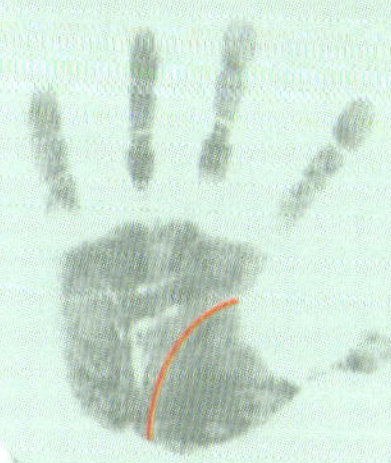

Sie sind zufrieden und wollen keinen Ärger auslösen. Die Lebenslinie macht einen weiten Bogen – sie schließt einen großen Kreis von Angehörigen und Freunden ein. Anfangs ist die Linie mit der Kopflinie verbunden, ein Indiz dafür, daß Sie gerne in Gesellschaft sind und die Meinung anderer schätzen, ohne sich aber zu sehr abhängig davon zu machen. Viele Zeichen deuten darauf hin, daß Sie Begabung zum Heilen haben.

Ergänzende Merkmale

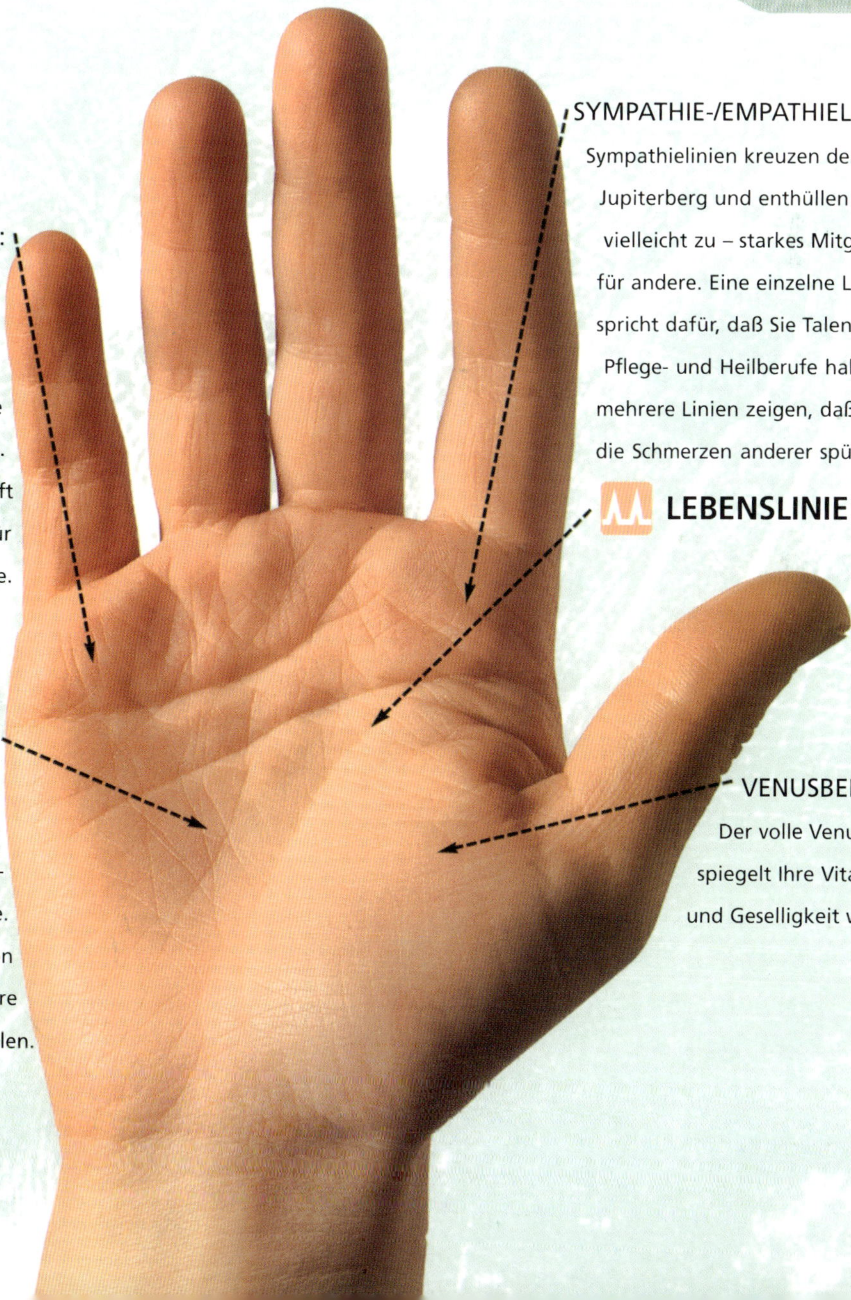

HEILSTREIFEN: Die Heilstreifen, drei kurze Linien am Merkurberg, sprechen dafür, daß Sie andere beruhigen können. Die Linien zeigen oft eine Vorliebe für Naturheilkunde.

SYMPATHIE-/EMPATHIELINIEN: Sympathielinien kreuzen den Jupiterberg und enthüllen ein – vielleicht zu – starkes Mitgefühl für andere. Eine einzelne Linie spricht dafür, daß Sie Talent für Pflege- und Heilberufe haben, mehrere Linien zeigen, daß Sie die Schmerzen anderer spüren.

LEBENSLINIE

MERKURLINIE: Die doppelte Gesundheitslinie vom Neptunberg zum kleinen Finger ist die Merkurlinie. Auch sie spricht von Ihrer Fähigkeit, andere zu heilen.

VENUSBERG: Der volle Venusberg spiegelt Ihre Vitalität und Geselligkeit wider.

3.4

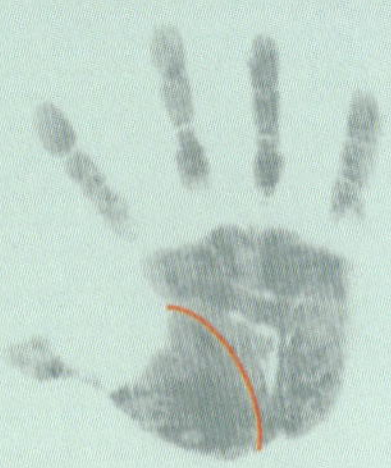

LEBENSLINIE

- PASSIVE HAND
- ANDERS ALS DOMINANTE HAND

Zwischen der linken, passiven Hand und der rechten, dominanten Hand mit einer doppelten Lebenslinie bestehen deutliche Unterschiede. Auf der passiven Hand ist die zweite, innere Lebenslinie unterentwickelt, was auf ein Bedürfnis nach Sicherheit hindeutet. An dieser Hand fehlt auch der Bruch in der Lebenslinie. Der kleine doppelte Teil ist mit Traumalinien bedeckt: Es war schwer, sich ein zweites Leben aufzubauen. Sie haben viel durchgemacht, um Ihre jetzige Position zu erreichen.

Ergänzende Merkmale

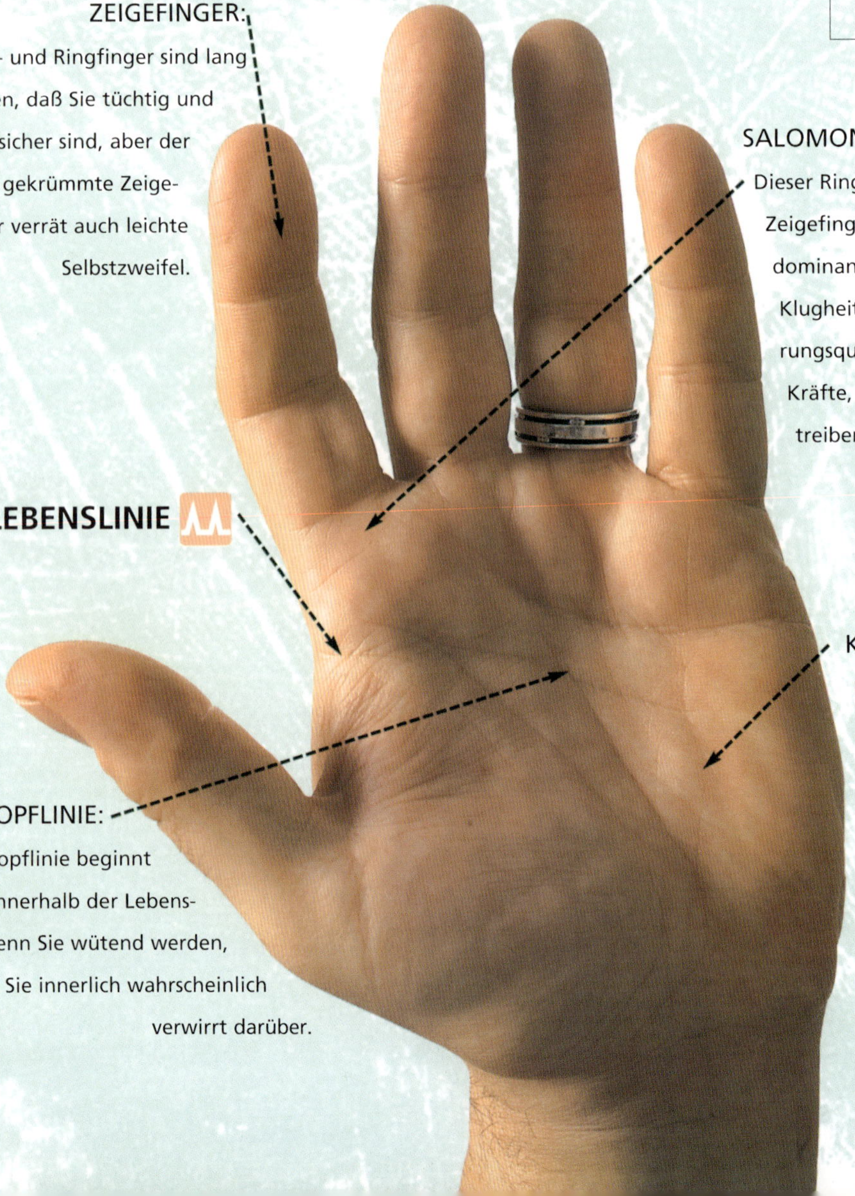

ZEIGEFINGER: Zeige- und Ringfinger sind lang und zeigen, daß Sie tüchtig und selbstsicher sind, aber der etwas gekrümmte Zeigefinger verrät auch leichte Selbstzweifel.

SALOMONS RING: Dieser Ring an der Wurzel des Zeigefingers fehlt auf der dominanten Hand. Er verrät Klugheit, Ehrgeiz und Führungsqualitäten – innere Kräfte, die Sie vorwärts treiben.

LEBENSLINIE

KEINE SCHLEIFE: Die Schleife fehlt auf der passiven Hand. Das läßt darauf schließen, daß Ihre Vorliebe für Wasser eher ein körperliches Bedürfnis ist.

KOPFLINIE: Die Kopflinie beginnt nicht innerhalb der Lebenslinie. Wenn Sie wütend werden, sind Sie innerlich wahrscheinlich verwirrt darüber.

LEBENSLINIE

- DOMINANTE HAND
- DOPPELT
- GANZ ODER TEIL

3.5

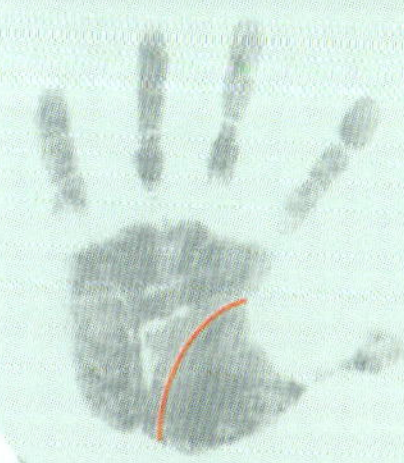

Die doppelte Lebenslinie enthüllt ein Doppelleben, teils alltäglicher, teils aufregender Natur. Dieses Zeichen ist oft bei Schauspielern zu sehen. Ein Bruch in der Lebenslinie Anfang zwanzig läßt auf eine unruhige Phase schließen, wobei die Überlappung für die Heilung eines Bruchs im Leben spricht. Der Bruch erscheint nach mehreren Traumalinien, die auf Probleme hindeuten. Erst nach einigen Jahren beruhigt sich Ihr Leben.

Ergänzende Merkmale

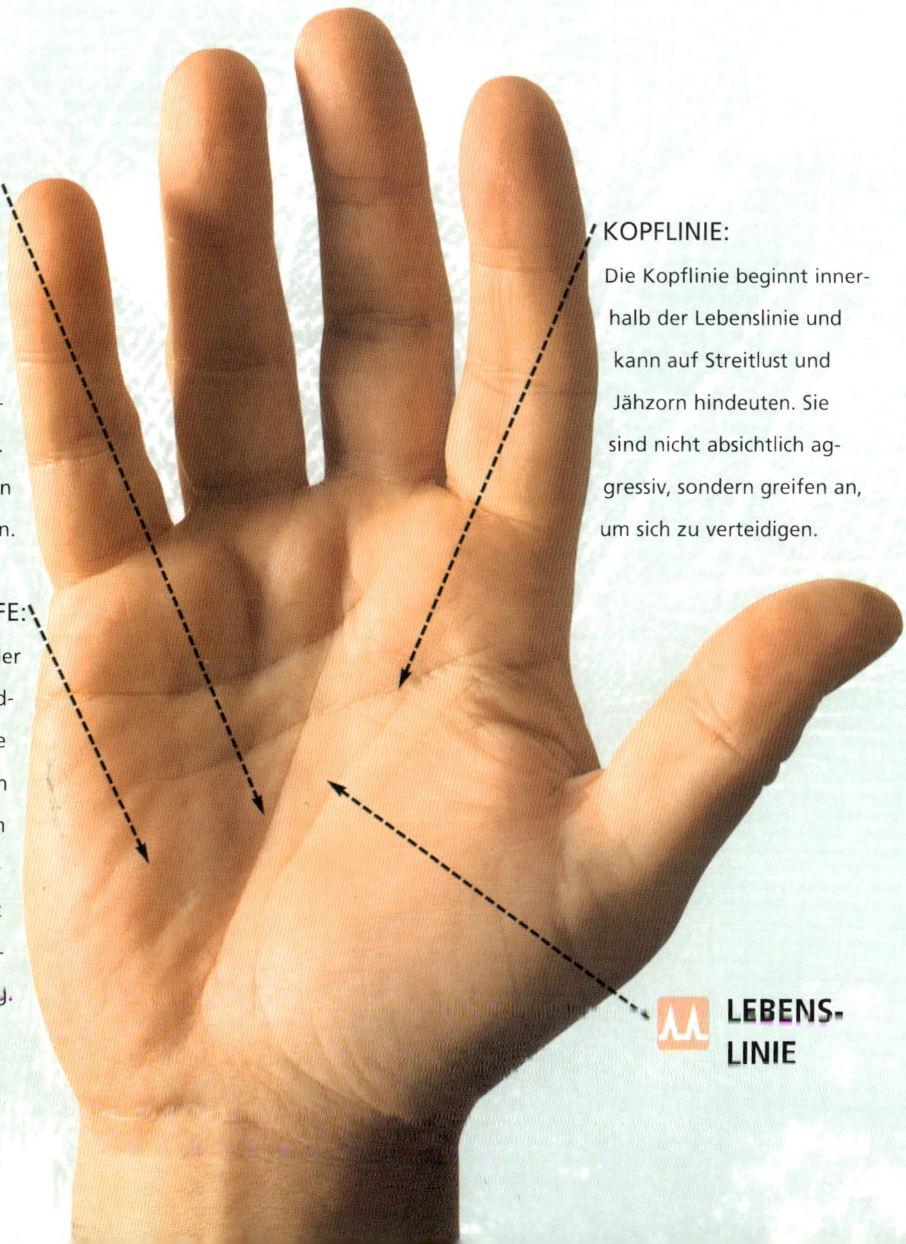

SCHICKSALSLINIE: Der frühe Beginn spricht für frühen Erfolg, der Anfang auf dem Mondberg dafür, daß Sie sich auf öffentlichem Gebiet hervortun. Sie könnten Karriere in der Politik machen.

KOPFLINIE: Die Kopflinie beginnt innerhalb der Lebenslinie und kann auf Streitlust und Jähzorn hindeuten. Sie sind nicht absichtlich aggressiv, sondern greifen an, um sich zu verteidigen.

SCHLEIFE: Die Schleife unter der Kopflinie und im Mondberg verrät Ihre Vorliebe für Wasser. Sie haben vielleicht ein Haus am Meer oder ein sportliches Interesse, das mit Wasser zu tun hat. Wasser macht Sie lebendig.

LEBENSLINIE

WEN LIEBEN SIE?

HERZLINIE

Die Herzlinie symbolisiert das physische Herz und die Gefühle. Alle Partnerschaften, beendeten Beziehungen und Liebesaffären sind auf ihr abgebildet, ebenso seelische Schmerzen und Verzweiflung. Die Menschen, denen Sie sympathisch sind, und jene, die Ihnen gefallen, sind nicht unbedingt dieselben – wenn die Hände unterschiedliche Herzlinien haben, fühlt ein Mensch sich zu Ihnen hingezogen, der nicht Ihr Traumpartner ist. In diesem Kapitel werden zahlreiche Varianten der Herzlinie erläutert.

FÜNF HÄUFIG GESTELLTE FRAGEN:

→ Habe ich den richtigen Partner gewählt?

→ Werde ich meinem Seelengefährten begegnen?

→ Werde ich im späteren Leben so glücklich und zufrieden mit meinem Partner sein wie jetzt?

→ Für mich ist der Beruf wichtiger als das Liebesleben. Wird das immer so bleiben?

→ Warum scheine ich immer die falschen Menschen anzuziehen?

WELCHE RICHTUNG?

Die Herzlinie befindet sich unterhalb der Finger. Sie verläuft von der Handkante quer hinüber zum Zeigefinger. Ihr Anfang steht für die Geburt; der Verlauf über den Handteller spiegelt den Verlauf des Lebens.

3.6

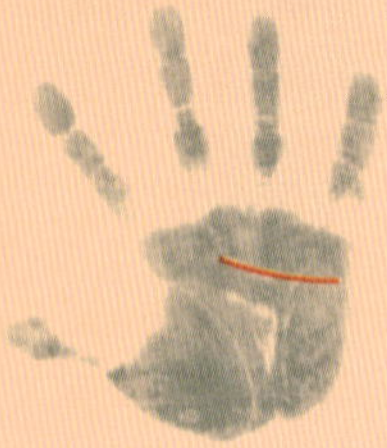

HERZLINIE

- KURZ UND GERADE
- ENDE UNTER DEM MITTELFINGER

Liebe und Romantik sind wichtig für Sie, aber Sie haben auch nichts gegen Intimität ohne Liebe. Die gerade Herzlinie zeigt, daß Sie einen intellektuell ebenbürtigen Partner brauchen. Das Ende der Herzlinie verästelt sich rückwärts zur Kopflinie: Der Kopf regiert das Herz, und Sie haben die Veranlagung, ein Workaholic zu werden.

Ergänzende Merkmale

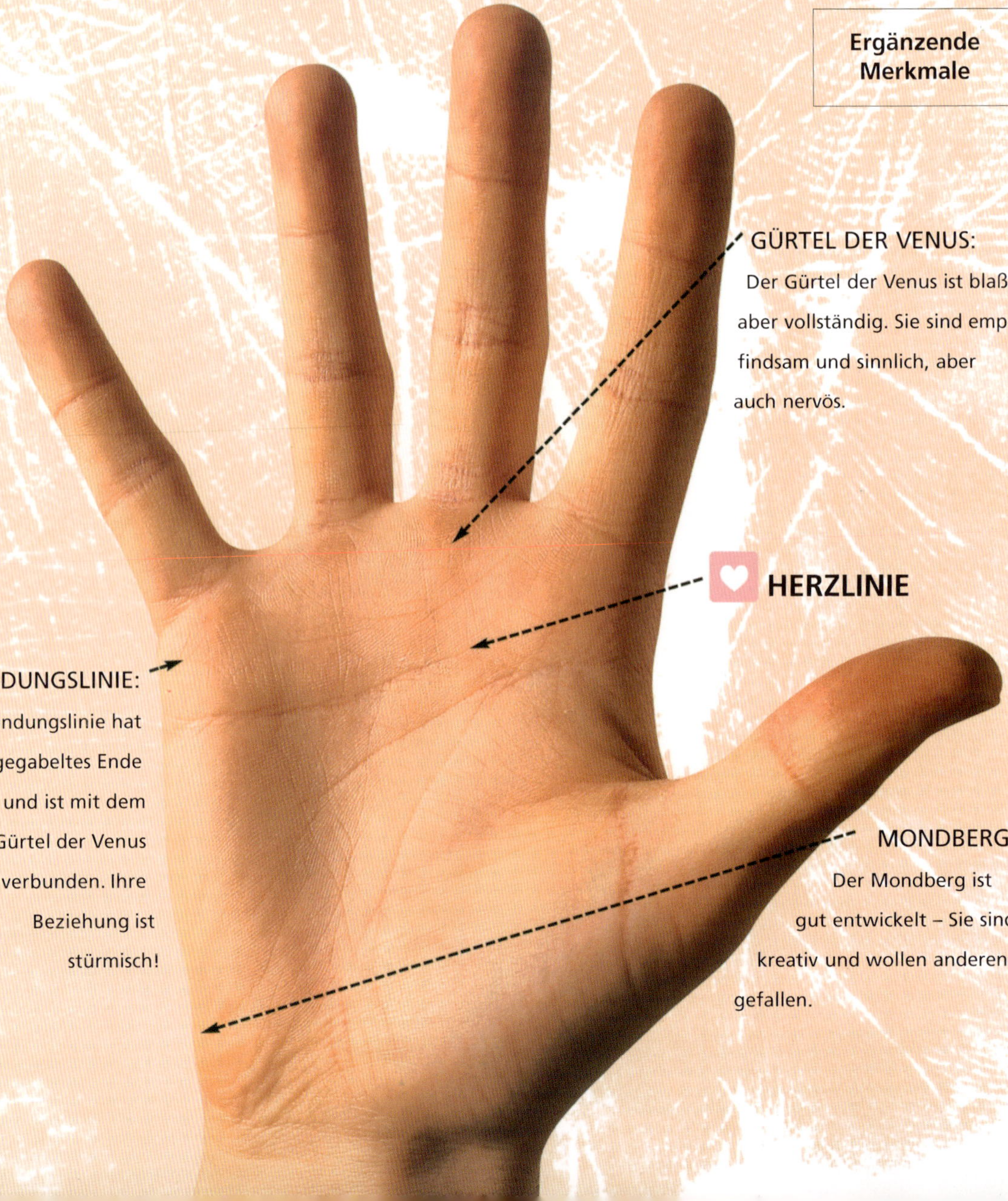

HERZLINIE

• KURZ UND GERADE

• ENDE UNTER DEM MITTELFINGER

3.7

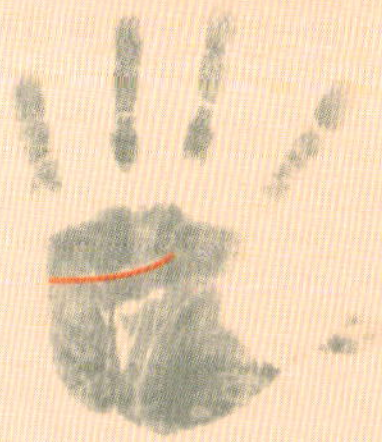

Sie haben eine distanzierte, fast geschäftsmäßige Einstellung zu Ihren Beziehungen. Liebe und Romantik sind Ihnen zwar wichtig, aber Sie haben auch nichts gegen körperliche Nähe ohne Liebe. Die gerade Herzlinie zeigt, daß Sie einen intellektuell ebenbürtigen Partner brauchen.

Ergänzende Merkmale

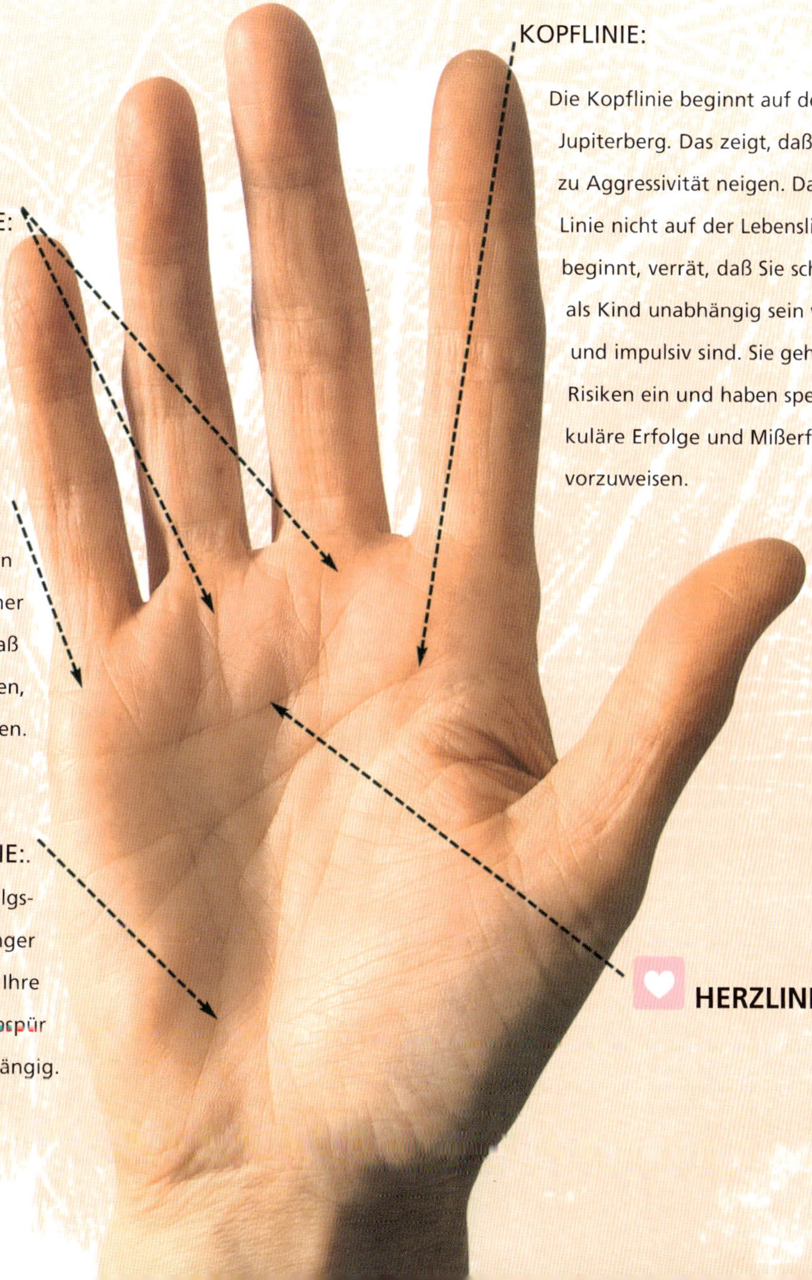

STERNE:
Sterne auf dem Apollo- und Saturnberg sprechen für hervorragende Fähigkeiten und ein schwer verdientes Vermögen.

BINDUNGSLINIE:
Das gegabelte Ende kann eine Trennung vom Partner bedeuten, oder es zeigt, daß Sie separate Leben führen, obwohl Sie zusammenleben.

ERFOLGSLINIE:.
Die Linie zwischen der Erfolgslinie und dem kleinen Finger heißt Geschäftslinie. Ihre Karriere ist sehr von Gespür und Inspiration abhängig.

KOPFLINIE:
Die Kopflinie beginnt auf dem Jupiterberg. Das zeigt, daß Sie zu Aggressivität neigen. Daß die Linie nicht auf der Lebenslinie beginnt, verrät, daß Sie schon als Kind unabhängig sein wollten und impulsiv sind. Sie gehen Risiken ein und haben spektakuläre Erfolge und Mißerfolge vorzuweisen.

HERZLINIE

3.8

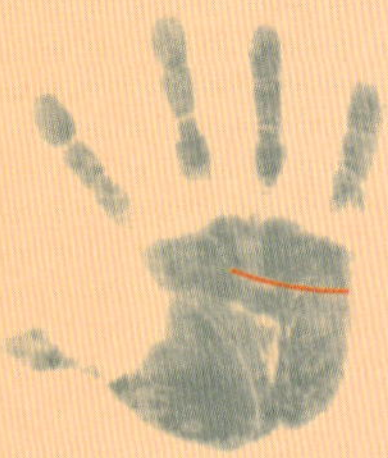

HERZLINIE

- LANG UND GERADE
- ENDE UNTER DEM ZEIGEFINGER

Sie sind zielstrebig und möglicherweise arbeitssüchtig. Diese Tendenz bestätigt der waagerechte Ast von der Lebenslinie zur Herzlinie. Eine Linie, die an demselben Punkt entspringt und zum Zeigefinger führt, läßt auf Ehrgeiz und Erfolg schließen. Daß die Linie schräg zum Jupiterberg verläuft, verrät eine romantische Seite, die diese Eigenschaften entschärft.

Ergänzende Merkmale

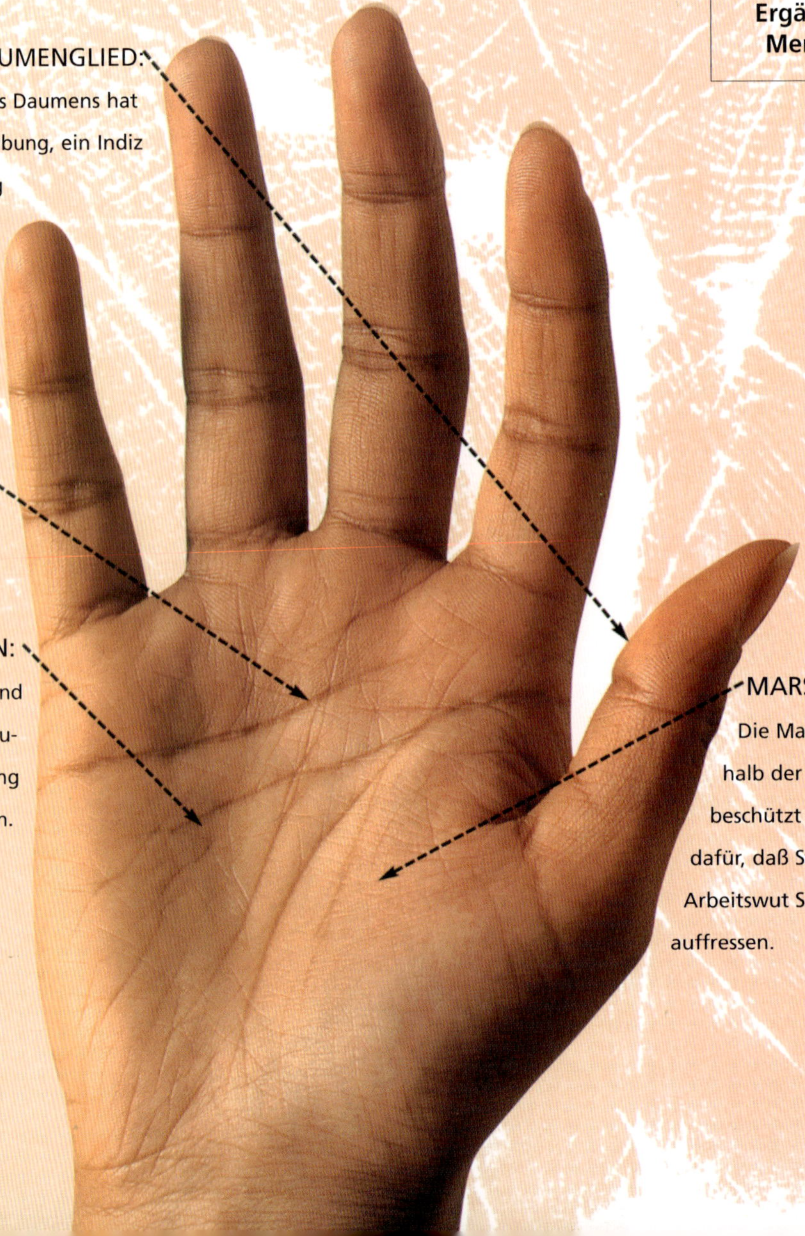

HERZLINIE

- ENDE UNTER DEM ZEIGEFINGER
- ENDE AUF DEM JUPITERBERG

3.9

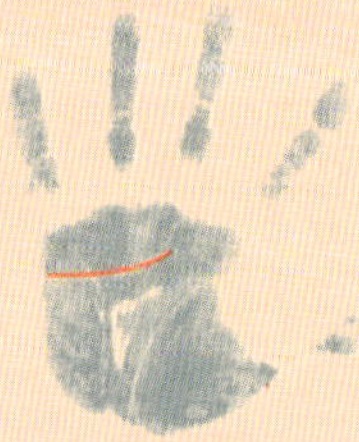

Diese weibliche Linie, die bei beiden Geschlechtern auftritt, spricht für Romantik und seelische Verwundbarkeit. Die Herzlinie endet mit einem Ast, der sich scharf nach unten biegt. Dieser Knick verrät Abenteuerlust, was Beziehungen angeht. Die Klarheit der Linie zeigt, daß Romantik Ihnen wichtig ist; dennoch gelten Sie nicht als romantischer Mensch.

Ergänzende Merkmale

SALOMONS RING: Der teilweise vorhandene Salomonring und der kräftige Zeigefinger verraten, daß Sie gerne die Führung übernehmen.

KOPFLINIE: Die lange, gerade Kopflinie spricht für Pragmatismus und eine logische, nüchterne Einstellung. Sie eignen sich hervorragend für einen Beruf im Bereich der Informationstechnik oder des

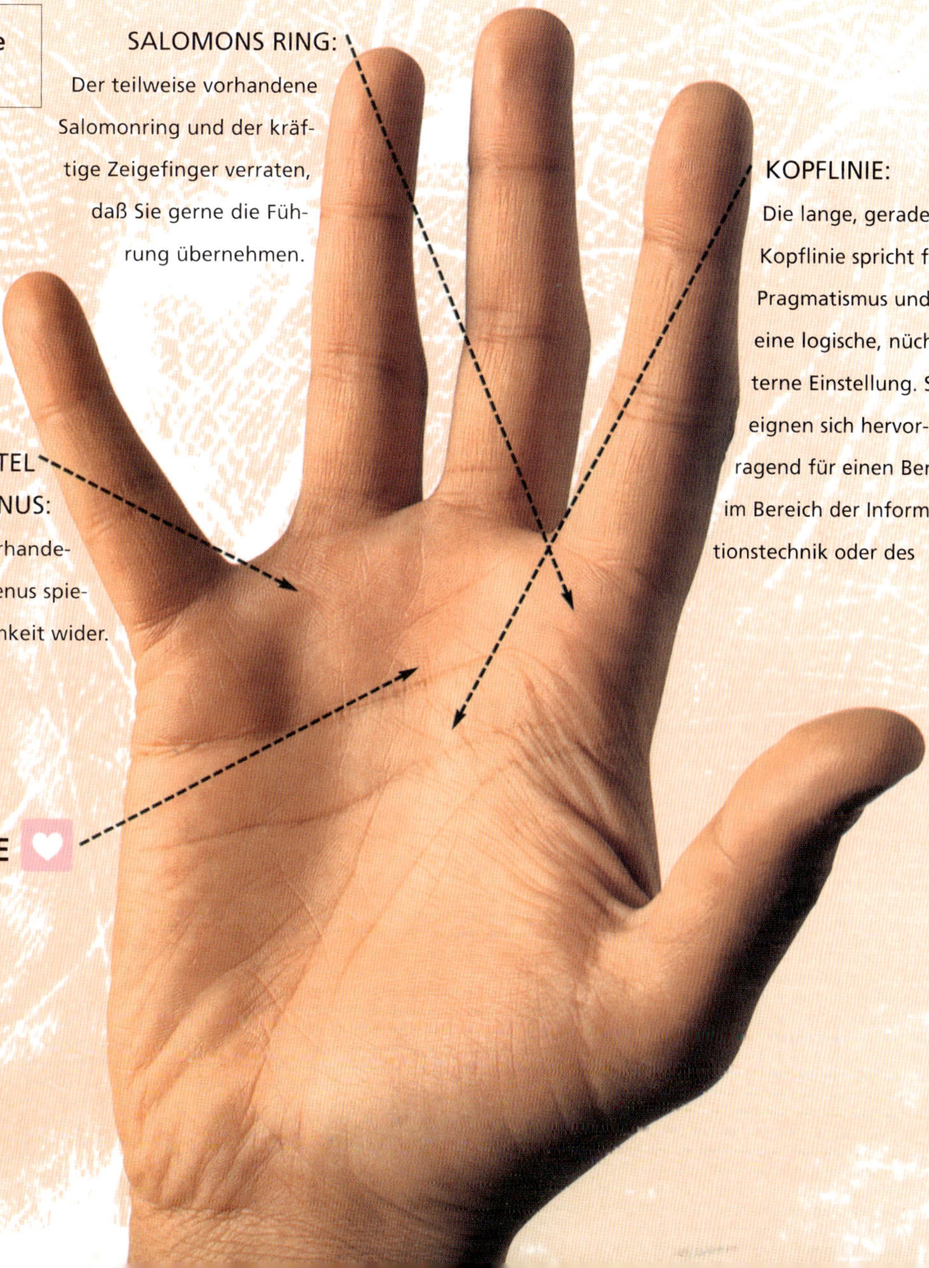

GÜRTEL DER VENUS: Ein teilweise vorhandener Gürtel der Venus spiegelt Ihre Sinnlichkeit wider.

HERZLINIE

4.0

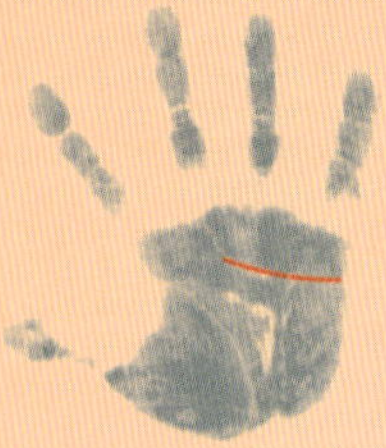

HERZLINIE

• ENDE ZWISCHEN ZEIGE- UND MITTELFINGER

Diese männliche Linie ist eine dominierende, fordernde Linie. Sie sind sehr sinnlich, aber der Ast zum Jupiterberg bestätigt, daß Sie auch romantisch sein können. Früher schloß man aus den vielen Ästen auf zahlreiche Affären; heute gilt es als ebenso wahrscheinlich, daß nur ein Partner vorhanden ist und daß die Äste hohe Ansprüche symbolisieren. Wenn ein Mensch all diese Bedürfnisse erfüllt, wird Ihre Beziehung wundervoll.

Ergänzende Merkmale

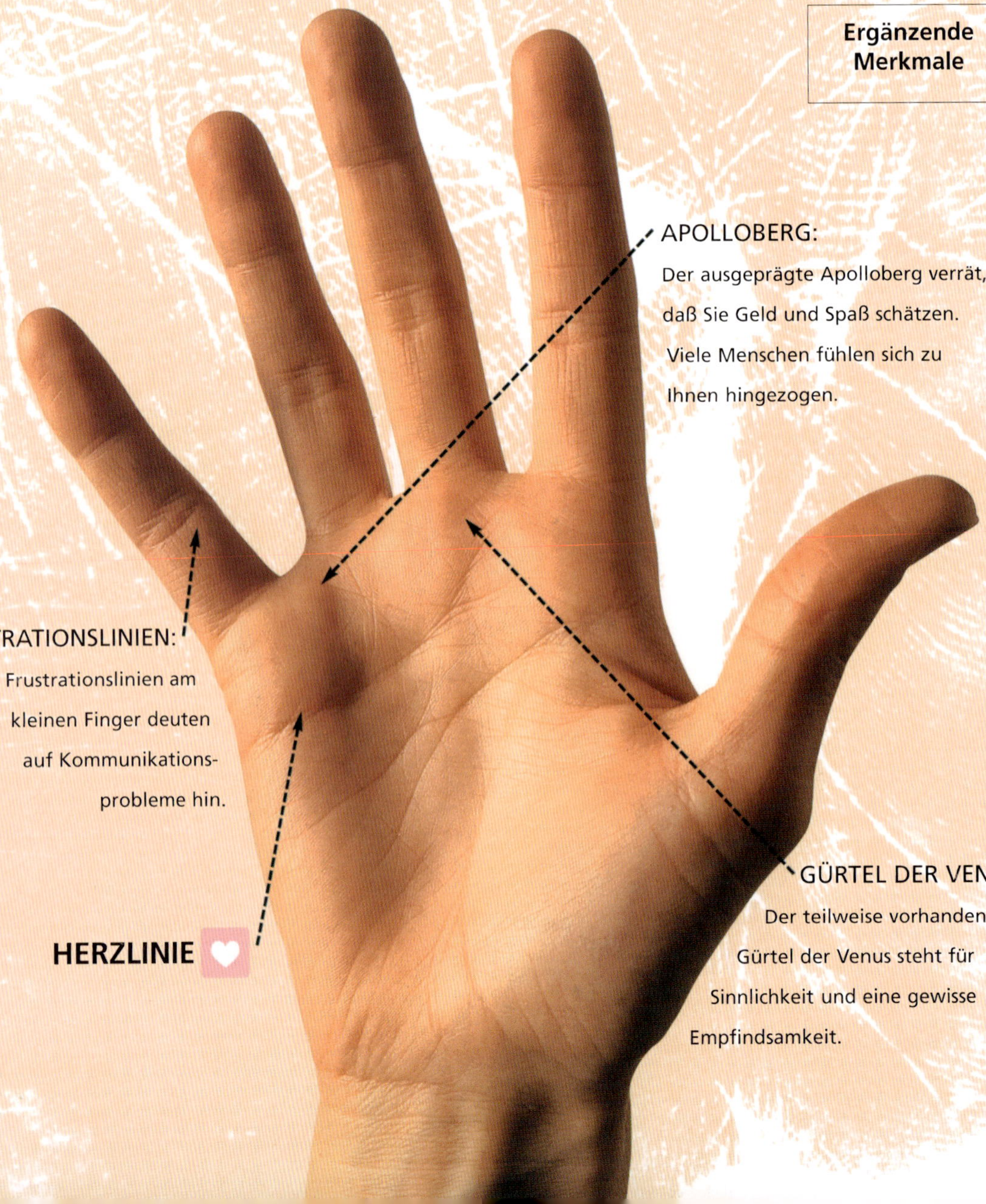

HERZLINIE

• ENDE ZWISCHEN ZEIGE- UND MITTELFINGER

4.1

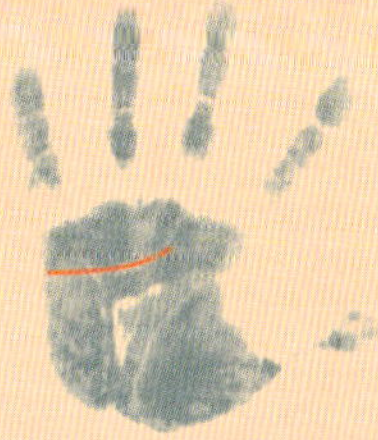

Sie lieben stark und tief, aber Sie drücken Liebe eher mit Taten als mit Worten aus. Das Ende der Herzlinie strebt zur Wurzel des Zeigefingers und verrät Idealismus in bezug auf Partner. Sie sind jedoch weder zu idealistisch noch zu erotisch eingestellt. Die vielen Äste der Herzlinie bedeuten entweder, daß Sie viele Partner hatten, oder daß Sie an einen Partner viele Ansprüche stellen.

Ergänzende Merkmale

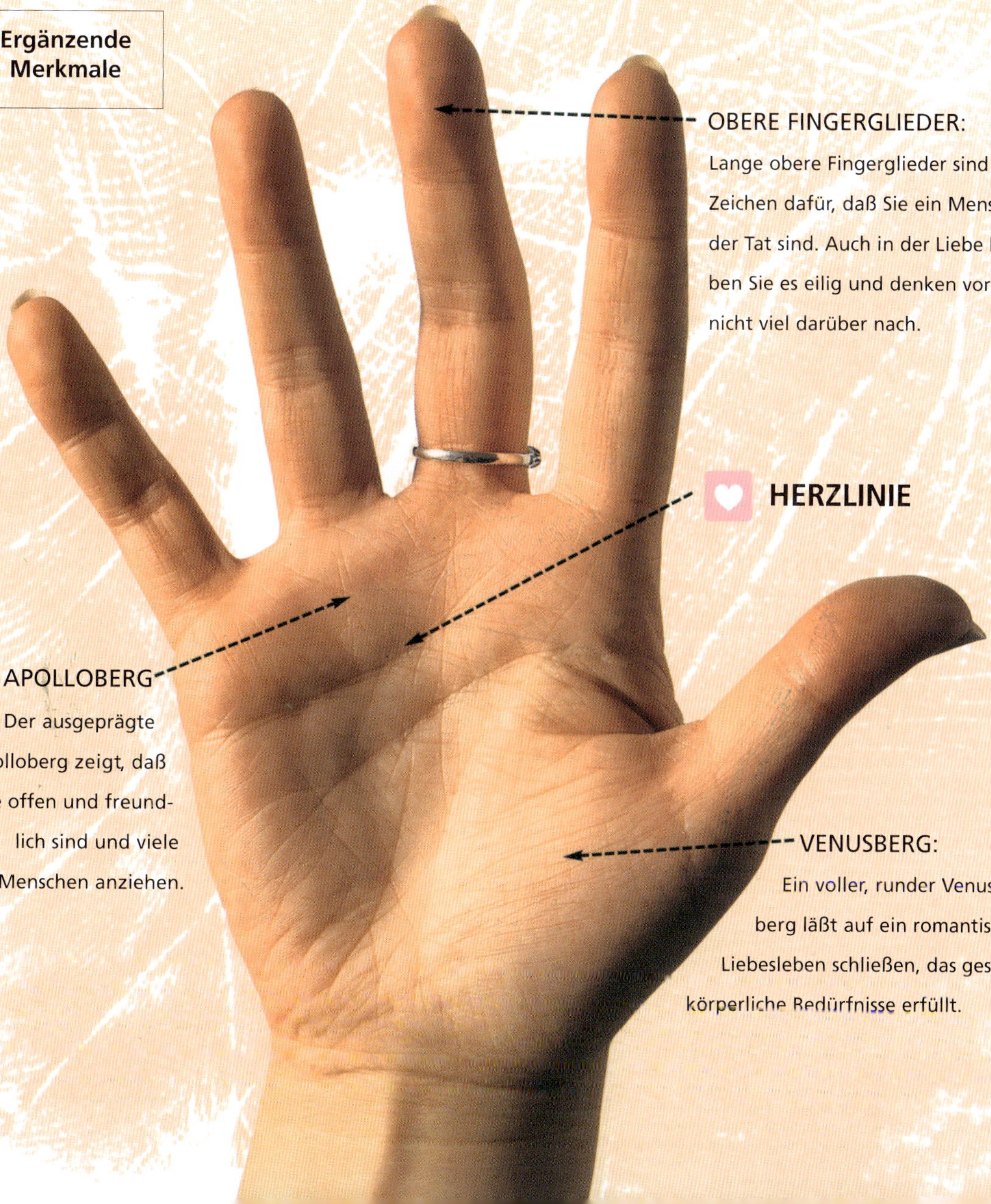

OBERE FINGERGLIEDER:

Lange obere Fingerglieder sind ein Zeichen dafür, daß Sie ein Mensch der Tat sind. Auch in der Liebe haben Sie es eilig und denken vorher nicht viel darüber nach.

HERZLINIE

APOLLOBERG

Der ausgeprägte Apolloberg zeigt, daß Sie offen und freundlich sind und viele Menschen anziehen.

VENUSBERG:

Ein voller, runder Venusberg läßt auf ein romantisches Liebesleben schließen, das gesunde körperliche Bedürfnisse erfüllt.

4.2

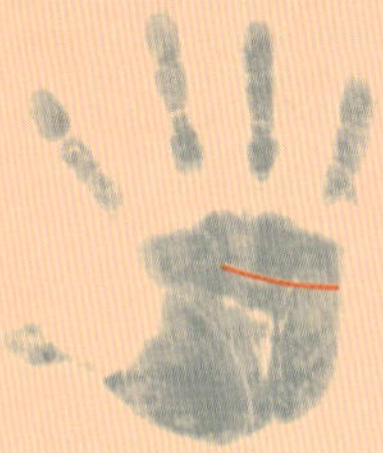

HERZLINIE

• ENDE ALS GABEL ODER DREIZACK

Sie sind warmherzig, idealistisch, leidenschaftlich und vernünftig, was Ihre Beziehungen angeht. Der Ast der Gabel zwischen Zeige- und Mittelfinger verrät, wenn er vollständig ist, einen sehr sinnlichen Menschen. Hier endet er aber schon vorher. Der zweite Ast, der quer über die Handfläche läuft, deutet auf Arbeitswut hin; aber auch er hört vorher auf und zeigt damit, daß Sie Beziehungen ziemlich ernst nehmen.

Ergänzende Merkmale

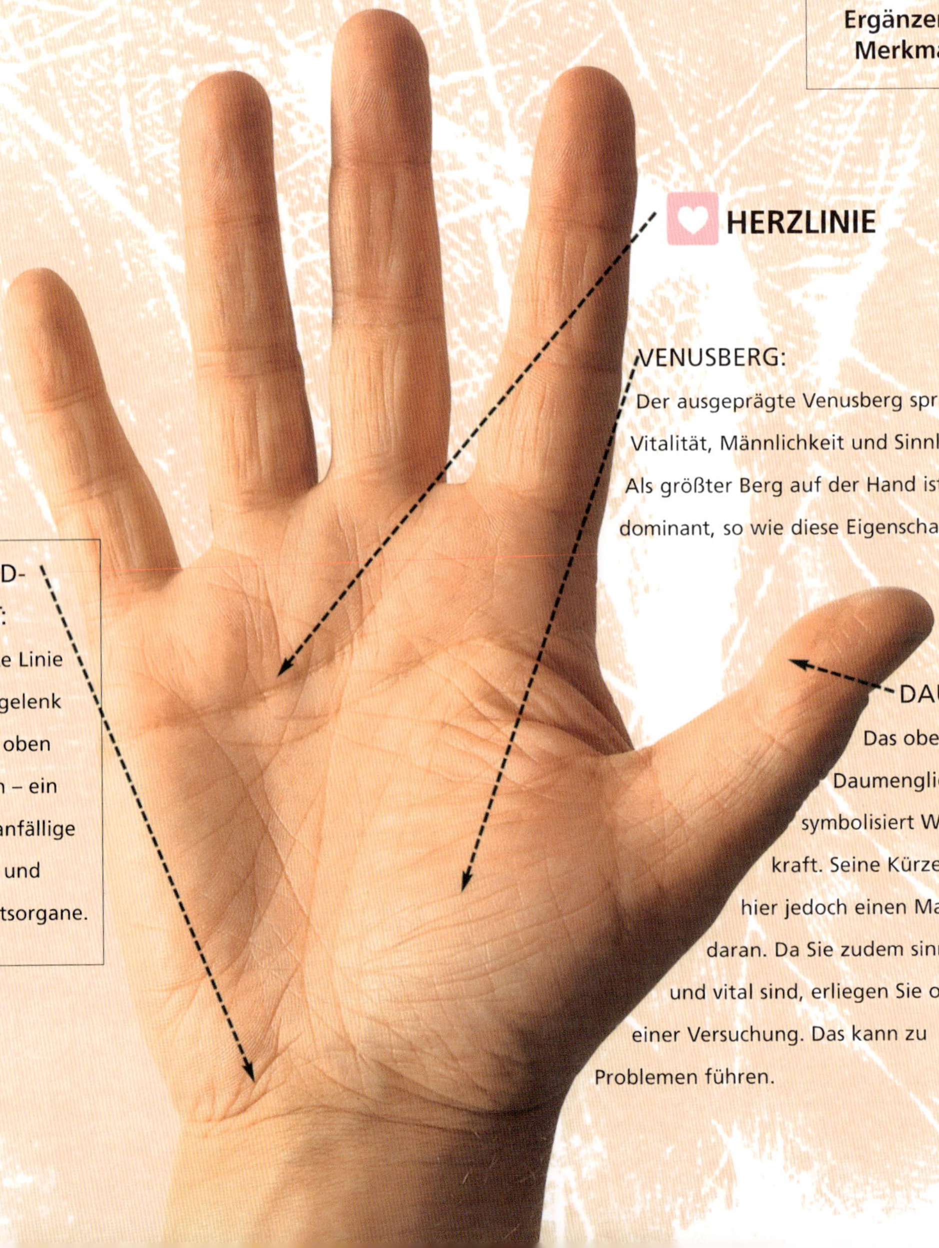

HERZLINIE

VENUSBERG:
Der ausgeprägte Venusberg spricht für Vitalität, Männlichkeit und Sinnlichkeit. Als größter Berg auf der Hand ist er dominant, so wie diese Eigenschaften.

GESUNDHEIT:
Die oberste Linie am Handgelenk ist nach oben gebogen – ein Indiz für anfällige Harn- und Geschlechtsorgane.

DAUMEN:
Das obere Daumenglied symbolisiert Willenskraft. Seine Kürze verrät hier jedoch einen Mangel daran. Da Sie zudem sinnlich und vital sind, erliegen Sie oft einer Versuchung. Das kann zu Problemen führen.

HERZLINIE

• STARK UND KLAR

4.3

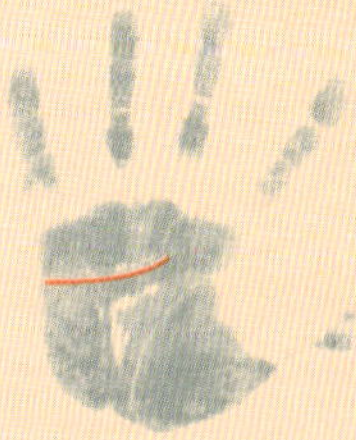

Sie haben eine klare, aufrichtige Einstellung zur Partnerschaft. Die breite, tiefe Linie läßt aber auf ein festgefahrenes Liebesleben schließen. Eine Herzlinie, die zwischen Zeige- und Mittelfinger endet, spricht dafür, daß Sie ausgewogen, liebevoll, sinnlich und romantisch sind.

Ergänzende Merkmale

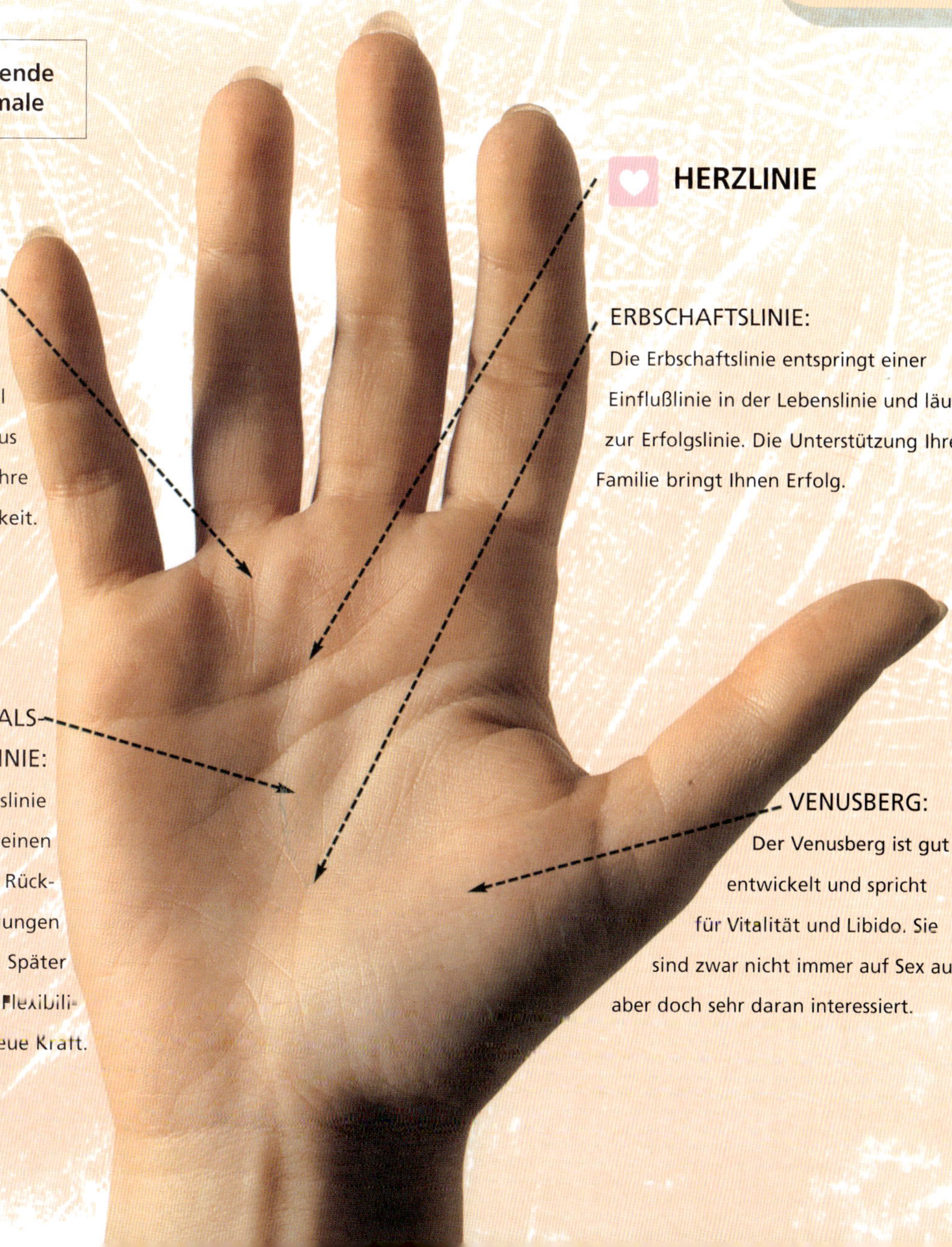

HERZLINIE

GÜRTEL DER VENUS:
Der Gürtel der Venus enthüllt Ihre Sinnlichkeit.

ERBSCHAFTSLINIE:
Die Erbschaftslinie entspringt einer Einflußlinie in der Lebenslinie und läuft zur Erfolgslinie. Die Unterstützung Ihrer Familie bringt Ihnen Erfolg.

SCHICKSALSLINIE:
Die Schicksalslinie deutet auf einen beruflichen Rückschlag in jungen Jahren hin. Später gibt Ihnen Flexibilität neue Kraft.

VENUSBERG:
Der Venusberg ist gut entwickelt und spricht für Vitalität und Libido. Sie sind zwar nicht immer auf Sex aus, aber doch sehr daran interessiert.

4.4

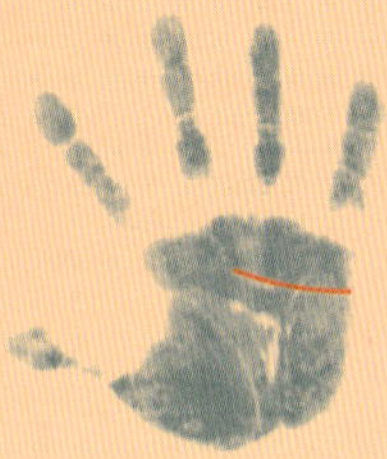

HERZLINIE

• MIT VIELEN ÄSTEN

Entweder Sie stellen fast täglich neue Anforderungen an Ihren Partner, oder Sie haben viele Partner. Wenn Sie nur einen Partner haben, ist Ihre Beziehung etwas Besonderes, weil sie Ihren hohen Ansprüchen genügt. Die Herzlinie endet am Jupiterberg und enthüllt eine romantische Ader. Die vielen Äste am Ende neigen sich zur Kopflinie – Sie sind aufmerksam und darum beliebt.

Ergänzende Merkmale

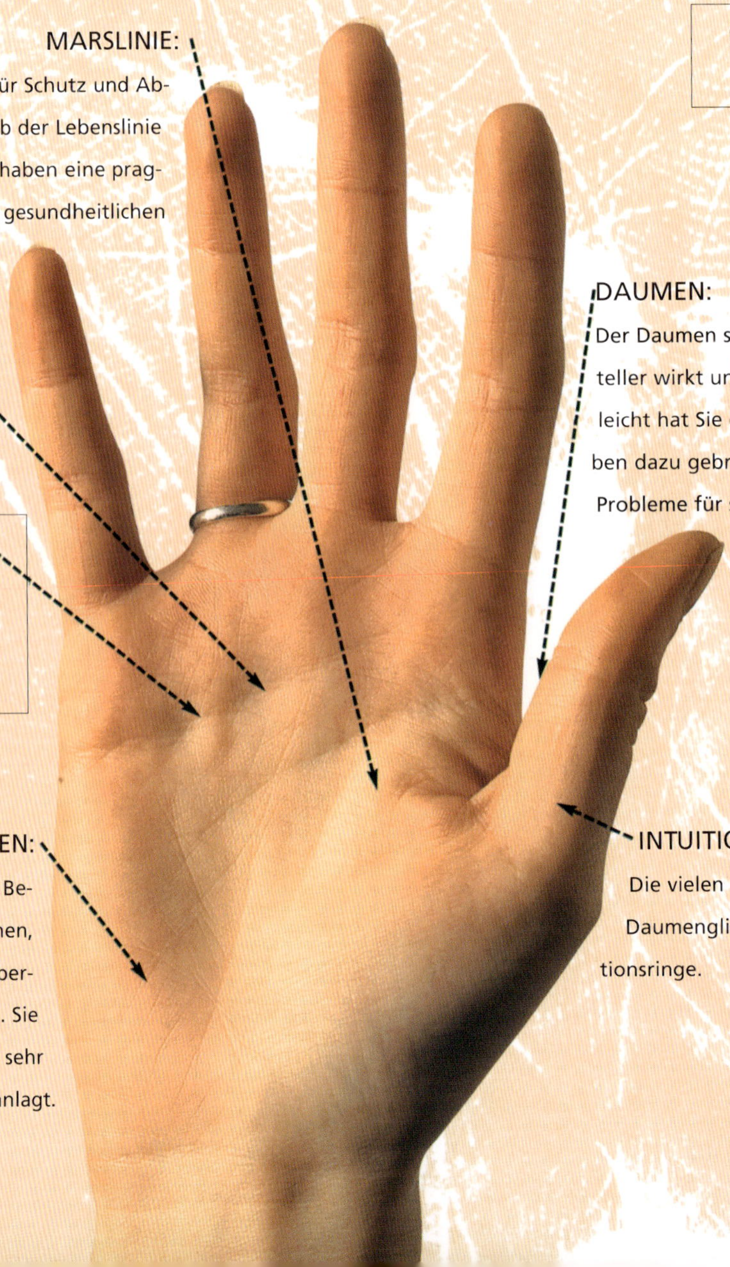

MARSLINIE: Die Marslinie – sie steht für Schutz und Abwehr – verläuft innerhalb der Lebenslinie nahe am Daumen. Sie haben eine pragmatische Einstellung zu gesundheitlichen Problemen und arbeiten einfach weiter.

HERZ-LINIE

GESUNDHEIT: Die Striche über der Herzlinie deuten auf Kaliummangel hin.

INTUITIONSLINIEN: Diese Linien sind im Bereich des schöpferischen, phantasievollen Mondberges reichlich vorhanden. Sie sind wahrscheinlich sehr intuitiv veranlagt.

DAUMEN: Der Daumen so nahe am Handteller wirkt unnatürlich. Vielleicht hat Sie etwas in Ihrem Leben dazu gebracht, Gefühle und Probleme für sich zu behalten.

INTUITIONSRINGE: Die vielen Ringe am unteren Daumenglied heißen Intuitionsringe.

HERZLINIE

- DOPPELT
- HAT EINE PARALLELE

4.5

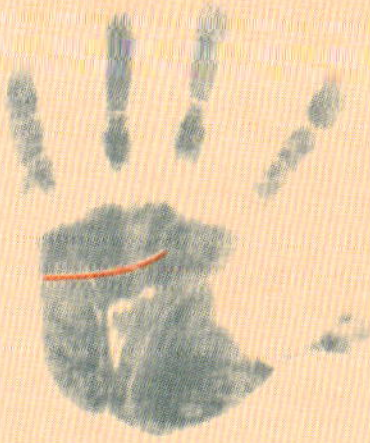

Zwei Herzlinien stehen für »zwei Herzen«: Sie sind attraktiv, sehr liebevoll und können sehr gut lieben. Die Herzlinie verdoppelt sich am Ende, und die untere, fortlaufende Linie ist kurz und gerade. Das spricht dafür, daß Sie tief lieben können, aber auch zu flüchtigen Affären neigen. Die obere Linie endet zwischen Zeige- und Mittelfinger, ein Zeichen dafür, daß Ihnen die sinnliche Seite Ihrer Beziehungen wichtig ist.

Ergänzende Merkmale

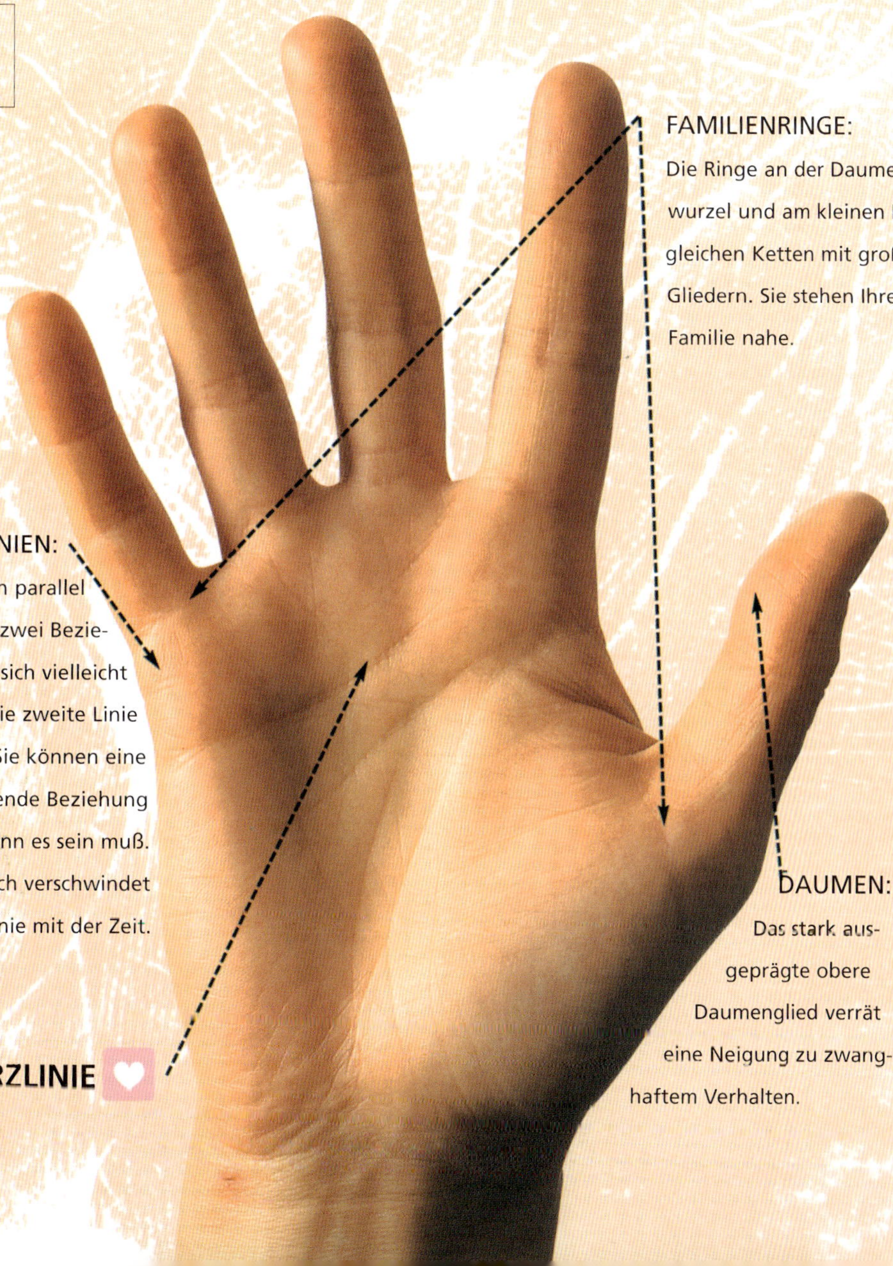

FAMILIENRINGE:

Die Ringe an der Daumenwurzel und am kleinen Finger gleichen Ketten mit großen Gliedern. Sie stehen Ihrer Familie nahe.

BINDUNGSLINIEN:

Zwei Linien laufen parallel und deuten auf zwei Beziehungen hin, die sich vielleicht überlappen. Die zweite Linie ist schwächer – Sie können eine zweite, störende Beziehung vermeiden, wenn es sein muß. Wahrscheinlich verschwindet die zweite Linie mit der Zeit.

DAUMEN:

Das stark ausgeprägte obere Daumenglied verrät eine Neigung zu zwanghaftem Verhalten.

HERZLINIE

4.6

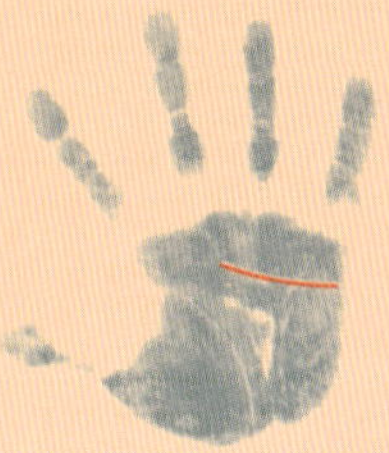

HERZLINIE

- PASSIVE HAND
- ANDERS ALS DOMINANTE HAND

Die Unterschiede zwischen der linken, passiven und der rechten, dominanten Hand sind erheblich. Auf der dominanten Hand hat die passive Herzlinie eine Gabel zwischen den Fingern – ein Zeichen für Sinnlichkeit. Der zweite Ast läuft zum Jupiterberg, aber nicht zum Finger: In Ihrem Inneren sind Sie eher romantisch als idealistisch. Der dritte Ast fehlt. Das läßt vermuten, daß Ihr Äußeres andere Menschen stärker anzieht als die, die Ihr verwundbares inneres Selbst sucht.

Ergänzende Merkmale

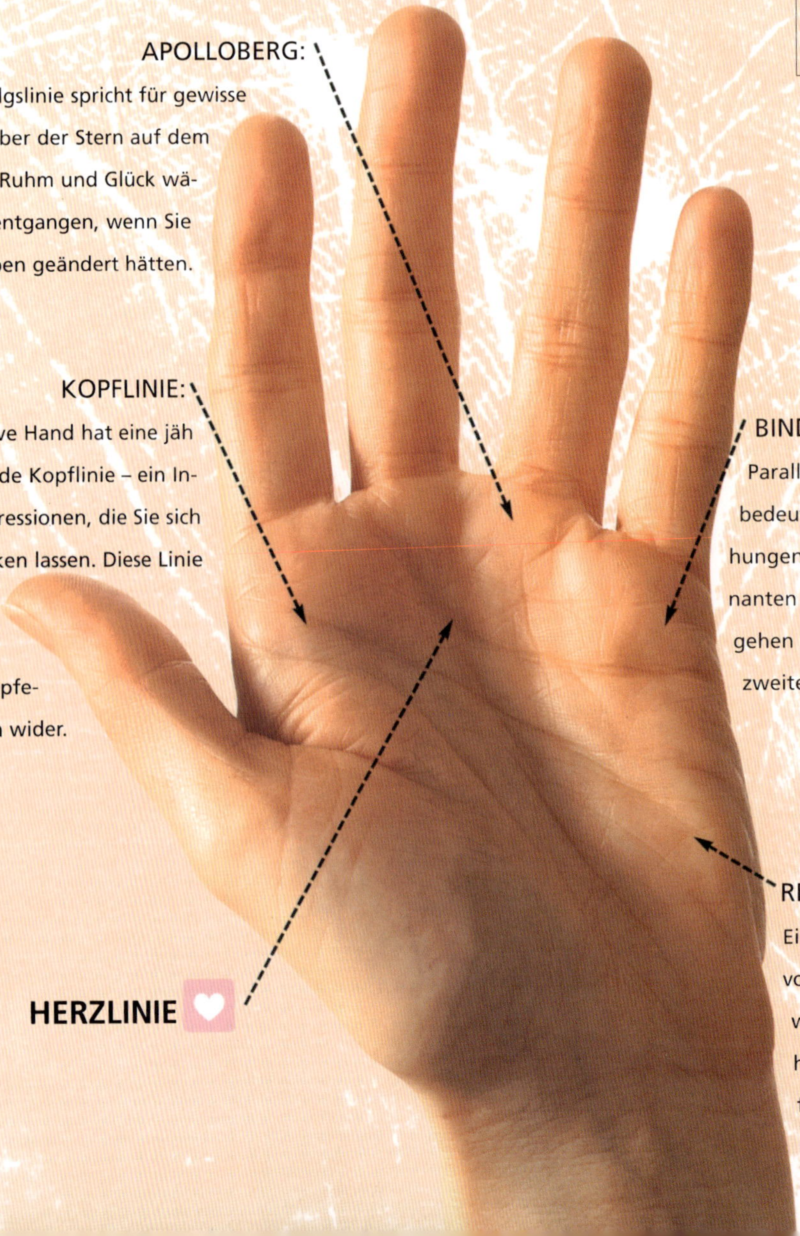

APOLLOBERG: Die Erfolgslinie spricht für gewisse Erfolge; aber der Stern auf dem Berg fehlt. Ruhm und Glück wären Ihnen entgangen, wenn Sie nicht Ihr Leben geändert hätten.

KOPFLINIE: Die passive Hand hat eine jäh abfallende Kopflinie – ein Indiz für Depressionen, die Sie sich nicht anmerken lassen. Diese Linie spiegelt auch komplexe, schöpferische Ideen wider.

BINDUNGSLINIE: Parallele Bindungslinien bedeuten parallele Beziehungen. Da sie auf der dominanten Hand jedoch fehlen, gehen Sie eine mögliche zweite Beziehung nicht ein.

REISELINIEN: Einige Reiselinien sind vorhanden; aber der wichtige Zusammenhang mit dem Beruf fehlt.

HERZLINIE

HERZLINIE ♥

• DOMINANTE HAND

• ENDE AM ZEIGEFINGER

4.7

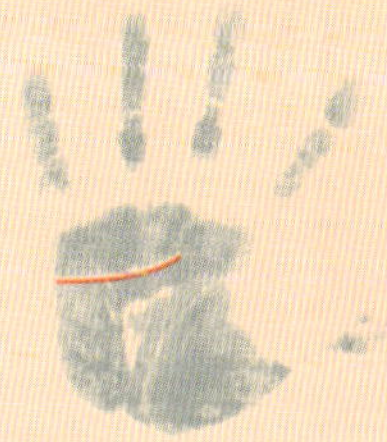

Sie haben eine idealistische Einstellung zu Beziehungen und stellen den Partner auf ein Podest. Wenn Ihr Partner nicht vollkommen ist, sind Sie seelisch verwundbar. Die Herzlinie hat eine schwache Gabel zwischen den Fingern, was auf Sinnlichkeit hindeutet. Der Ast zum Zeigefinger reicht nicht weit und verrät daher gezügelten Idealismus. Der dritte Ast, der quer über die Hand läuft, spiegelt Arbeitswut mit idealistischen Neigungen wider.

Ergänzende Merkmale

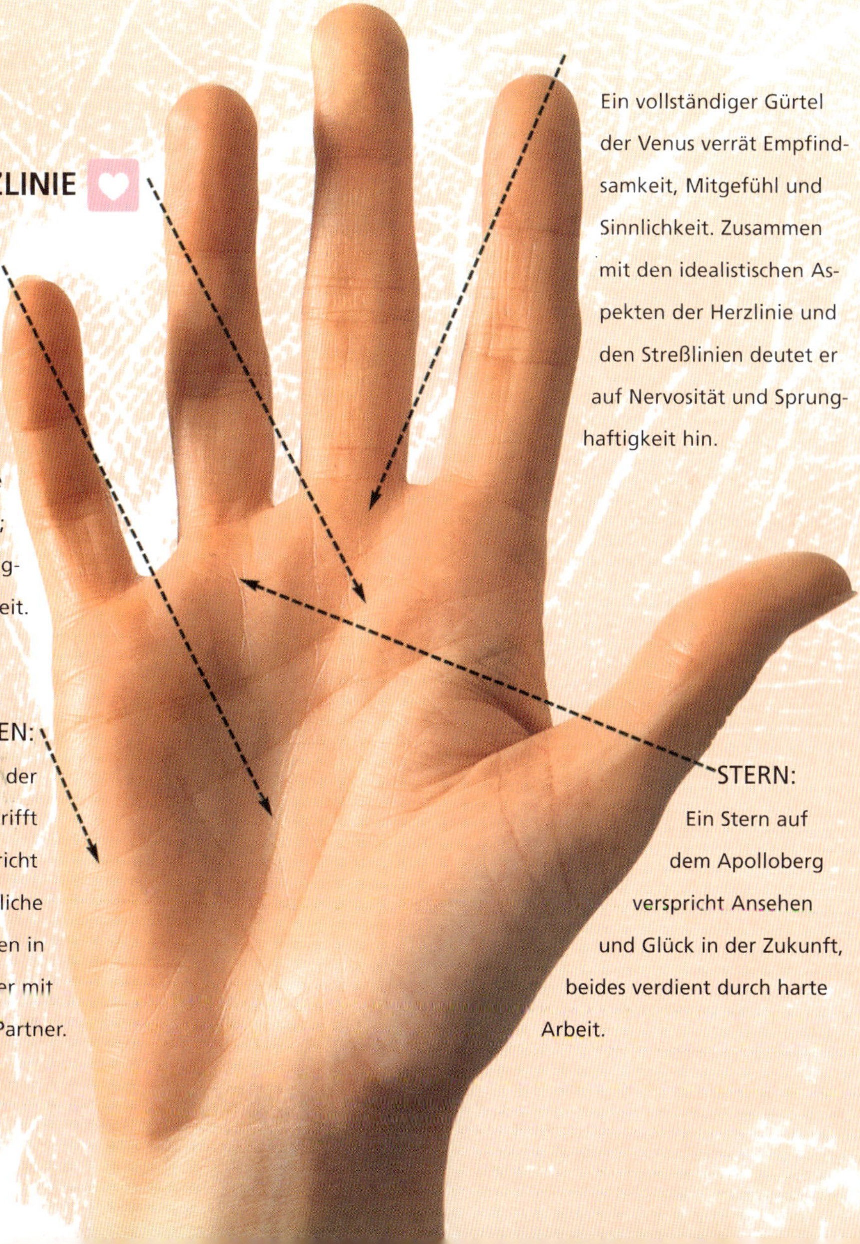

SIND SIE INTELLIGENTER ALS ANDERE?

KOPFLINIE

Die Kopflinie symbolisiert sowohl den Kopf als auch Intellekt und Auffassungsgabe. Eine jäh abfallende Linie kann Rückschlüsse auf negatives Denken zulassen, läßt aber auch auf hohe Intelligenz schließen. In diesem Kapitel werden zahlreiche Varianten der Kopflinie beschrieben und erläutert.

FÜNF HÄUFIG GESTELLTE FRAGEN:

⟶ Für welchen Beruf eigne ich mich am besten?

⟶ Habe ich Talent zum Schreiben?

⟶ Hindere ich mich selbst daran, mehr zu erreichen?

⟶ Bin ich von Natur aus ehrgeizig?

⟶ Warum fällt mir ein bestimmtes Fachgebiet leichter als anderen?

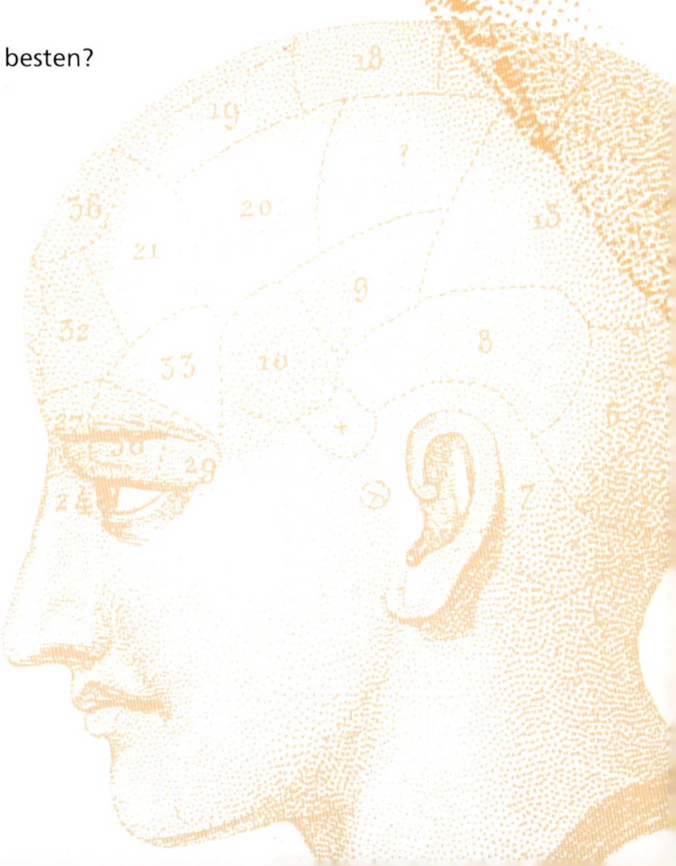

WELCHE RICHTUNG?

Die Kopflinie beginnt zwischen Zeigefinger und Daumen oberhalb der Lebenslinie und meist unterhalb des Endes der Herzlinie. Der Bereich zwischen Zeigefinger und Daumen symbolisiert die Geburt. Fangen Sie dort mit der Deutung an, und folgen Sie dann der sich vom Daumen entfernende Linie.

4.8

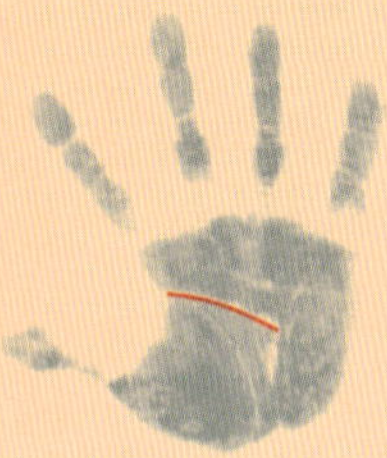

KOPFLINIE

- KURZ UND GERADE
- ENDE UNTER DEM MITTELFINGER

Sie sind wahrscheinlich ein praktisch veranlagter Mensch, der Probleme lösen kann und Wert auf Sicherheit legt. Man findet diese Linie oft bei Spezialisten, zum Beispiel Medizinstudenten. Der äußere Winkel des unteren Daumengelenks, der Winkel der Geschicklichkeit, ist gut entwickelt.

Ergänzende Merkmale

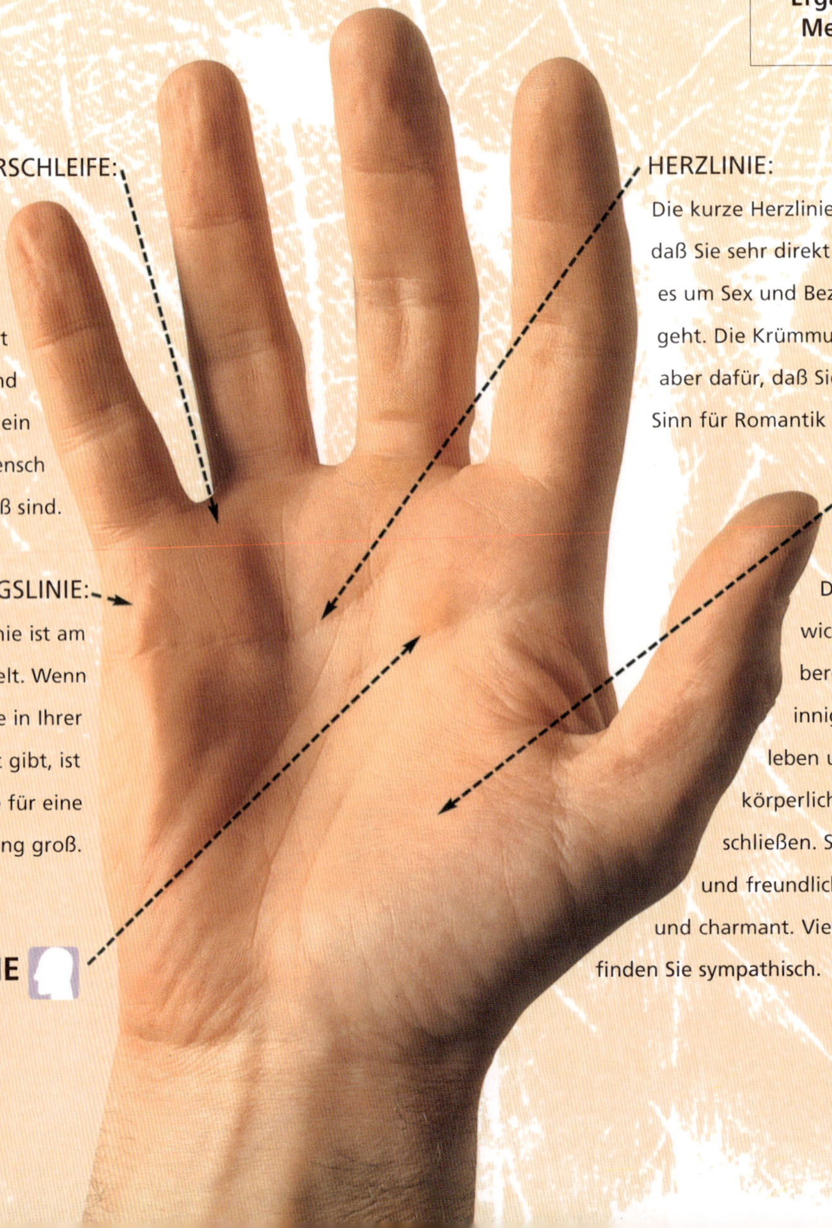

KOPFLINIE

- LANG UND GERADE
- ENDE UNTER DEM RING- ODER MITTELFINGER

4.9

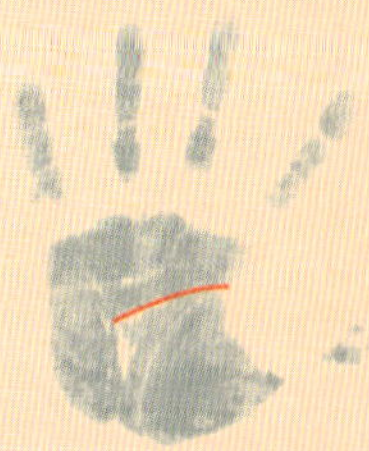

Sie sind sehr praktisch veranlagt und wie geschaffen für Handel und Gewerbe, Technik und Wissenschaft. Diese Kopflinie heißt auch Sydneylinie und läßt wie die Affenlinie grimmige Entschlossenheit vermuten. Die Schicksalslinie strebt zum Zeigefinger – ein starkes Indiz für eine leitende Funktion. Sie haben also gute berufliche Chancen, aber die Streßlinien weisen auf die Kehrseite der Medaille hin.

Ergänzende Merkmale

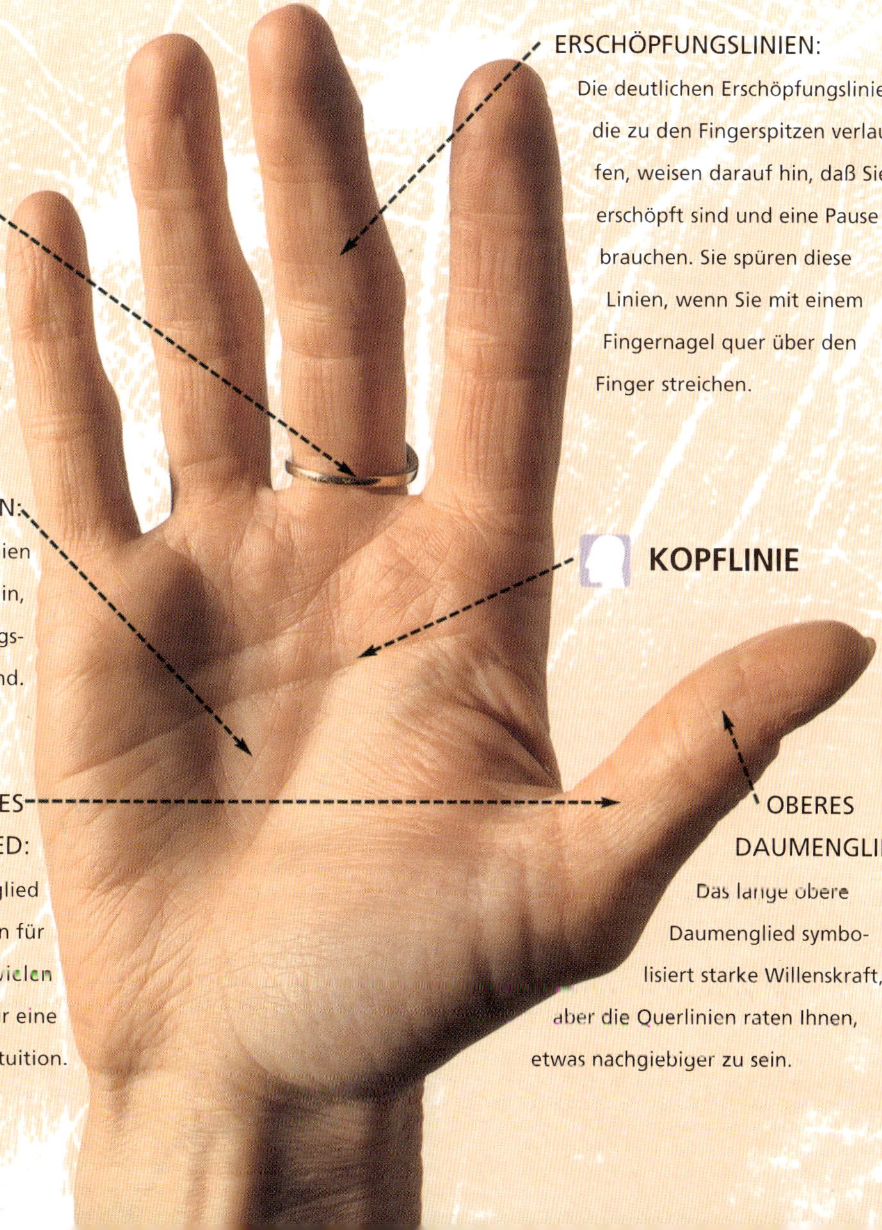

ERSCHÖPFUNGSLINIEN:

Die deutlichen Erschöpfungslinien, die zu den Fingerspitzen verlaufen, weisen darauf hin, daß Sie erschöpft sind und eine Pause brauchen. Sie spüren diese Linien, wenn Sie mit einem Fingernagel quer über den Finger streichen.

RING:

Der Ring am Mittelfinger enthüllt Ihre Sehnsucht nach Sicherheit.

STRESSLINIEN:

Die vielen Streßlinien deuten darauf hin, daß Sie ein leistungsorientierter Mensch sind.

KOPFLINIE

UNTERES DAUMENGLIED:

Das untere Daumenglied ist lang – ein Zeichen für logisches Denken. Die vielen Querlinien sprechen für eine fast übernatürliche Intuition.

OBERES DAUMENGLIED:

Das lange obere Daumenglied symbolisiert starke Willenskraft, aber die Querlinien raten Ihnen, etwas nachgiebiger zu sein.

5.0

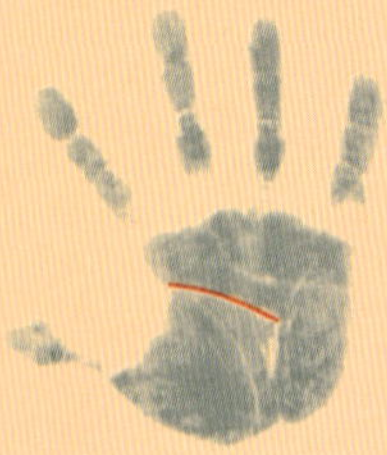

KOPFLINIE
- LANG
- ABWÄRTS GEBOGEN

Die Kopflinie endet auf dem Mondberg, was für ein schöpferisches und künstlerisches Talent spricht. Sie beginnt separat und deutet damit an, daß Sie schon in jungen Jahren unabhängig waren. Sie sind abenteuerlustig und gehen Risiken ein. Ein Netzwerk aus Linien verbindet den Anfang der Kopflinie mit der Lebenslinie: Selbstbewußtsein wechselt sich bei Ihnen mit Selbstzweifeln ab. Diese Linien sind ziemlich blaß, was dafür spricht, daß Sie Ihre Unsicherheit überwinden und Ihre Begabungen schätzen lernen.

Ergänzende Merkmale

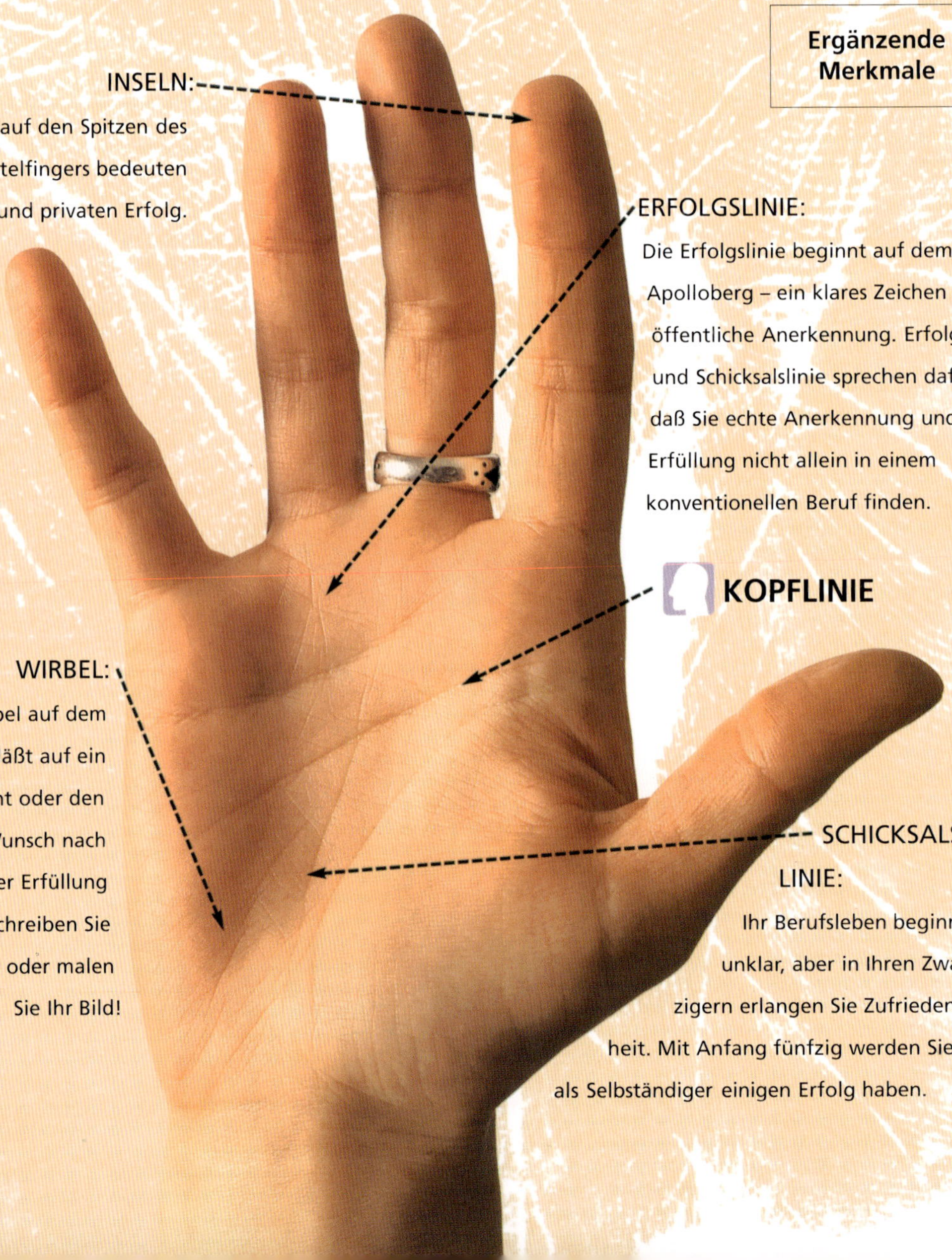

INSELN:
Die Inseln auf den Spitzen des Zeige- und Mittelfingers bedeuten beruflichen und privaten Erfolg.

ERFOLGSLINIE:
Die Erfolgslinie beginnt auf dem Apolloberg – ein klares Zeichen für öffentliche Anerkennung. Erfolgs- und Schicksalslinie sprechen dafür, daß Sie echte Anerkennung und Erfüllung nicht allein in einem konventionellen Beruf finden.

KOPFLINIE

WIRBEL:
Ein Wirbel auf dem Mondberg läßt auf ein großes Talent oder den brennenden Wunsch nach schöpferischer Erfüllung schließen. Schreiben Sie Ihren Roman, oder malen Sie Ihr Bild!

SCHICKSALSLINIE:
Ihr Berufsleben beginnt unklar, aber in Ihren Zwanzigern erlangen Sie Zufriedenheit. Mit Anfang fünfzig werden Sie als Selbständiger einigen Erfolg haben.

KOPFLINIE

- LANG
- JÄH ABFALLEND

5.1

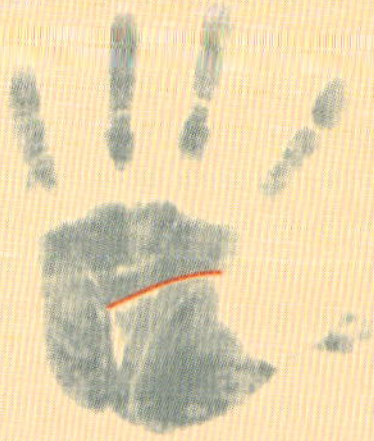

Sie neigen zu Melancholie, wenn Sie Ihre Phantasie unterdrücken. Dies ist die Gratwanderung zwischen Genie und Wahnsinn. Die gekrümmte Kopflinie, die tief in den Mondberg eintaucht, läßt darauf schließen, daß Sie mit Ihrer großen Vorstellungskraft nicht ausschließlich materialistisch denken. Sie können übersetzen, in der Öffentlichkeit sprechen oder schreiben. Sie sind es gewohnt, Ihren Gefühlen zu trauen. Verhaltensweisen, die andere irrational finden, bringen oft überraschende Ergebnisse.

Ergänzende Merkmale

KOPFLINIE

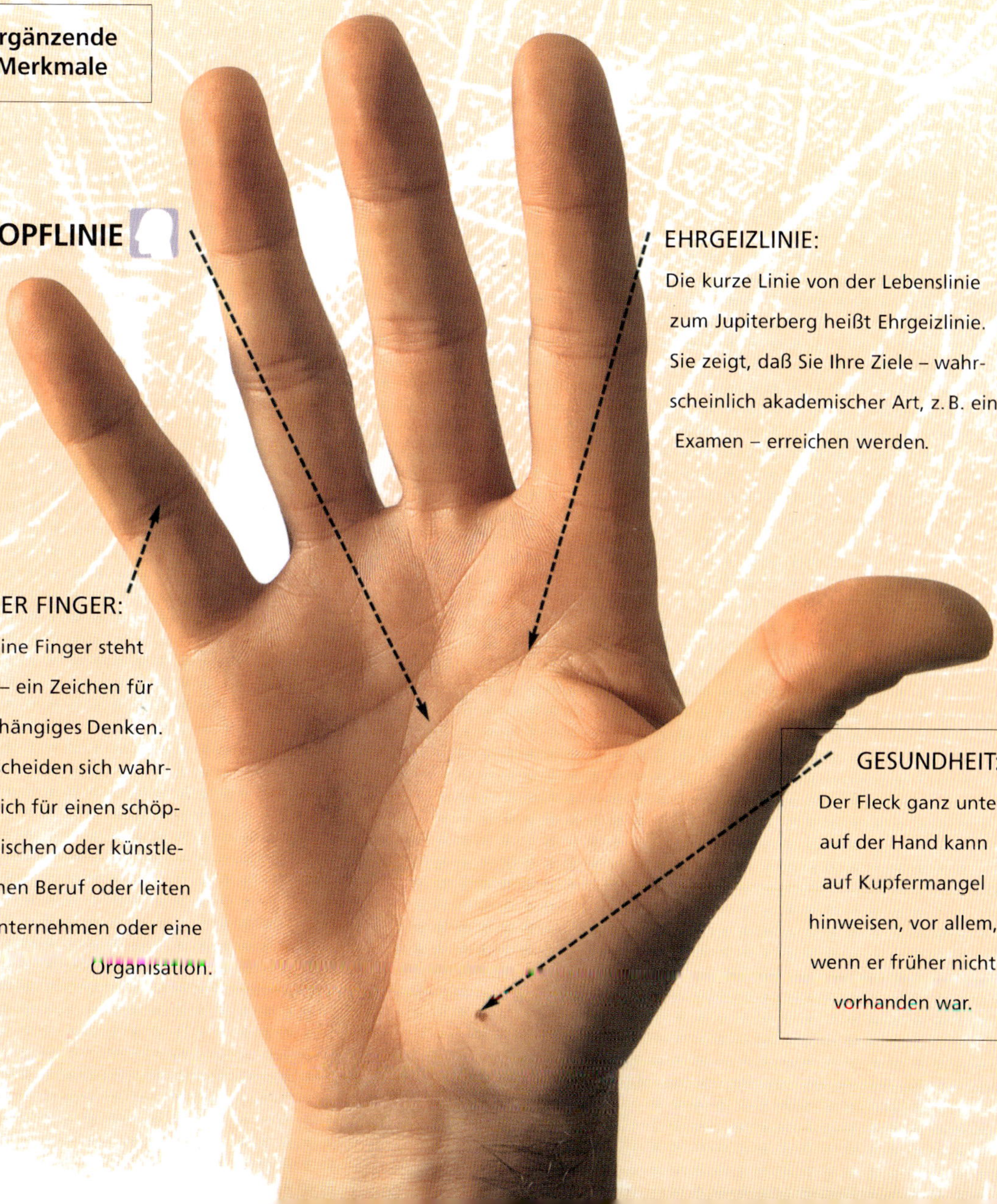

EHRGEIZLINIE:

Die kurze Linie von der Lebenslinie zum Jupiterberg heißt Ehrgeizlinie. Sie zeigt, daß Sie Ihre Ziele – wahrscheinlich akademischer Art, z. B. ein Examen – erreichen werden.

KLEINER FINGER:

Der kleine Finger steht ab – ein Zeichen für unabhängiges Denken. Sie entscheiden sich wahrscheinlich für einen schöpferischen oder künstlerischen Beruf oder leiten ein Unternehmen oder eine Organisation.

GESUNDHEIT:

Der Fleck ganz unten auf der Hand kann auf Kupfermangel hinweisen, vor allem, wenn er früher nicht vorhanden war.

5.2

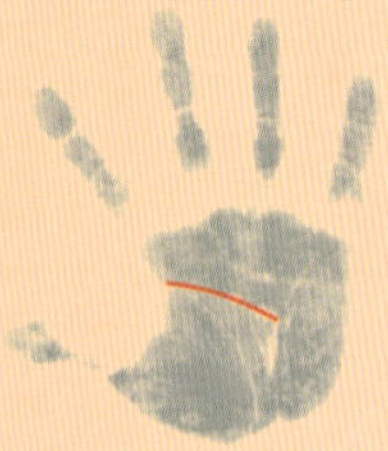

KOPFLINIE

• AM ANFANG MIT LEBENSLINIE VERBUNDEN

Sie sind oft vorsichtiger und genauer als nötig und richten sich zu sehr nach der Meinung anderer. Die Kopflinie ist zwar gerade und kräftig, bleibt aber einige Zeit mit der Lebenslinie verbunden, was auf einen Mangel an Selbstsicherheit hindeutet. Sie sollten überkritische und negativ denkende Menschen meiden. Ihre großen Talente werden Ihnen helfen, Selbstvertrauen aufzubauen; aber Sie sind oft deshalb erfolgreich, weil Sie anderen immer wieder etwas beweisen wollen.

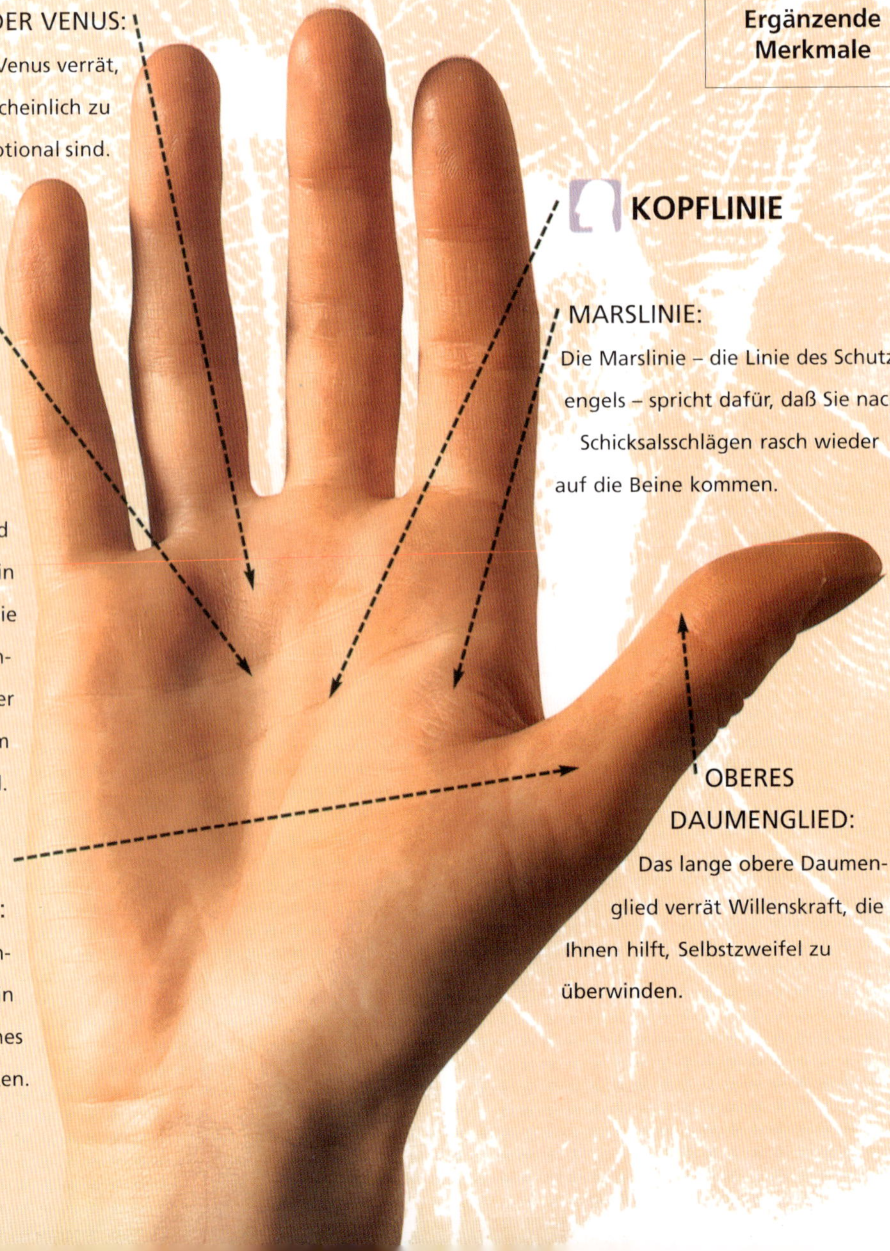

KOPFLINIE

• BEGINNT VOLLSTÄNDIG VON LEBENSLINIE GETRENNT

5.3

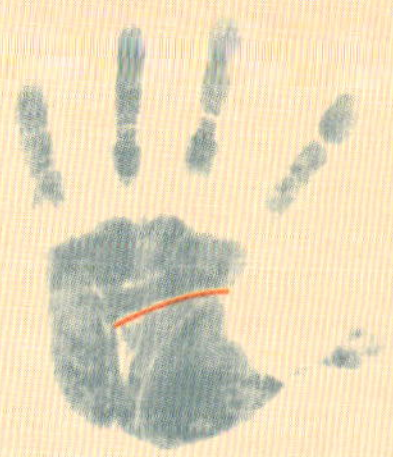

Sie waren immer sehr unabhängig, sogar als Kind. Wahrscheinlich sind Sie abenteuerlustig und impulsiv und werden kritisiert, weil Sie zu offen sind. Niemand weiß im voraus, wie Sie an ein Projekt herangehen – manchmal haben Sie dabei Erfolg, manchmal nicht. Das kurze obere Daumenglied – ein Zeichen für einen Mangel an Willenskraft – und der sehr lange Ringfinger enthüllen eine Neigung zum Glücksspiel. Es muß dabei nicht immer um Geld gehen.

Ergänzende Merkmale

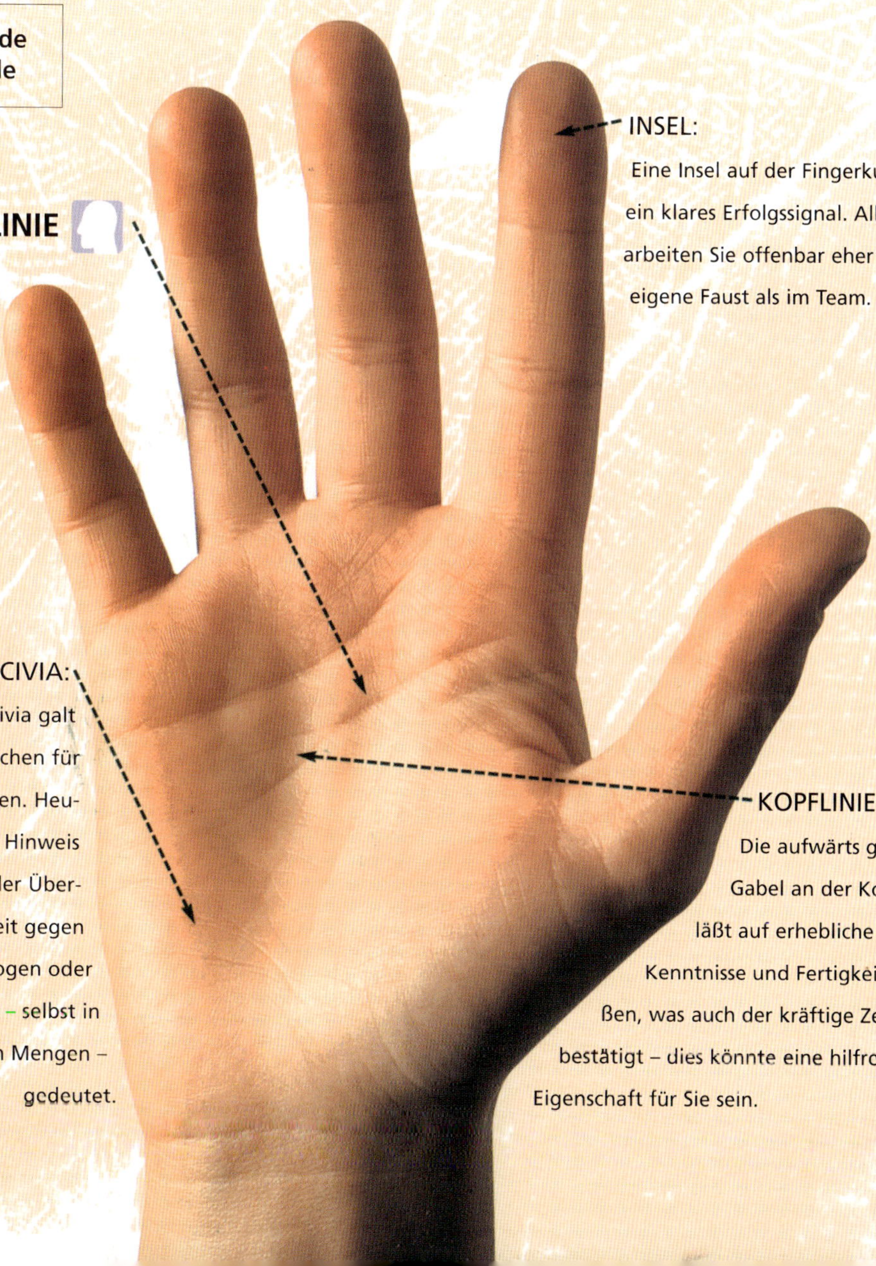

KOPFLINIE

INSEL:

Eine Insel auf der Fingerkuppe ist ein klares Erfolgssignal. Allerdings arbeiten Sie offenbar eher auf eigene Faust als im Team.

VIA LASCIVIA:

Die Via lascivia galt einst als Zeichen für lasterhaftes Leben. Heute wird sie als Hinweis auf Allergien oder Überempfindlichkeit gegen Alkohol, Drogen oder Schmerzmittel – selbst in geringen Mengen – gedeutet.

KOPFLINIE:

Die aufwärts gerichtete Gabel an der Kopflinie läßt auf erhebliche berufliche Kenntnisse und Fertigkeiten schließen, was auch der kräftige Zeigefinger bestätigt – dies könnte eine hilfreiche Eigenschaft für Sie sein.

5.4

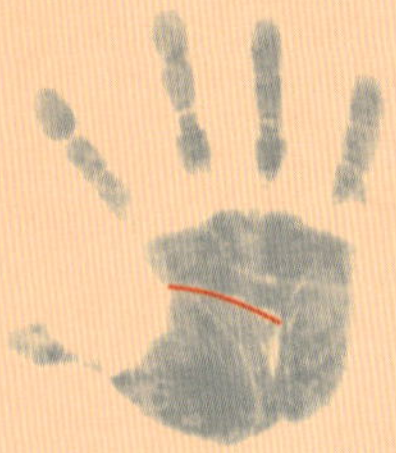

KOPFLINIE

- BEGINNT HOCH
- NÄHER AM ZEIGEFINGER ALS AM DAUMEN

Sie sind hochmotiviert, ehrgeizig und können viel erreichen. Die Kopflinie beginnt separat von der Lebenslinie, was auf Unabhängigkeit hindeutet. Sie haben Ihre eigene Meinung und sind abenteuerlustig. Die starke, tiefe und deutliche Kopflinie spricht für klares und logisches Denken.

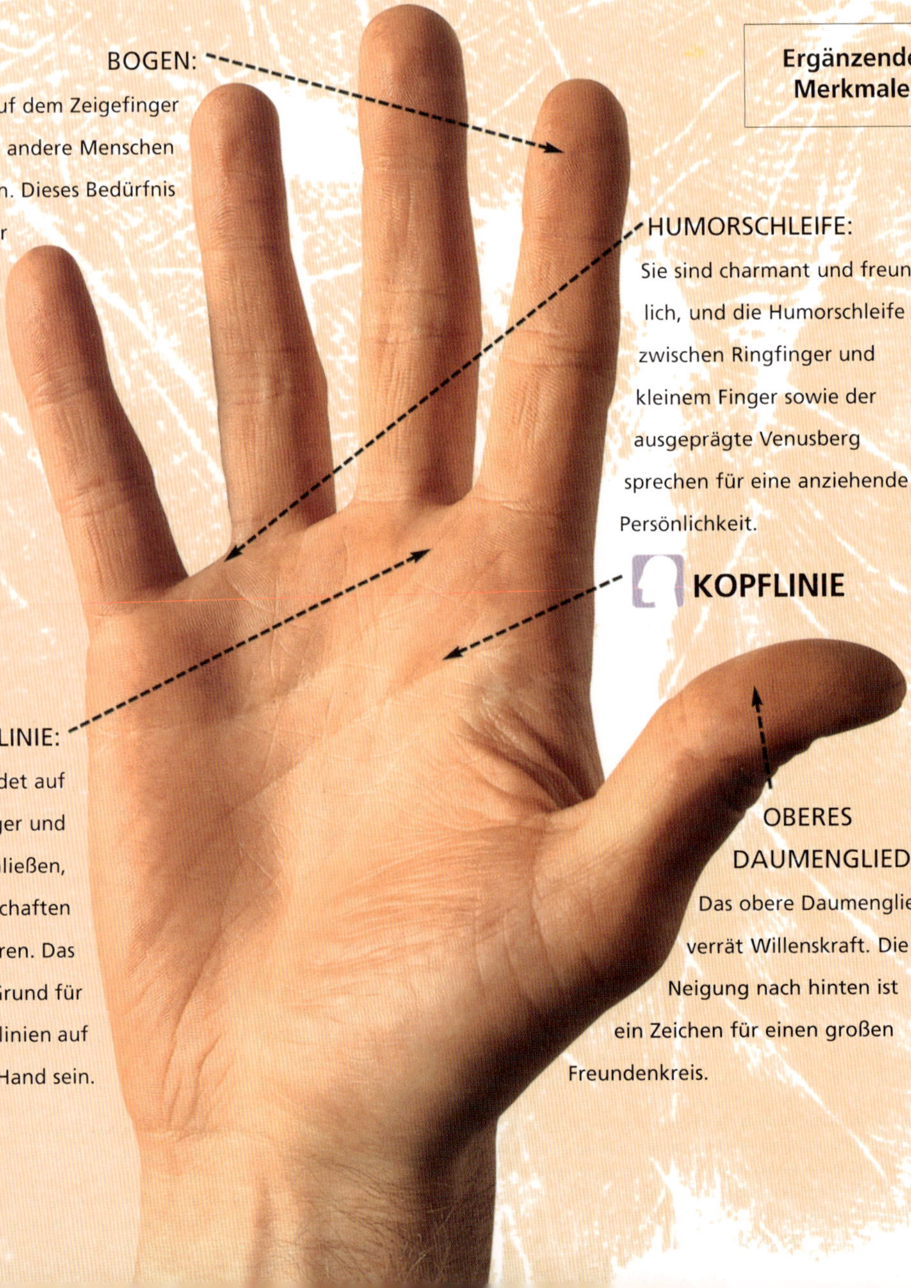

Ergänzende Merkmale

BOGEN: Ein Bogen auf dem Zeigefinger verrät, daß Sie andere Menschen beschützen wollen. Dieses Bedürfnis ist ein wichtiger Teil Ihrer Persönlichkeit.

HUMORSCHLEIFE: Sie sind charmant und freundlich, und die Humorschleife zwischen Ringfinger und kleinem Finger sowie der ausgeprägte Venusberg sprechen für eine anziehende Persönlichkeit.

KOPFLINIE

HERZLINIE: Die Herzlinie endet auf dem Zeigefinger und läßt darauf schließen, daß Sie Partnerschaften leicht idealisieren. Das könnte der Grund für die Streßlinien auf Ihrer Hand sein.

OBERES DAUMENGLIED: Das obere Daumenglied verrät Willenskraft. Die Neigung nach hinten ist ein Zeichen für einen großen Freundenkreis.

5.5

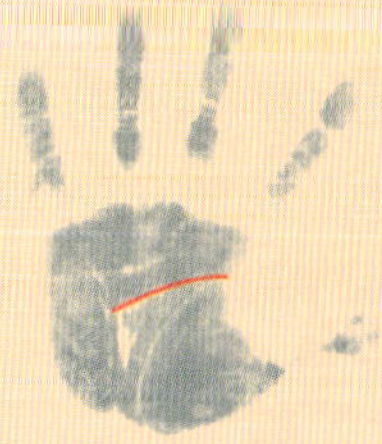

KOPFLINIE

- BEGINNT TIEF
- NÄHER AM DAUMEN ALS AM ZEIGEFINGER

Eine Kopflinie in der Nähe des Daumens enthüllt vermutlich ein geringes Selbstwertgefühl und mangelnde Selbstbeherrschung. Wenn Sie sich mißverstanden fühlen, halten Sie Angriff für die beste Verteidigung. Zwar beginnt die Lebenslinie weit unten, was für ein ruhiges Gemüt spräche, aber die lange Kopflinie, auch Sydneylinie genannt, spiegelt grimmige Entschlossenheit und Zielstrebigkeit wider. Eine Mutlinie beginnt knapp über dem Daumen und kreuzt die Hand – ein Indiz für Tapferkeit.

Ergänzende Merkmale

KOPFLINIE

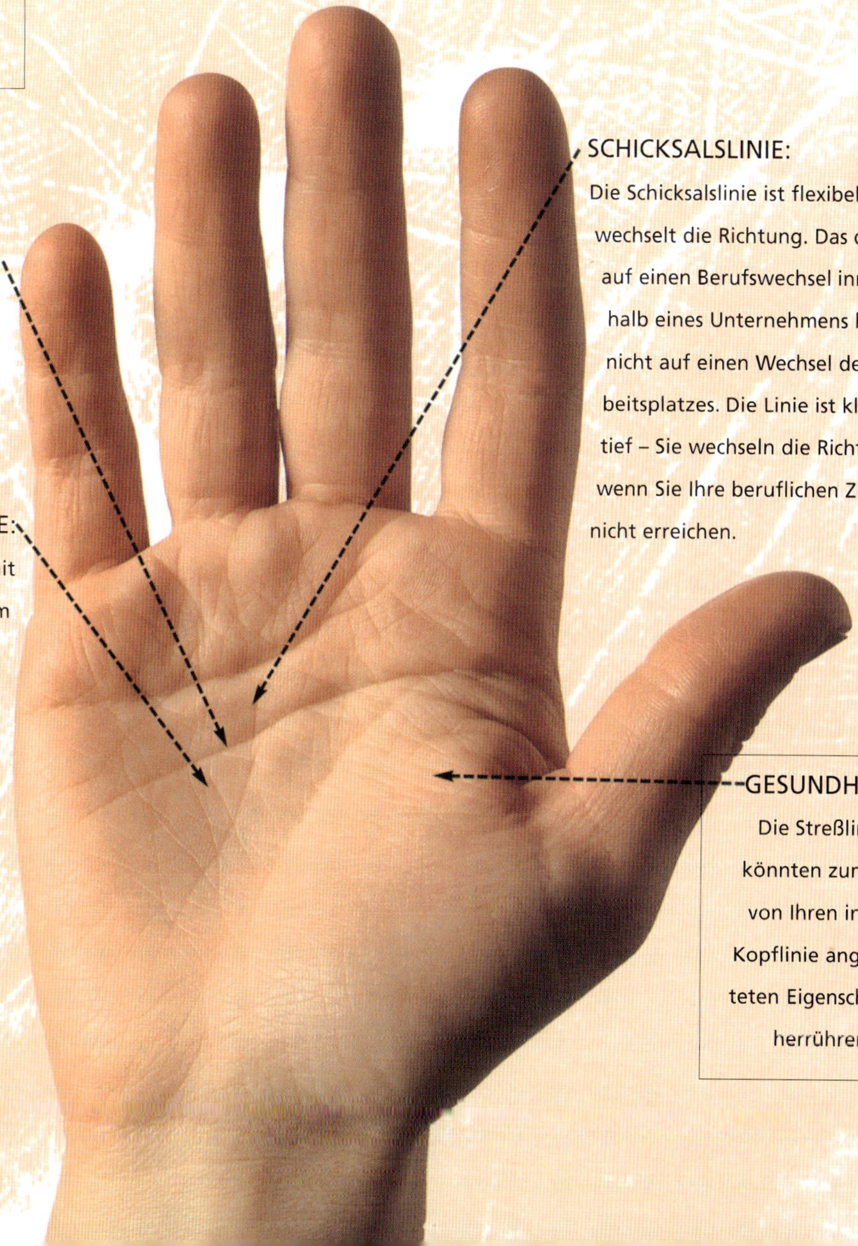

SCHICKSALSLINIE:

Die Schicksalslinie ist flexibel und wechselt die Richtung. Das deutet auf einen Berufswechsel innerhalb eines Unternehmens hin, nicht auf einen Wechsel des Arbeitsplatzes. Die Linie ist klar und tief – Sie wechseln die Richtung, wenn Sie Ihre beruflichen Ziele nicht erreichen.

ERFOLGSLINIE:

Die Erfolgslinie mit Ursprung auf dem großen Marsberg zeigt, daß Sie dank Ihres Fachwissens und Ihrer Ehrlichkeit Erfolg haben.

GESUNDHEIT:

Die Streßlinien könnten zum Teil von Ihren in der Kopflinie angedeuteten Eigenschaften herrühren.

5.6

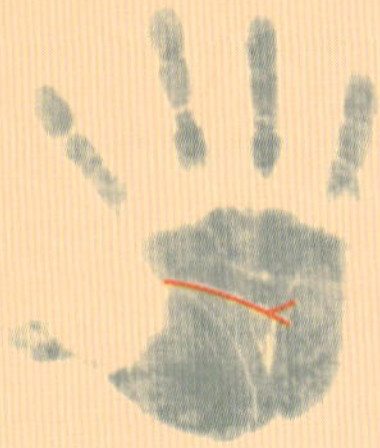

KOPFLINIE

• ENDE MIT EINER AUFWÄRTSGABEL

Sie haben einen guten Geschäftssinn. Die Kopflinie ist gewellt und hat Flecken sowie eine Insel, die meist eine Phase der Schwäche symbolisiert. Sie lassen sich leicht ablenken. Die Linie sieht ein wenig »weggefressen« aus – offenbar fällt es Ihnen schwer, tiefgründig zu denken oder zu studieren. Der Grund dürfte schlechte Gesundheit sein, wie die Insel hier und auf anderen Linien vermuten läßt.

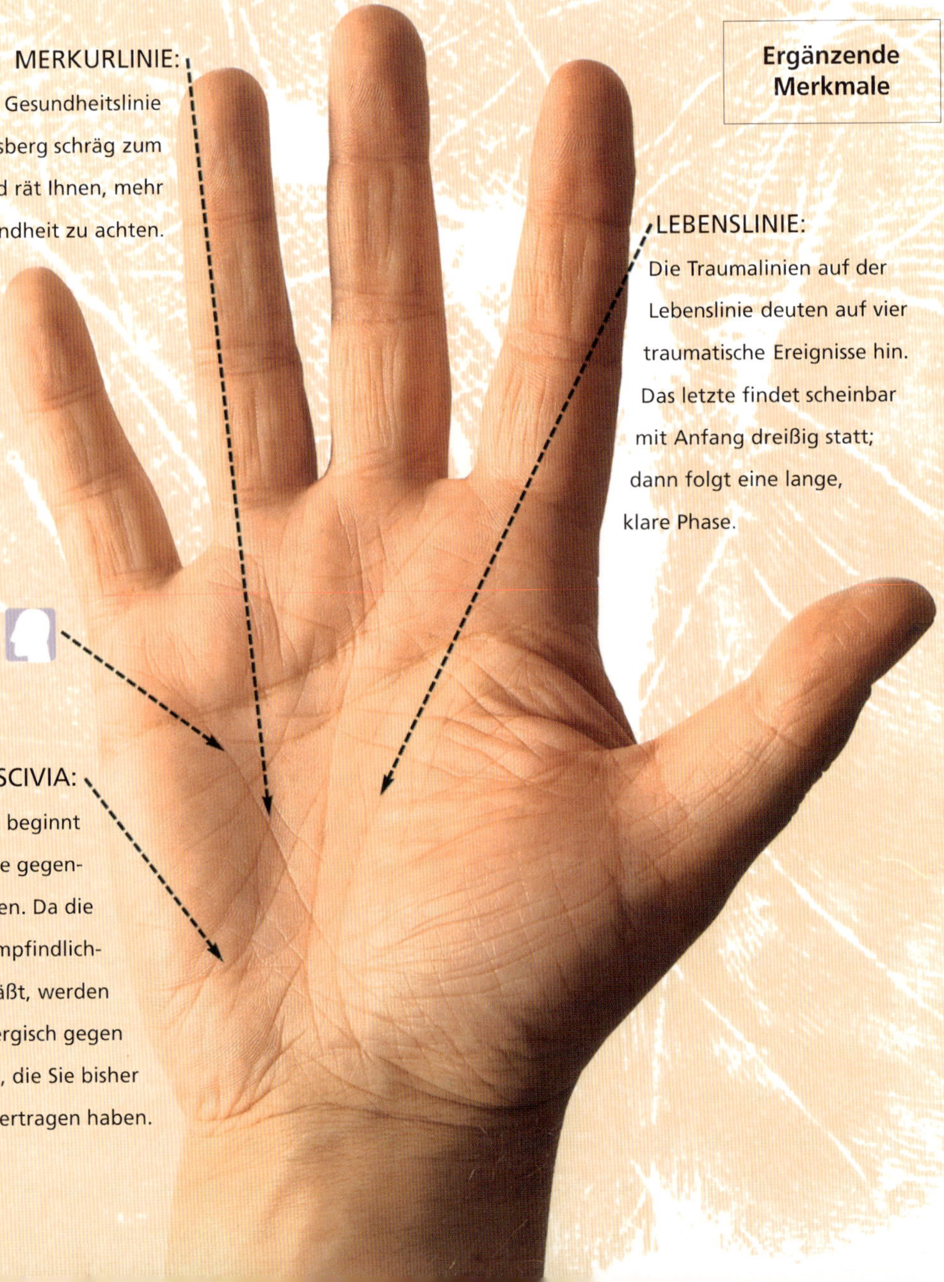

Ergänzende Merkmale

MERKURLINIE: Die Merkur- oder Gesundheitslinie verläuft vom Venusberg schräg zum kleinen Finger und rät Ihnen, mehr auf Ihre Gesundheit zu achten.

LEBENSLINIE: Die Traumalinien auf der Lebenslinie deuten auf vier traumatische Ereignisse hin. Das letzte findet scheinbar mit Anfang dreißig statt; dann folgt eine lange, klare Phase.

KOPFLINIE

VIA LASCIVIA: Die tiefe Via lascivia beginnt an der Handkante gegenüber dem Daumen. Da die Handfläche auf Empfindlichkeit schließen läßt, werden Sie vielleicht allergisch gegen Genußmittel, die Sie bisher vertragen haben.

KOPFLINIE

• ENDE MIT EINER ABWÄRTSGABEL

5.7

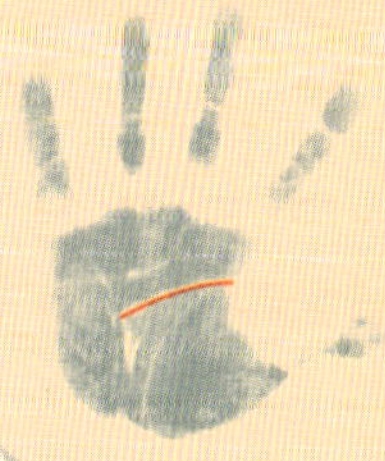

Diese Abwärtsgabel (sie wird Schriftstellergabel genannt, wenn ihre Äste sich unter dem Ringfinger befinden) ist ein Zeichen für Kreativität, die sich finanziell bezahlt macht. Der Ast ist ziemlich gerade und fällt nicht jäh ab, was dafür spricht, daß Sie Sachbücher schreiben können. Die Kopflinie beginnt losgelöst von der Lebenslinie, ist aber durch ein Astgeflecht mit ihr verbunden: Sie sind zwar unabhängig, aber abwechselnd selbstsicher und zögerlich. Diese Schwäche können Sie überwinden, wenn die Lebens- und die Kopflinie nicht länger als 2½ cm parallel laufen.

Ergänzende Merkmale

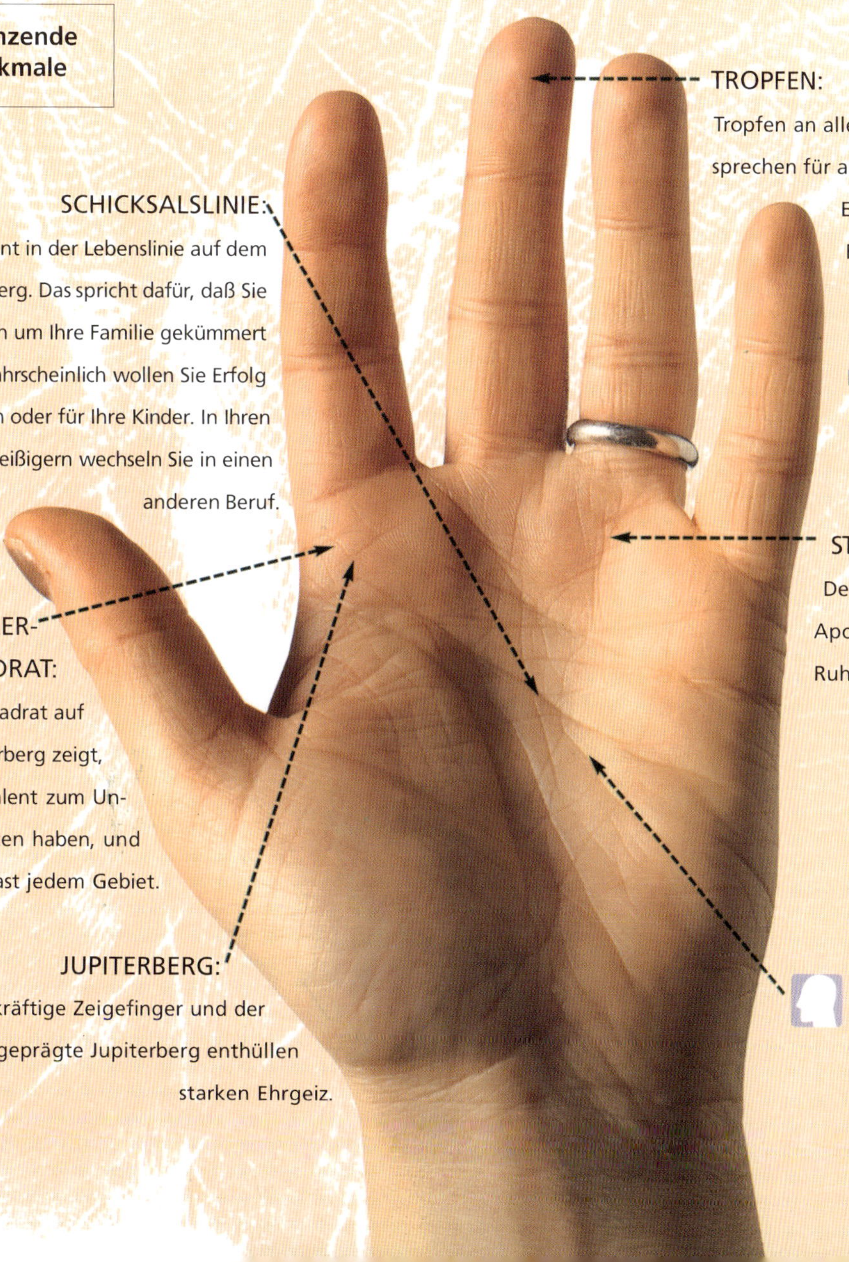

5.8

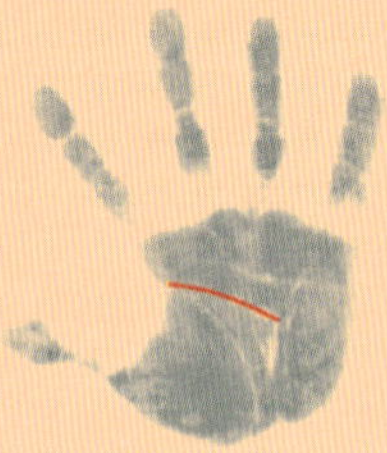

KOPFLINIE

• ENDE MIT EINEM DREIZACK

Sie haben außergewöhnliche geistige Fähigkeiten. Geschäftssinn, Entschlossenheit und Inspiration sind Ihr Erfolgsrezept. Der Ast zum großen Marsberg an der Handkante verrät Entschlossenheit und innere Stärke, der Ast zum Mondberg Inspiration und Kreativität. Der kleine Ast, der tief in den Mondberg eindringt, läßt auf viel Phantasie schließen.

Ergänzende Merkmale

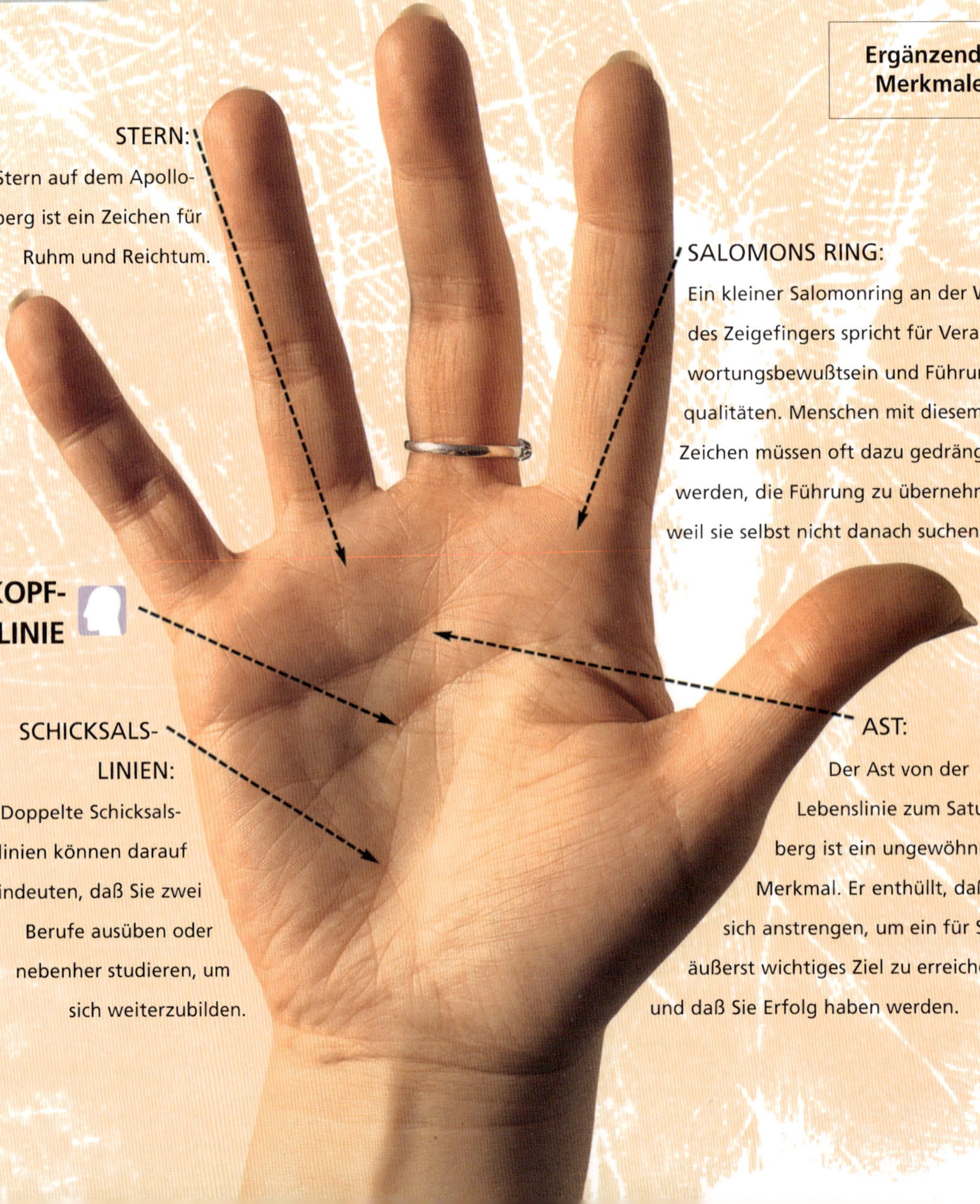

KOPFLINIE

- DOPPELT
- GANZ ODER TEIL

5.9

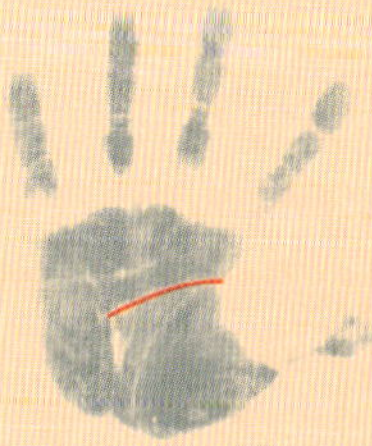

Die doppelte Kopflinie – hier ein Teil einer Pseudo-Affenlinie – ist ein sicheres Zeichen für Intelligenz. Normalerweise deutet man eine doppelte Kopflinie, indem man die Eigenschaften jeder einzelnen Linie kombiniert. Die obere Linie krümmt sich sanft nach unten zum Mondberg, was auf Kreativität hinweist. Die untere, gerade Linie verläuft zur Handkante, ein Indiz für logisches Denken. Sie können ein großes Chaos hervorrufen, aber auch Außergewönliches leisten.

Ergänzende Merkmale

BLAUER NAGELLACK:
Blauer Nagellack deutet auf Interesse an der Mystik hin.

KOPFLINIE

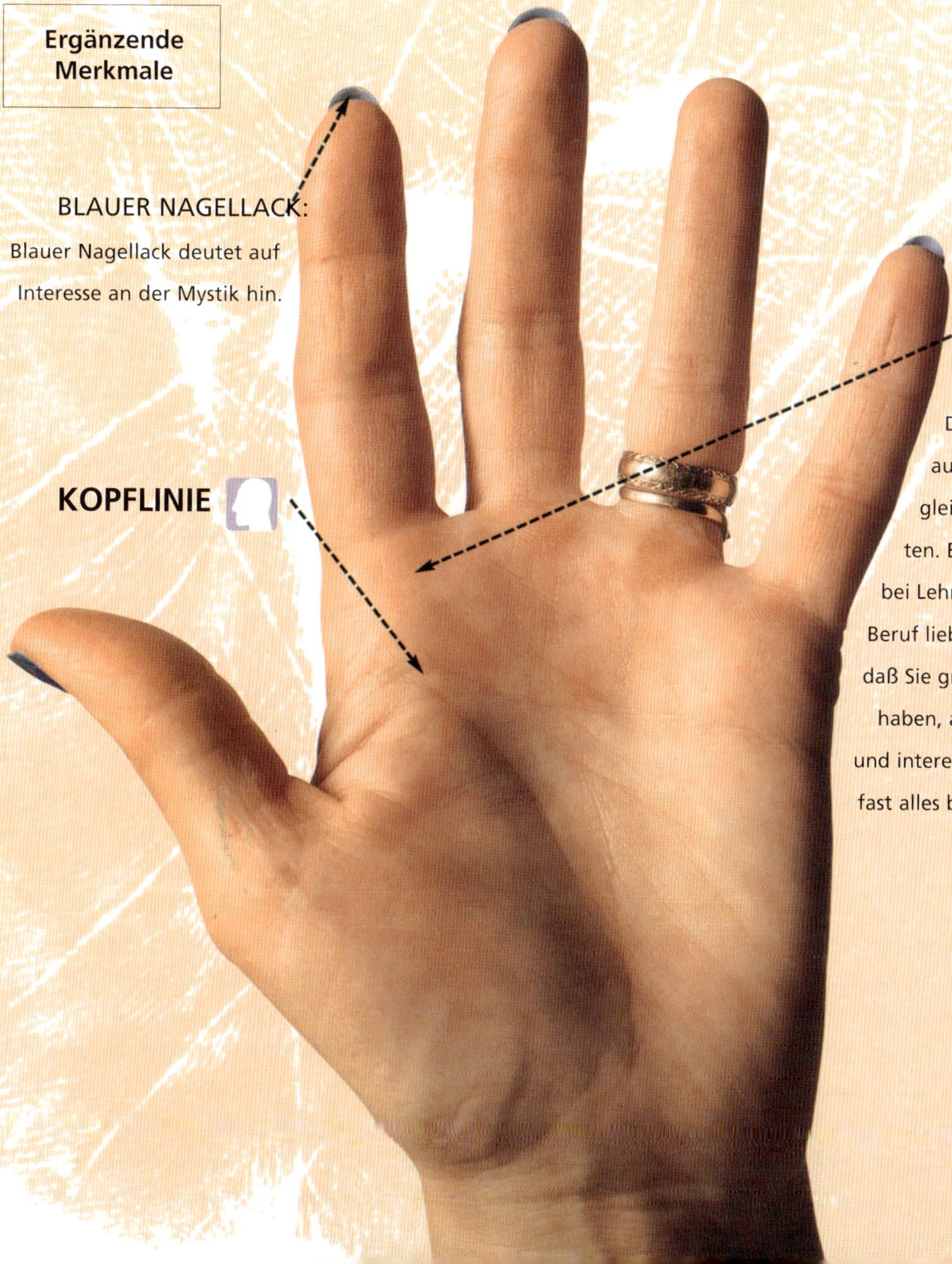

LEHRER-QUADRAT:
Das Lehrerquadrat auf dem Jupiterberg gleicht einem Diamanten. Es findet sich auch bei Lehrern, die ihren Beruf lieben, und zeigt, daß Sie großes Talent haben, aufmerksamen und interessierten Schülern fast alles beizubringen.

6.0

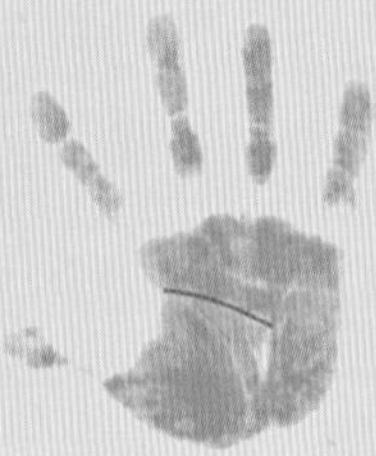

KOPFLINIE

• LANG UND JÄH ABFALLEND

Sie haben viel Phantasie, die, wenn sie unterdrückt wird, zu Depressionen führen kann. Die Kopflinie tief im Mondberg enthüllt Überempfindlichkeit. Sie müssen Ihre Kreativität nutzen, damit Sie nicht davon aufgezehrt werden. Die deutliche, lange Kopflinie spricht für einen klaren Blick. Linien, die den Anfang der Lebenslinie überbrücken, deuten darauf hin, daß Selbstvertrauen und Selbstzweifel sich bei Ihnen abwechseln. Je mehr Sie sich Ihrer Talente bewußt werden, desto blasser werden diese Linien.

Ergänzende Merkmale

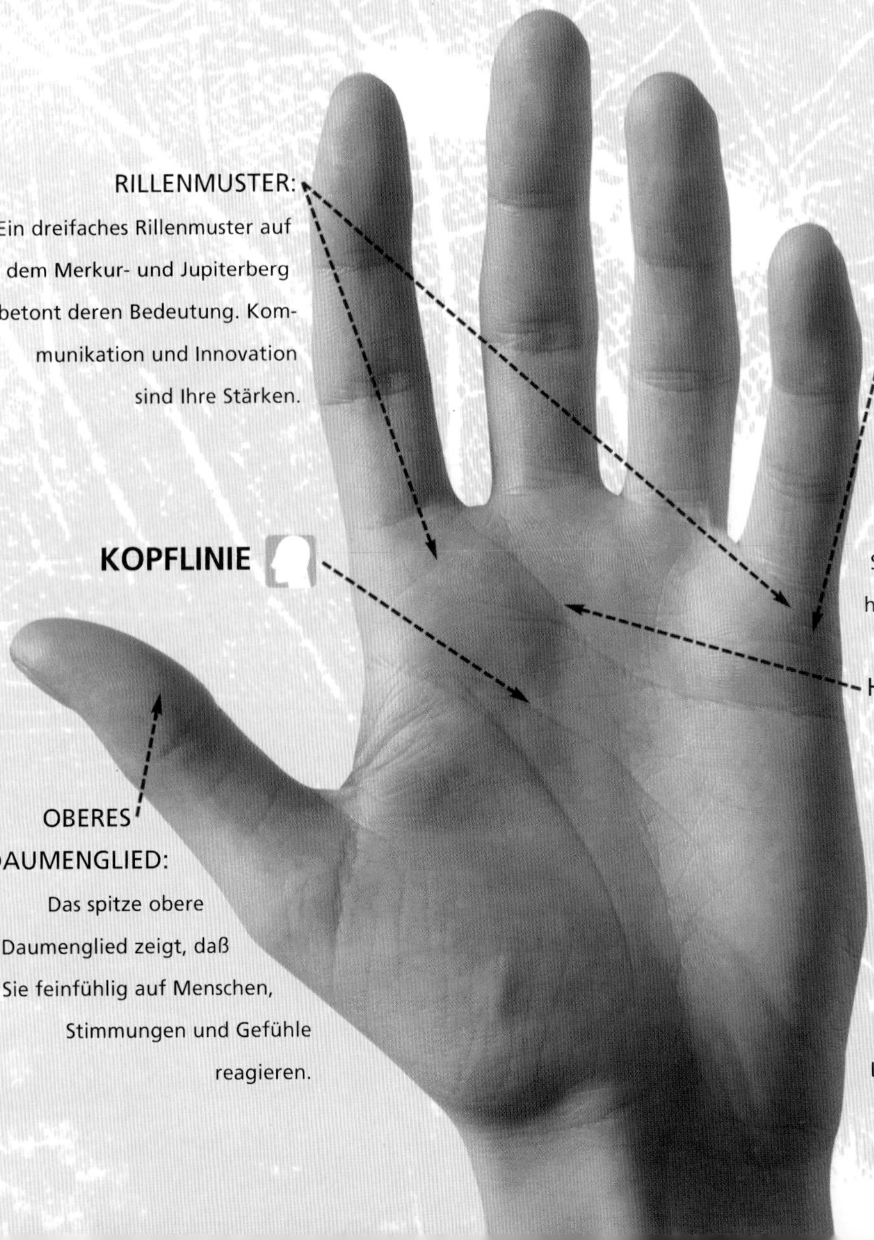

RILLENMUSTER: Ein dreifaches Rillenmuster auf dem Merkur- und Jupiterberg betont deren Bedeutung. Kommunikation und Innovation sind Ihre Stärken.

KOPFLINIE

OBERES DAUMENGLIED: Das spitze obere Daumenglied zeigt, daß Sie feinfühlig auf Menschen, Stimmungen und Gefühle reagieren.

BINDUNGSLINIE: Die Bindungslinie hat eine Gabel mit einem ungewöhnlich langen Ast, der auf einen Seelengefährten hinweist.

HERZLINIE: Die Herzlinie endet auf dem Zeigefinger – ein Zeichen dafür, daß Sie Ihre Partner idealisieren. Ein schwächerer, zur Lebenslinie abfallender Ast zeigt, wie wichtig Ihnen Ihr Lebenswerk ist.

KOPFLINIE

• DOMINANTE HAND
• ANDERS ALS PASSIVE HAND

6.1

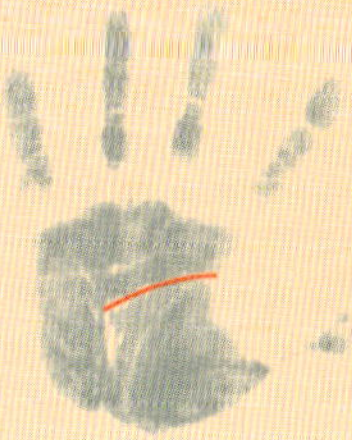

Zwischen der rechten und linken Hand gibt es deutliche Unterschiede. Während die lange Kopflinie auf der linken Hand zum Mondberg abfällt, hat die Kopflinie auf der rechten Hand Äste zum großen Marsberg. Auf der passiven Hand bedeutet das Entschlossenheit. Ein Ast von der Lebenslinie durch den Anfang der Kopflinie verspricht Erfolg, und die Schleife der Inspiration auf dem Mondberg ist ein Zeichen für große Begabung.

Ergänzende Merkmale

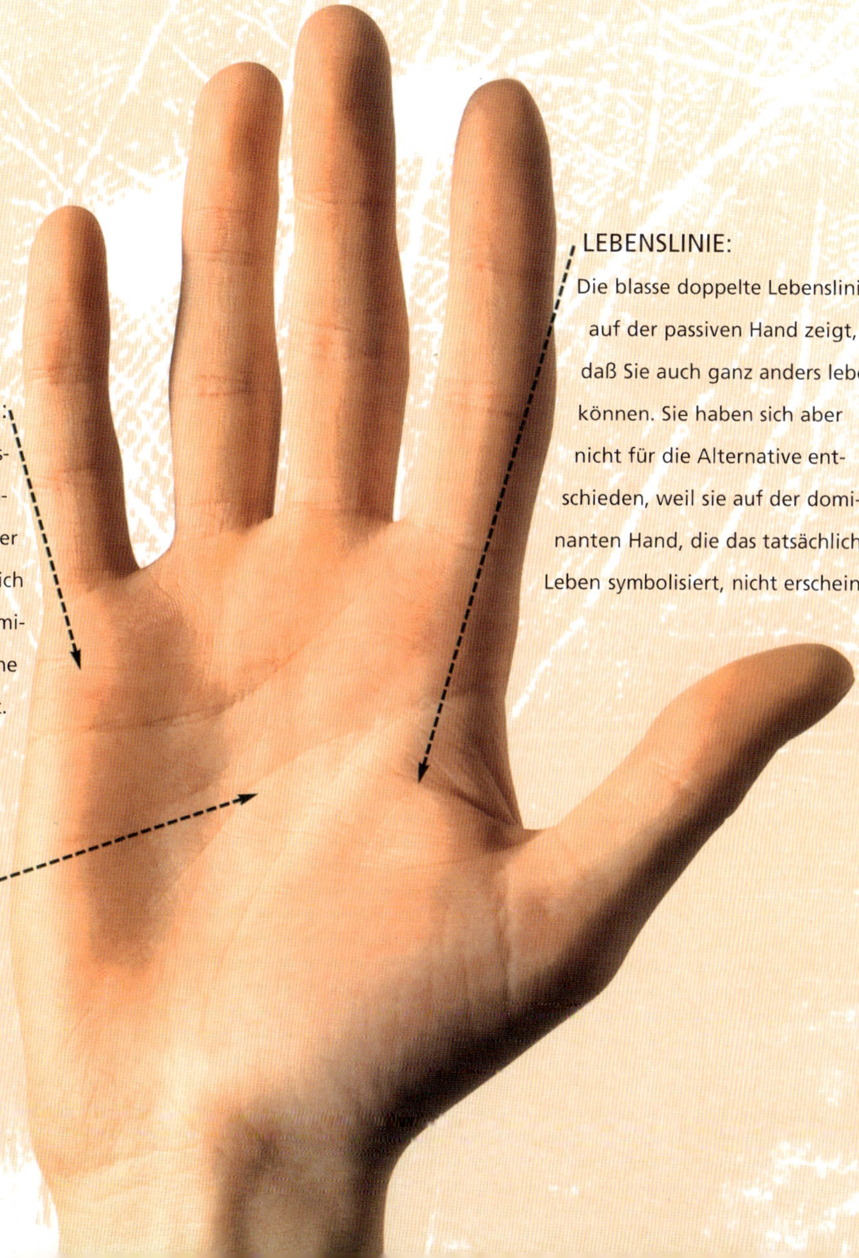

LEBENSLINIE:
Die blasse doppelte Lebenslinie auf der passiven Hand zeigt, daß Sie auch ganz anders leben können. Sie haben sich aber nicht für die Alternative entschieden, weil sie auf der dominanten Hand, die das tatsächliche Leben symbolisiert, nicht erscheint.

BINDUNGSLINIEN:
Die zwei langen Bindungslinien symbolisieren Seelengefährten – aber der zweite Partner stellt sich nicht ein, weil die dominante Hand nur eine Linie hat.

KOPFLINIE

WAS BEDEUTET DIESE UNGEWÖHNLICHE LINIE?

AFFENLINIE

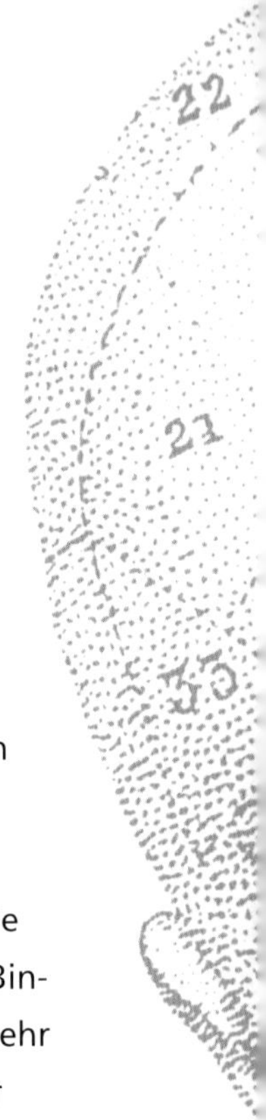

Die Affenlinie erscheint als eine Linie, die quer über den Handteller verläuft und in der Kopf- und Herzlinie miteinander verschmolzen sind. Sie beginnt zwischen Daumen und Zeigefinger und endet an der gegenüberliegenden Handkante.

Die Affenlinie ist oft ein Hinweis auf das Down-Syndrom. Bei Gesunden symbolisiert sie außergewöhnliche Leistungen, Konzentration und Kraft, aber auch Scheu vor engen Bindungen. Angeblich hatte Einstein eine Affenlinie. Menschen mit dieser Linie können sehr besitzergreifend und eifersüchtig sein. Die gleichzeitige Existenz einer Kopf- und/oder Herzlinie schwächt die Merkmale der Affenlinie teilweise ab; sie wird dann Pseudo-Affenlinie genannt.

FÜNF HÄUFIG GESTELLTE FRAGEN:

→ Warum will ich alles perfekt machen?

→ Warum fühle ich mich anders als andere?

→ Wenn ich keine Herzlinie habe, heißt das, daß ich nicht lieben kann oder Pech in der Liebe habe?

→ Werde ich mein Ziel erreichen?

→ Werde ich immer so intensiv leben wie jetzt?

WELCHE RICHTUNG?

Die Affenlinie verläuft von einem Punkt zwischen Zeigefinger und Daumen horizontal über die Handfläche zu der gegenüberliegenden Handkante. Da in ihr Kopf- und Herzlinie verschmolzen sind, ist es schwierig, ihre Richtung festzuleggen.

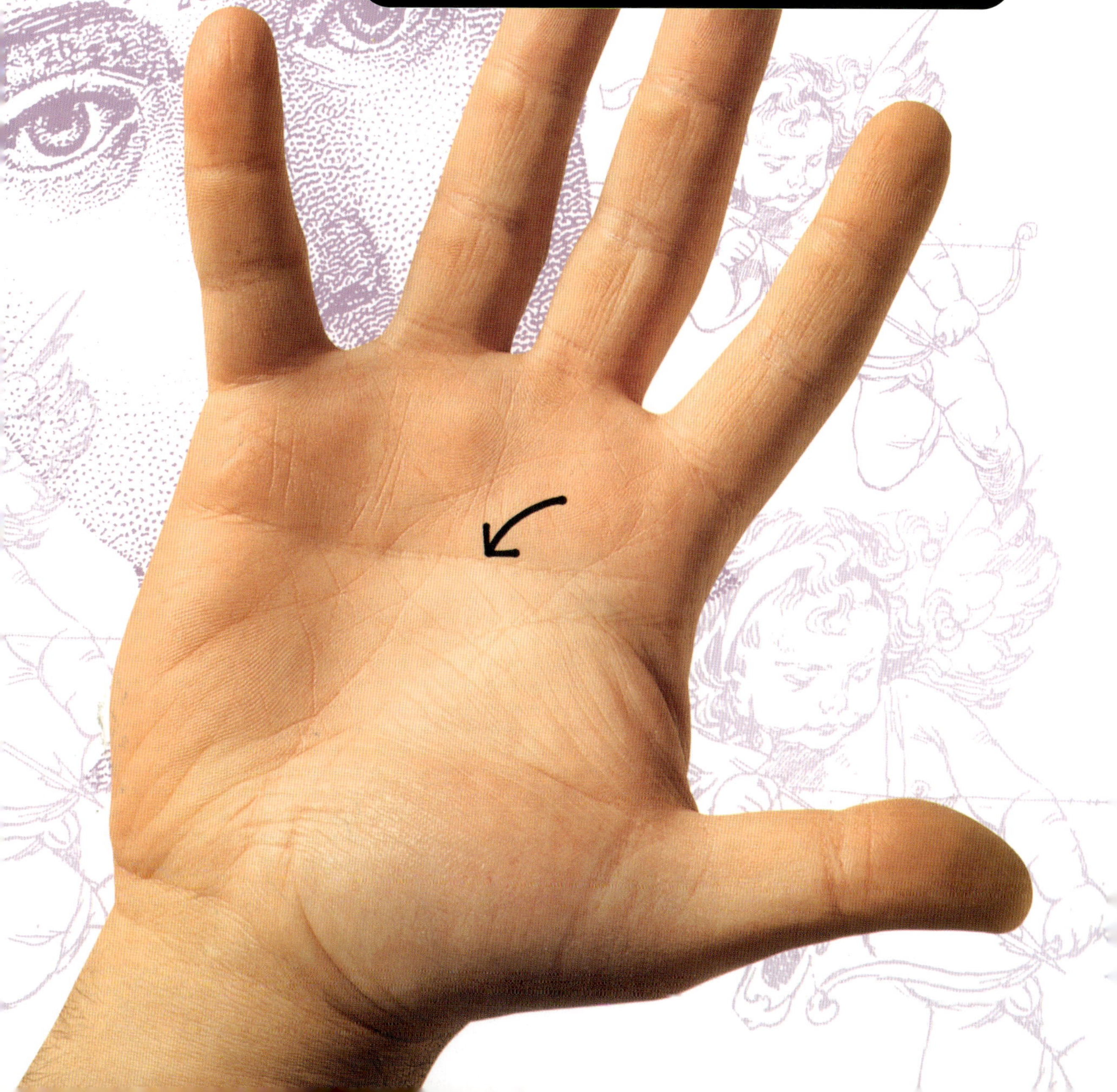

AFFENLINIE

6.2

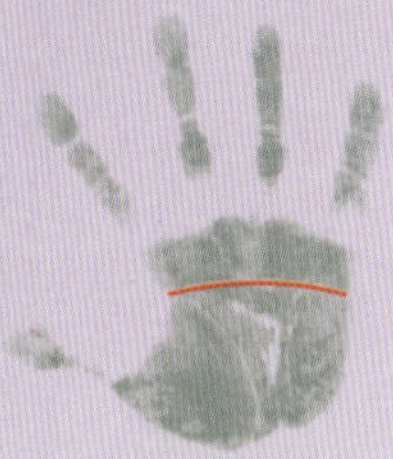

- LÄUFT QUER ÜBER DIE HAND
- KEINE KOPFLINIE
- KEINE HERZLINIE

Sie können Ihre mentale Energie bündeln und Höchstleistungen vollbringen. Wenn Sie in eine Arbeit vertieft sind, lassen Sie sich durch nichts stören. Eine Affenlinie mit vielen Kettengliedern spricht für Schwierigkeiten in Ihrem Leben. Die Schicksalslinie, die zum Zeigefinger strebt, läßt auf geschäftliche Erfolge schließen, das lange obere Daumenglied auf Willenskraft und Entschlossenheit.

Ergänzende Merkmale

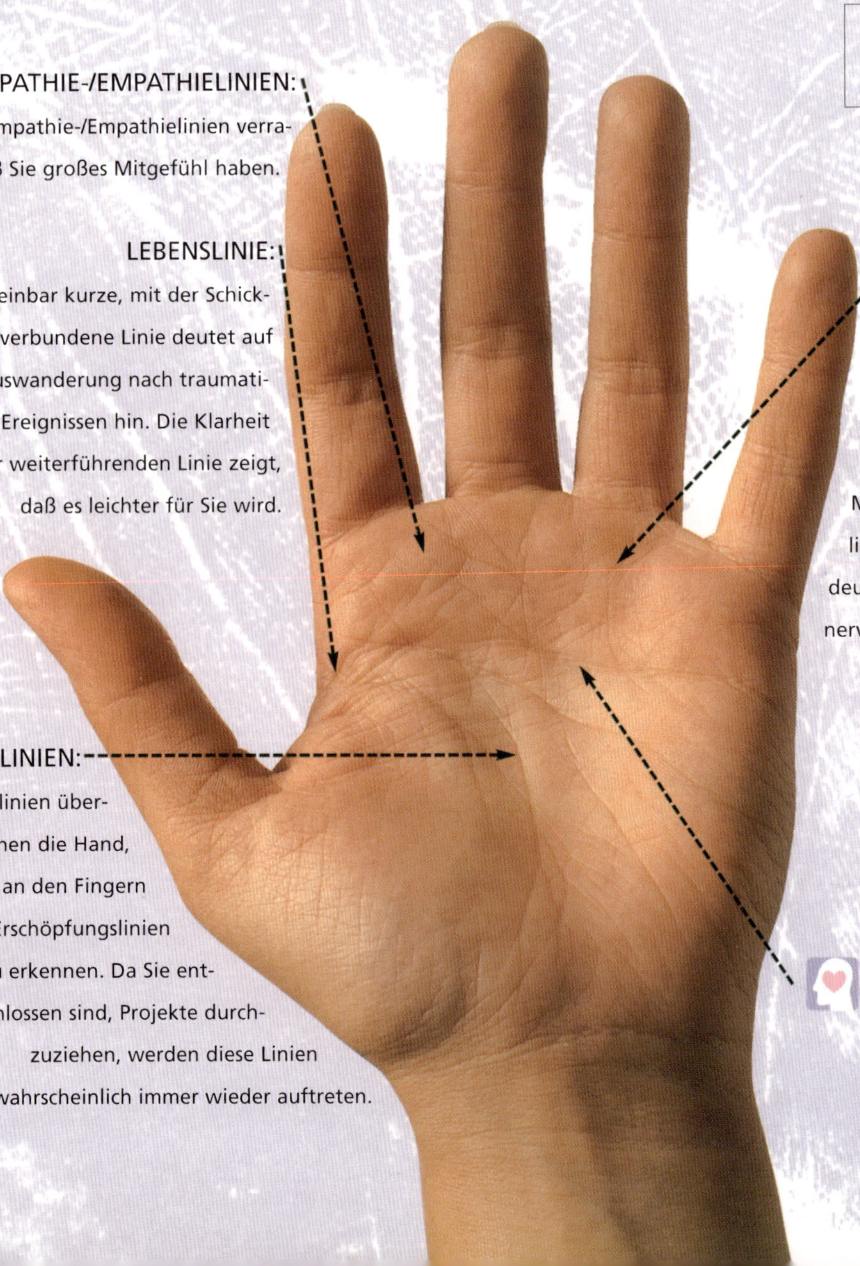

SYMPATHIE-/EMPATHIELINIEN: Viele Sympathie-/Empathielinien verraten, daß Sie großes Mitgefühl haben.

LEBENSLINIE: Diese scheinbar kurze, mit der Schicksalslinie verbundene Linie deutet auf eine Auswanderung nach traumatischen Ereignissen hin. Die Klarheit der weiterführenden Linie zeigt, daß es leichter für Sie wird.

GÜRTEL DER VENUS: Ein vollständiger Gürtel enthüllt Empfindsamkeit, Mitgefühl und Sinnlichkeit. Die Äste deuten auf große nervöse Energie hin.

STRESSLINIEN: Streßlinien überziehen die Hand, und an den Fingern sind Erschöpfungslinien zu erkennen. Da Sie entschlossen sind, Projekte durchzuziehen, werden diese Linien wahrscheinlich immer wieder auftreten.

AFFENLINIE

AFFENLINIE

- MIT HERZLINIE
- MIT KOPFLINIE

6.3

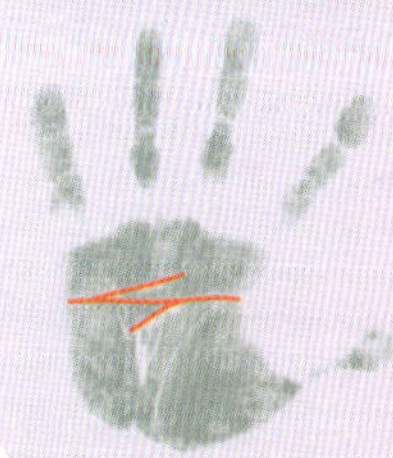

Sie wenden Ihre starke geistige Kraft nie halbherzig an. Wenn Sie in eine Arbeit vertieft sind, wollen Sie nicht gestört werden, und Sie haben meist Erfolg. Am liebsten erledigen Sie eine Aufgabe nach der anderen. Sie sind ein Erfolgsmensch, aber die Herz- und die Kopflinie mildern Ihren mitunter harten Umgang mit Menschen und Ideen.

Ergänzende Merkmale

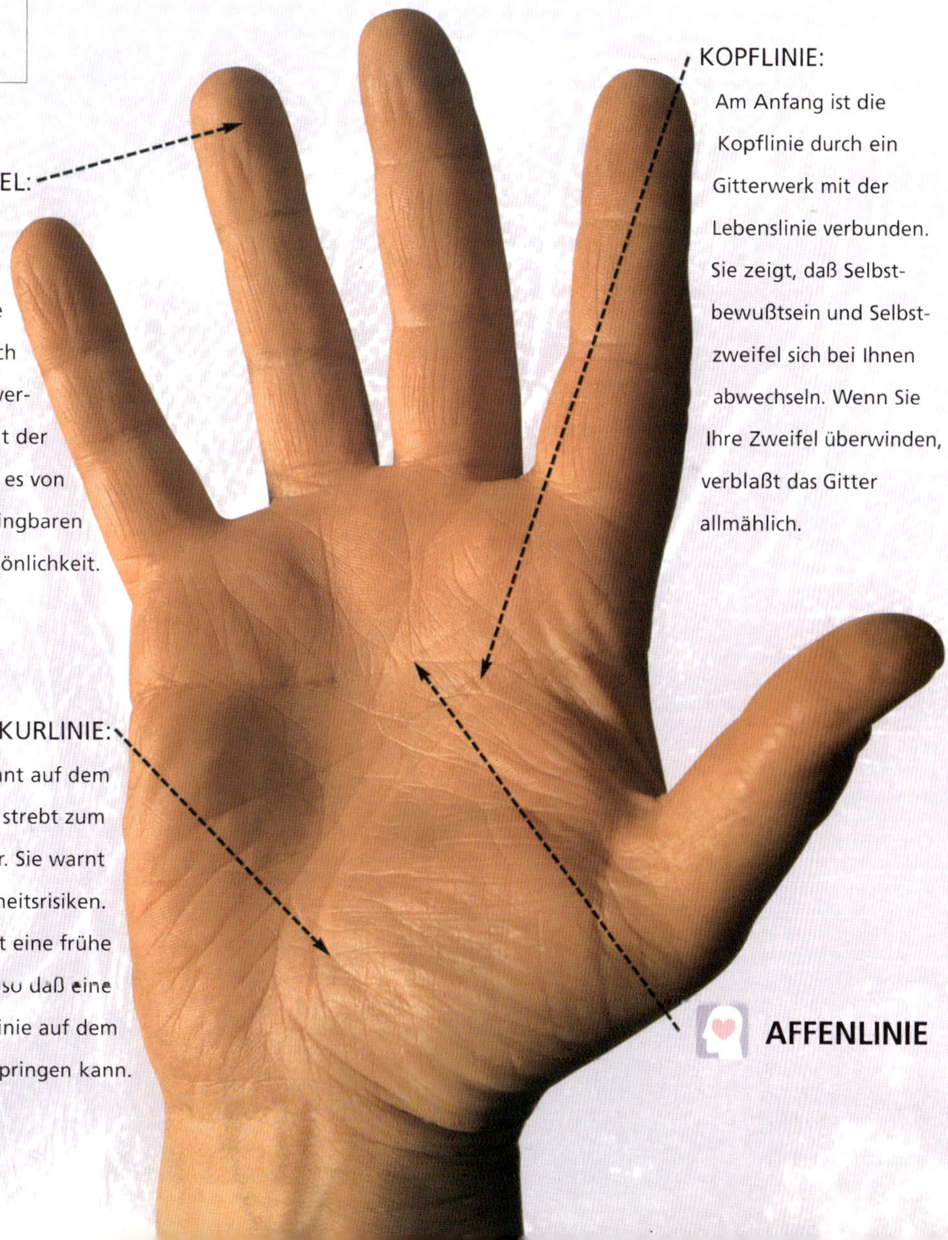

INSEL:
Dieses Zeichen auf allen Fingern beweist, daß Sie überaus erfolgreich sind oder sein werden. Zusammen mit der Affenlinie zeugt es von einer unbezwingbaren Persönlichkeit.

KOPFLINIE:
Am Anfang ist die Kopflinie durch ein Gitterwerk mit der Lebenslinie verbunden. Sie zeigt, daß Selbstbewußtsein und Selbstzweifel sich bei Ihnen abwechseln. Wenn Sie Ihre Zweifel überwinden, verblaßt das Gitter allmählich.

MERKURLINIE:
Diese Linie beginnt auf dem Venusberg und strebt zum kleinen Finger. Sie warnt meist vor Gesundheitsrisiken. Sie durchtrennt eine frühe Schicksalslinie, so daß eine zweite Schicksalslinie auf dem Mondberg entspringen kann.

AFFENLINIE

6.4

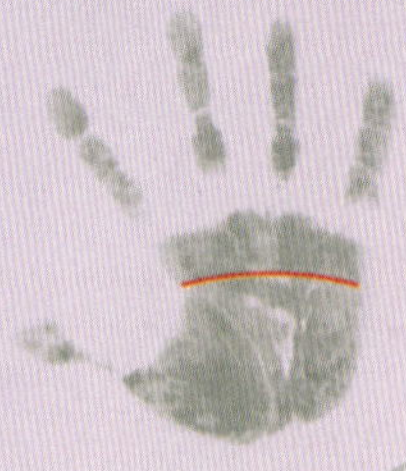

AFFENLINIE

- LÄUFT QUER ÜBER DIE HAND
- KEINE HERZLINIE, KEINE KOPFLINIE
- PASSIVE HAND
- AUF BEIDEN HÄNDEN GLEICH

Ihre konzentrierte geistige Energie wirkt wie ein Laserstrahl. Sie arbeiten nie halbherzig und lassen sich nicht stören. Wahrscheinlich sind Sie intellektuell sehr begabt und, da Sie zwei Affenlinien haben, auch sehr erfolgreich.

Ergänzende Merkmale

AFFENLINIE

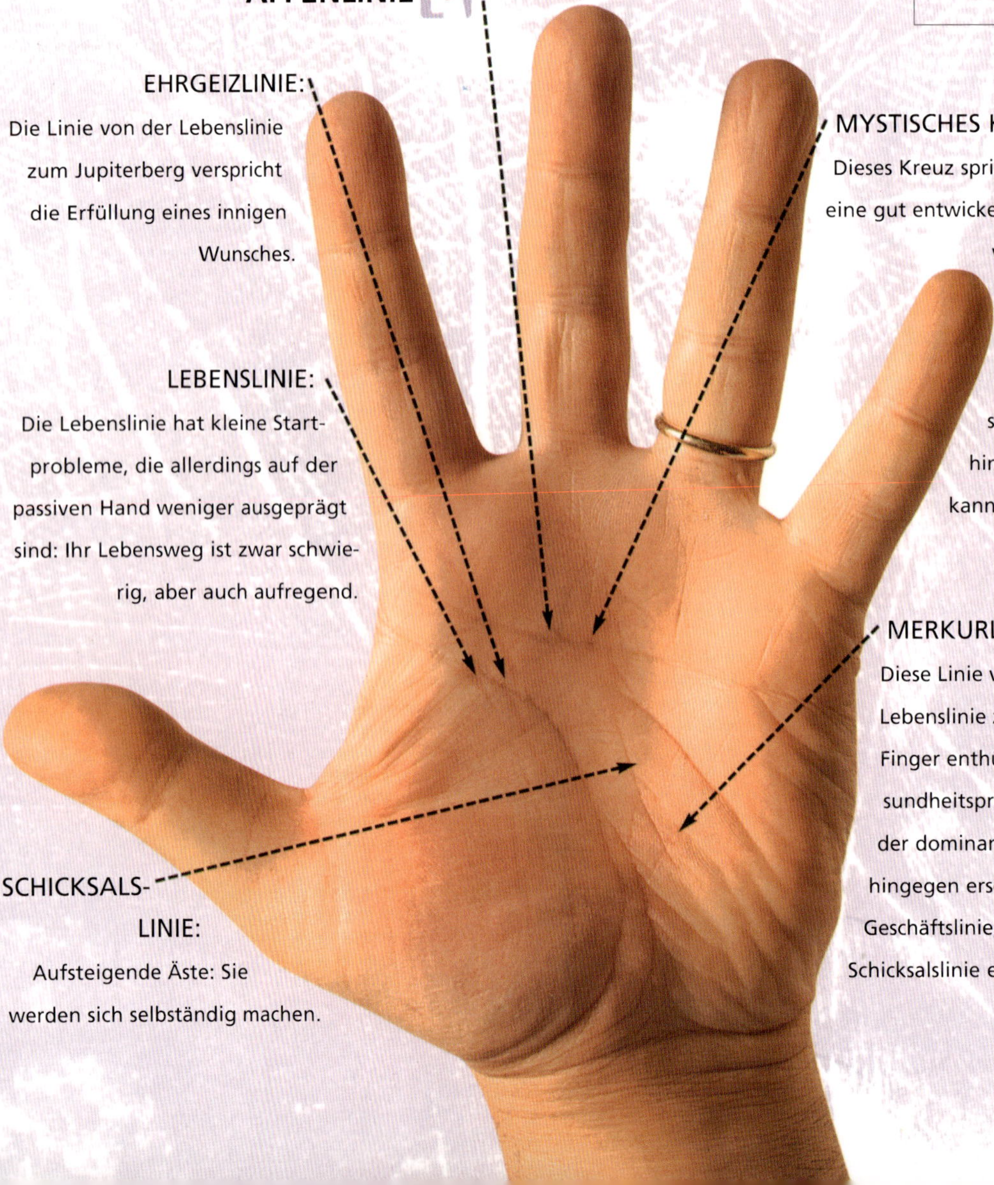

EHRGEIZLINIE:
Die Linie von der Lebenslinie zum Jupiterberg verspricht die Erfüllung eines innigen Wunsches.

LEBENSLINIE:
Die Lebenslinie hat kleine Startprobleme, die allerdings auf der passiven Hand weniger ausgeprägt sind: Ihr Lebensweg ist zwar schwierig, aber auch aufregend.

SCHICKSALSLINIE:
Aufsteigende Äste: Sie werden sich selbständig machen.

MYSTISCHES KREUZ:
Dieses Kreuz spricht für eine gut entwickelte Intuition, was z. B. auf Talent für Spekulationsgeschäfte hinweisen kann.

MERKURLINIE:
Diese Linie von der Lebenslinie zum kleinen Finger enthüllt ein Gesundheitsproblem. Auf der dominanten Hand hingegen erscheint sie als Geschäftslinie, die auf der Schicksalslinie entspringt.

AFFENLINIE

- LÄUFT QUER ÜBER DIE HAND
- KEINE HERZLINIE, KEINE KOPFLINIE
- DOMINANTE HAND

6.5

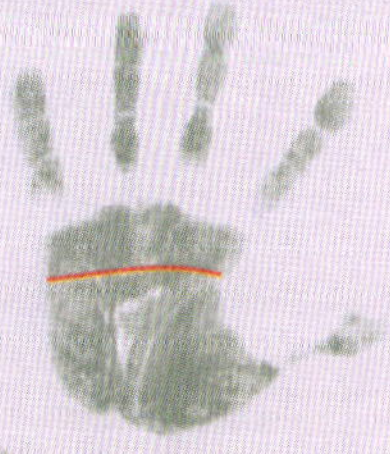

Sie sind sehr konzentriert. Manchmal weist die Linie auf das Down-Syndrom hin, sie bezeichnet aber auch herausragende intellektuelle Fähigkeiten. Die Affenlinie gilt als Verschmelzung der Kopf- und der Herzlinie und spricht dafür, daß Sie sich bei Ihren Handlungen ganz auf sich selbst konzentrieren können. Materielle Sicherheit ist Ihnen sehr wichtig.

Ergänzende Merkmale

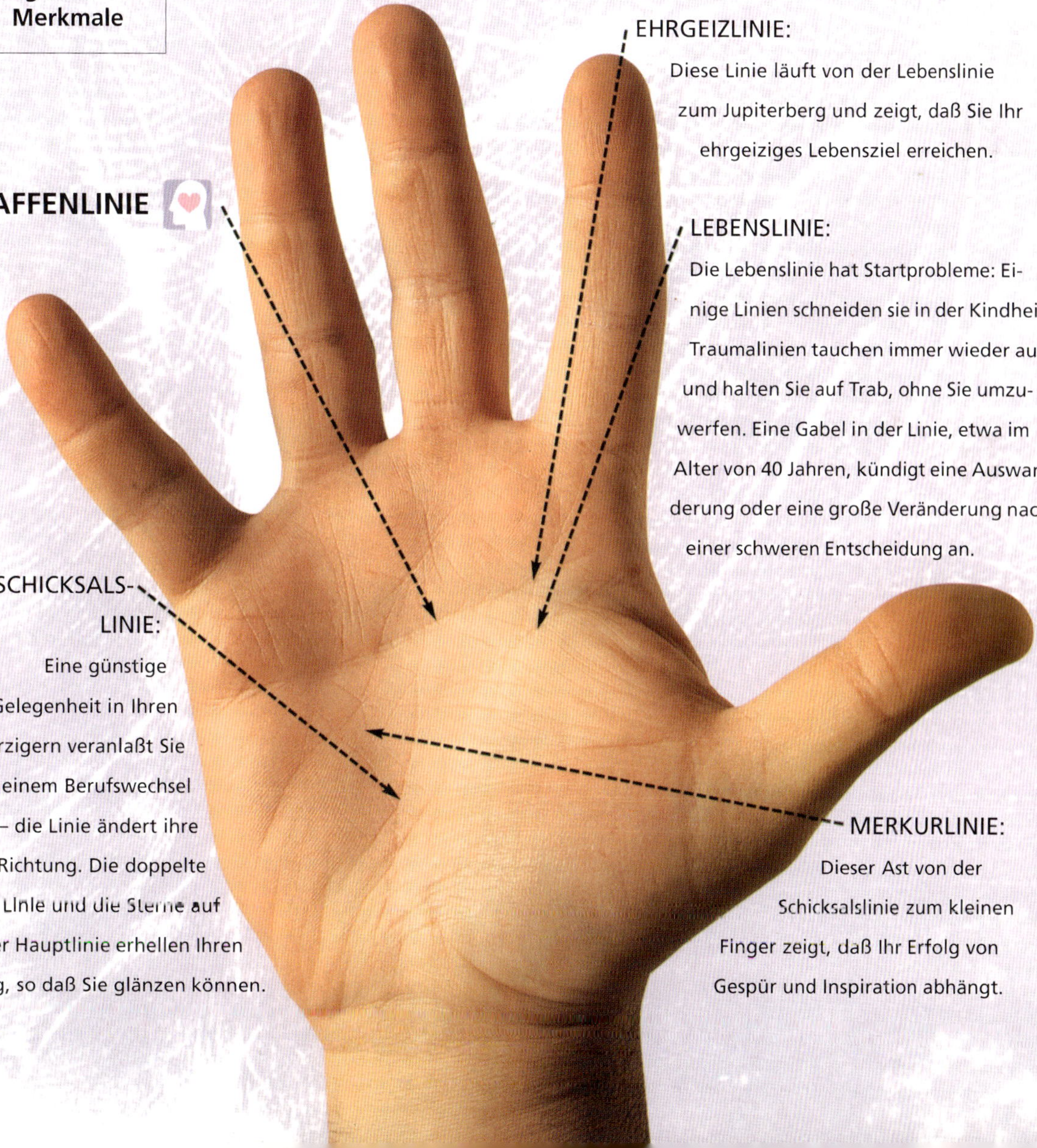

AFFENLINIE

EHRGEIZLINIE: Diese Linie läuft von der Lebenslinie zum Jupiterberg und zeigt, daß Sie Ihr ehrgeiziges Lebensziel erreichen.

LEBENSLINIE: Die Lebenslinie hat Startprobleme: Einige Linien schneiden sie in der Kindheit. Traumalinien tauchen immer wieder auf und halten Sie auf Trab, ohne Sie umzuwerfen. Eine Gabel in der Linie, etwa im Alter von 40 Jahren, kündigt eine Auswanderung oder eine große Veränderung nach einer schweren Entscheidung an.

SCHICKSALSLINIE: Eine günstige Gelegenheit in Ihren Vierzigern veranlaßt Sie zu einem Berufswechsel – die Linie ändert ihre Richtung. Die doppelte Linie und die Sterne auf der Hauptlinie erhellen Ihren Weg, so daß Sie glänzen können.

MERKURLINIE: Dieser Ast von der Schicksalslinie zum kleinen Finger zeigt, daß Ihr Erfolg von Gespür und Inspiration abhängt.

HABEN SIE DEN RICHTIGEN BERUF?

SCHICKSALS-LINIE

Sie gibt Ihnen Informationen über Ihren Beruf und Ihre Einstellung zu ihm. Eine gerade, klare, tiefe Linie verspricht eine lange und erfolgreiche Laufbahn. Eine Linie, die Unterbrechungen aufweist und mal stark, mal schwach ist, läßt auf eine Karriere mit Höhen und Tiefen schließen.

FÜNF HÄUFIG GESTELLTE FRAGEN:

⟶ Habe ich den richtigen Beruf?

⟶ Wird mich jemand »entdecken«?

⟶ Wird mein Wunsch, selbständig zu sein, sich erfülen?

⟶ Mein Berufsleben ist ein ständiges Hin und Her.
Wird es sich beruhigen?

⟶ Soll ich eine neue, aufregende Stelle annehmen, die mir angeboten wird?

WELCHE RICHTUNG?

Die Schicksalslinie beginnt in der mitte der Handfläche knapp oberhalb des Handgelenks und strebt aufwärts zum Mittelfinger. Lesen Sie sie in dieser Richtung.

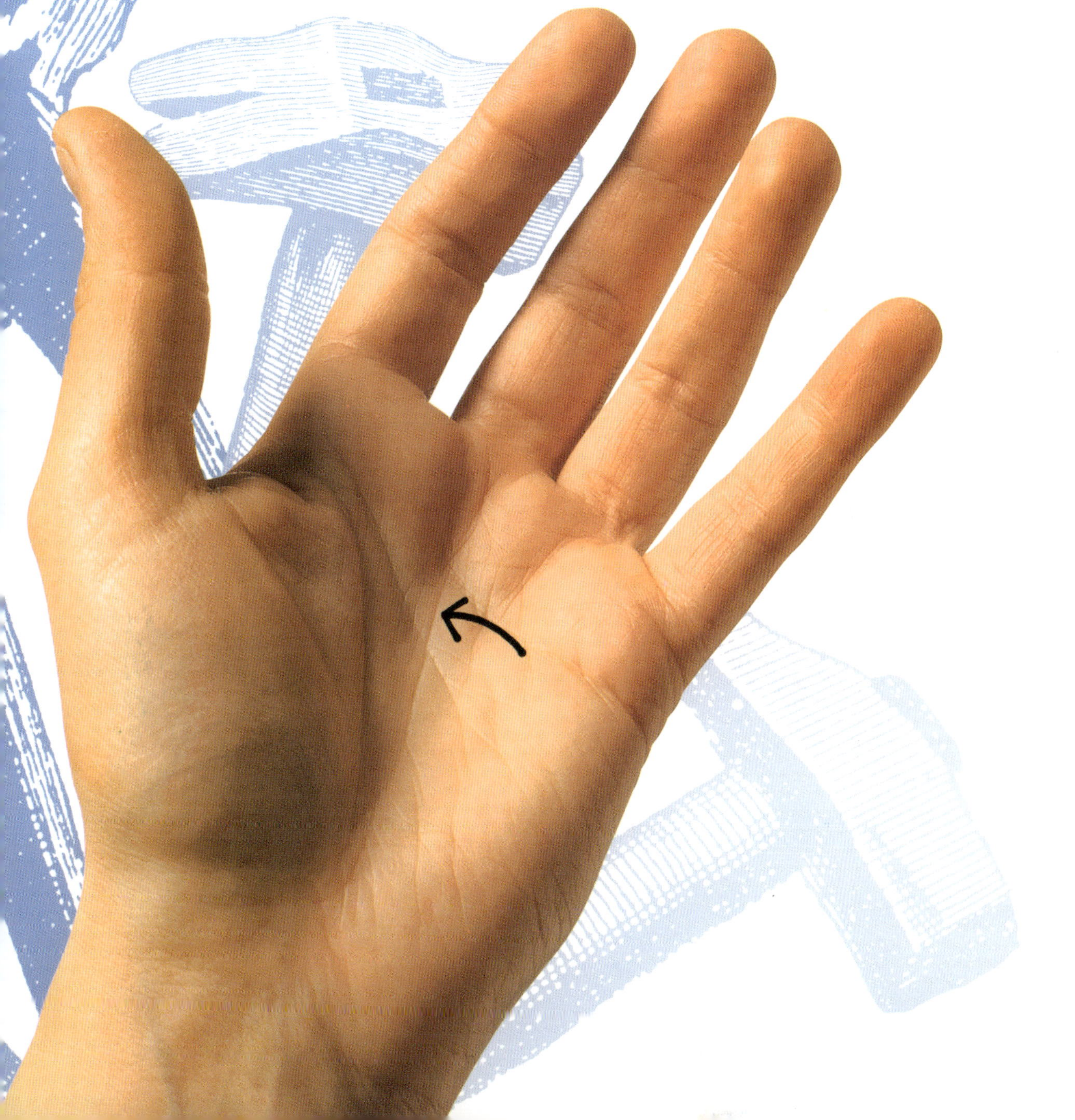

6.6

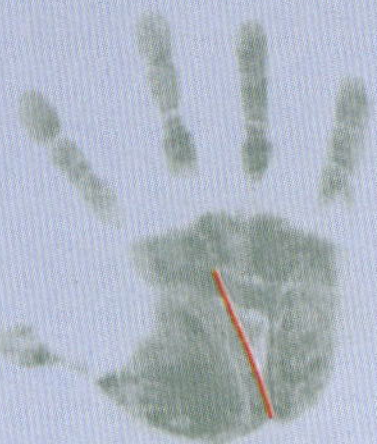

SCHICKSALSLINIE

- GERADE
- DEUTLICH AUSGEPRÄGT

Ihre klare Schicksalslinie ist ein Zeichen dafür, daß Sie offenbar Ihrer Berufung gefolgt sind und den Beruf fürs Leben gefunden haben. In Ihren Zwanzigern bietet sich möglicherweise eine neue berufliche Chance – hier ein aufsteigender Ast. Doch die Linie ändert ihre Richtung nicht: Sie setzen Ihre ursprüngliche Karriere fort, die Sie von nun an noch mehr auszufüllen scheint. Der Zeigefinger ist sehr dick, ein Indiz für Führungsqualitäten und Geschäftssinn. Der abstehende kleine Finger weist auf unabhängiges Denken hin.

Ergänzende Merkmale

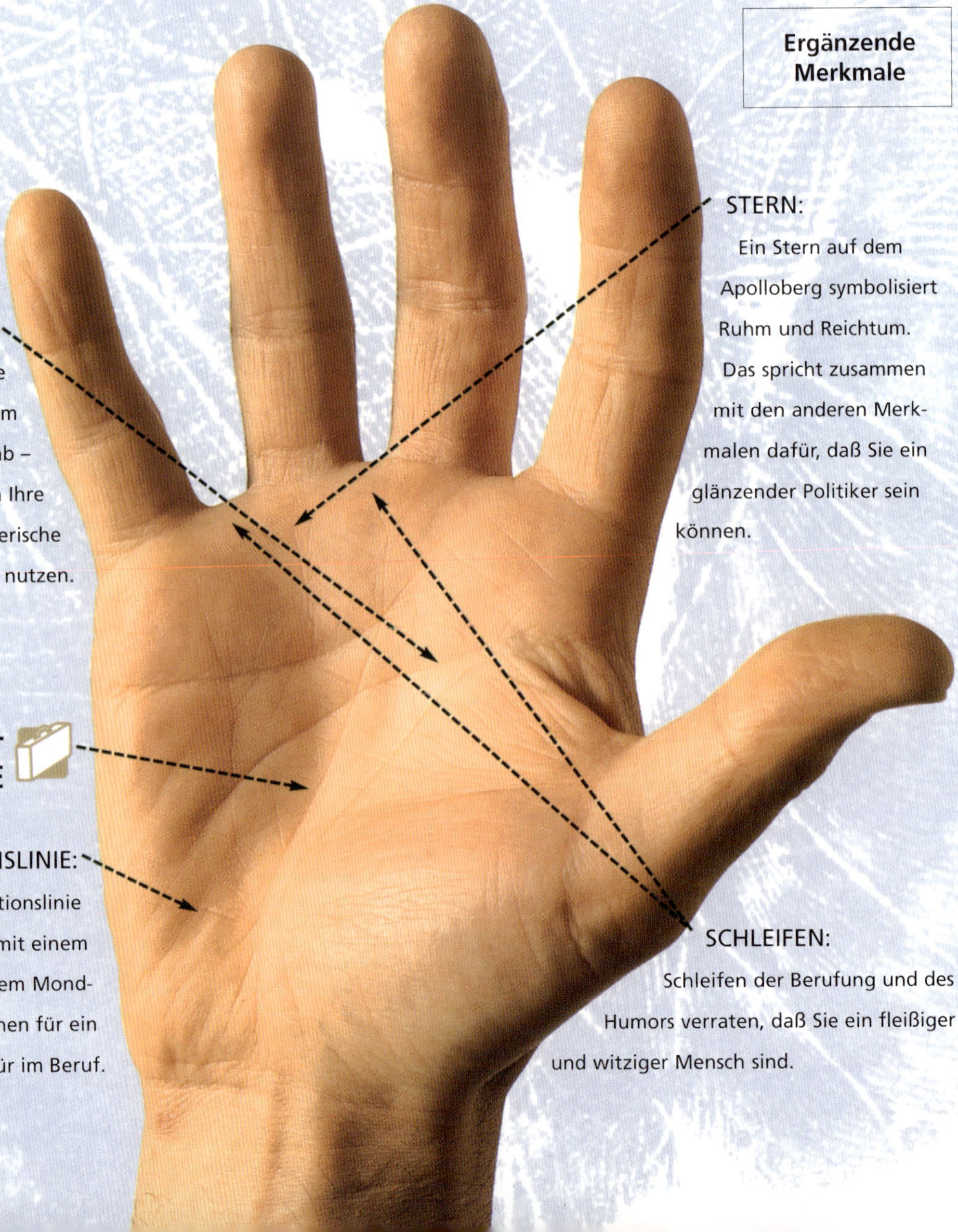

SCHICKSALSLINIE

• UNTERBROCHEN

6.7

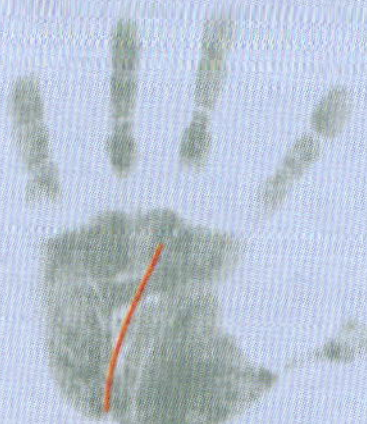

Sie wechseln häufig den Beruf oder den Arbeitgeber, meist aus Langeweile oder Enttäuschung. Der Gürtel der Venus verrät Nervosität und den Wunsch, die Richtung zu wechseln. Ein Ast von der Herzlinie zur Kopflinie drängt Sie wie eine Affenlinie, neue Herausforderungen zu suchen. Die Folge könnte sein, daß Sie ein Workaholic oder ein nervöses Wrack werden.

Ergänzende Merkmale

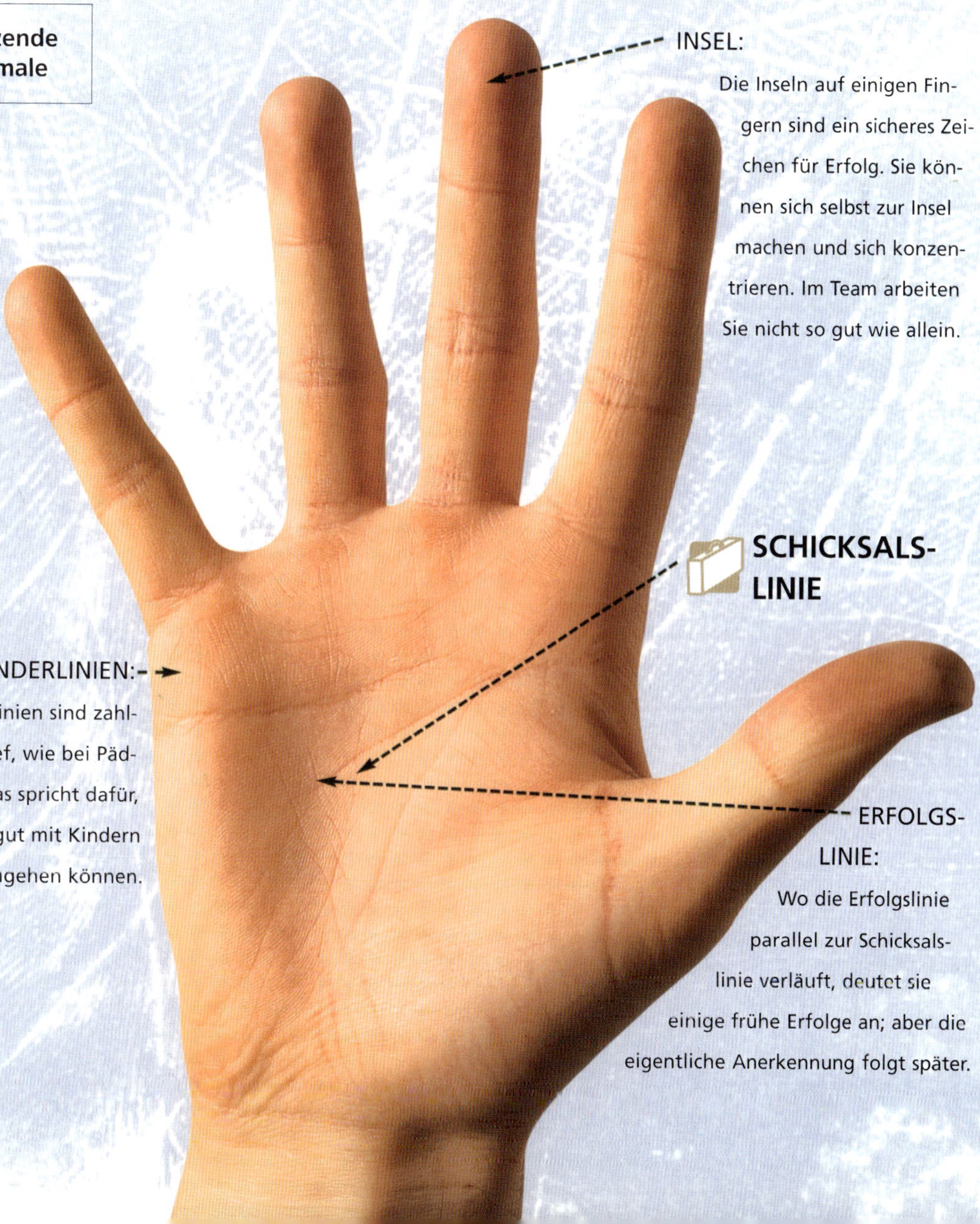

INSEL: Die Inseln auf einigen Fingern sind ein sicheres Zeichen für Erfolg. Sie können sich selbst zur Insel machen und sich konzentrieren. Im Team arbeiten Sie nicht so gut wie allein.

SCHICKSALSLINIE

KINDERLINIEN: Die Kinderlinien sind zahlreich und tief, wie bei Pädagogen. Das spricht dafür, daß Sie gut mit Kindern umgehen können.

ERFOLGSLINIE: Wo die Erfolgslinie parallel zur Schicksalslinie verläuft, deutet sie einige frühe Erfolge an; aber die eigentliche Anerkennung folgt später.

6.8

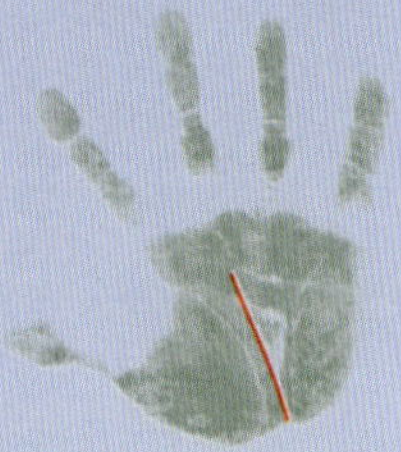

SCHICKSALSLINIE

• BEGINNT WEIT OBEN

Sie finden erst spät im Leben den richtigen Beruf oder fühlen sich erst spät in Ihrem Beruf sicher. Genau genommen sind zwei Schicksalslinien zu sehen. Die kürzere beginnt bei dreißig Jahren und endet etwa bei fünfzig. Sie läßt nicht auf einen Berufswechsel, sondern auf enttäuschten Ehrgeiz schließen. Die Hauptlinie – links von der kurzen Linie – ist etwas schwach und ändert ihre Richtung, während die kurze Linie aktiv ist. Später im Leben, wenn Sie erfolgreicher sind, bildet die Erfolgslinie eine Parallele zur Schicksalslinie.

Ergänzende Merkmale

TRAUMALINIEN:
Viele Traumalinien kreuzen die Lebenslinie bis Mitte dreißig; dann wird Ihr Leben angenehmer.

SCHICKSALS-LINIE

LEBENSLINIE:
Die doppelte Lebenslinie ist recht gut entwickelt und gleicht einer Linie, die bei Schauspielern häufig zu sehen ist. Sie symbolisiert das häusliche Leben und das Leben auf der Bühne oder Leinwand.

VIA LASCIVIA:
Die Via lascivia ist unten am Mondberg recht gut zu sehen. Die Hand selbst wirkt zerbrechlich und hat feine Streßlinien. Meiden Sie Substanzen, gegen die Sie überempfindlich sind.

SCHICKSALSLINIE

● BEGINNT AUF DEM MONDBERG

6.9

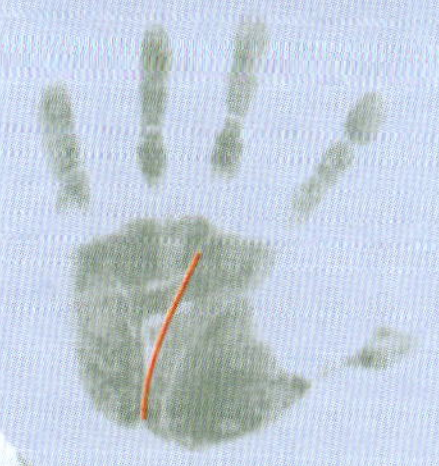

Sie eignen sich am besten für einen Beruf in der Politik oder im Rampenlicht. Wenn eine Hand so viele Streßlinien hat wie diese, ist es schwierig, die Hauptlinien zu deuten. Die Schicksalslinie ist aber sehr tief und klar und läuft vom Mondberg zum kleinen Finger. Das deutet auf beruflichen Stolz und Ehrgeiz hin.

Ergänzende Merkmale

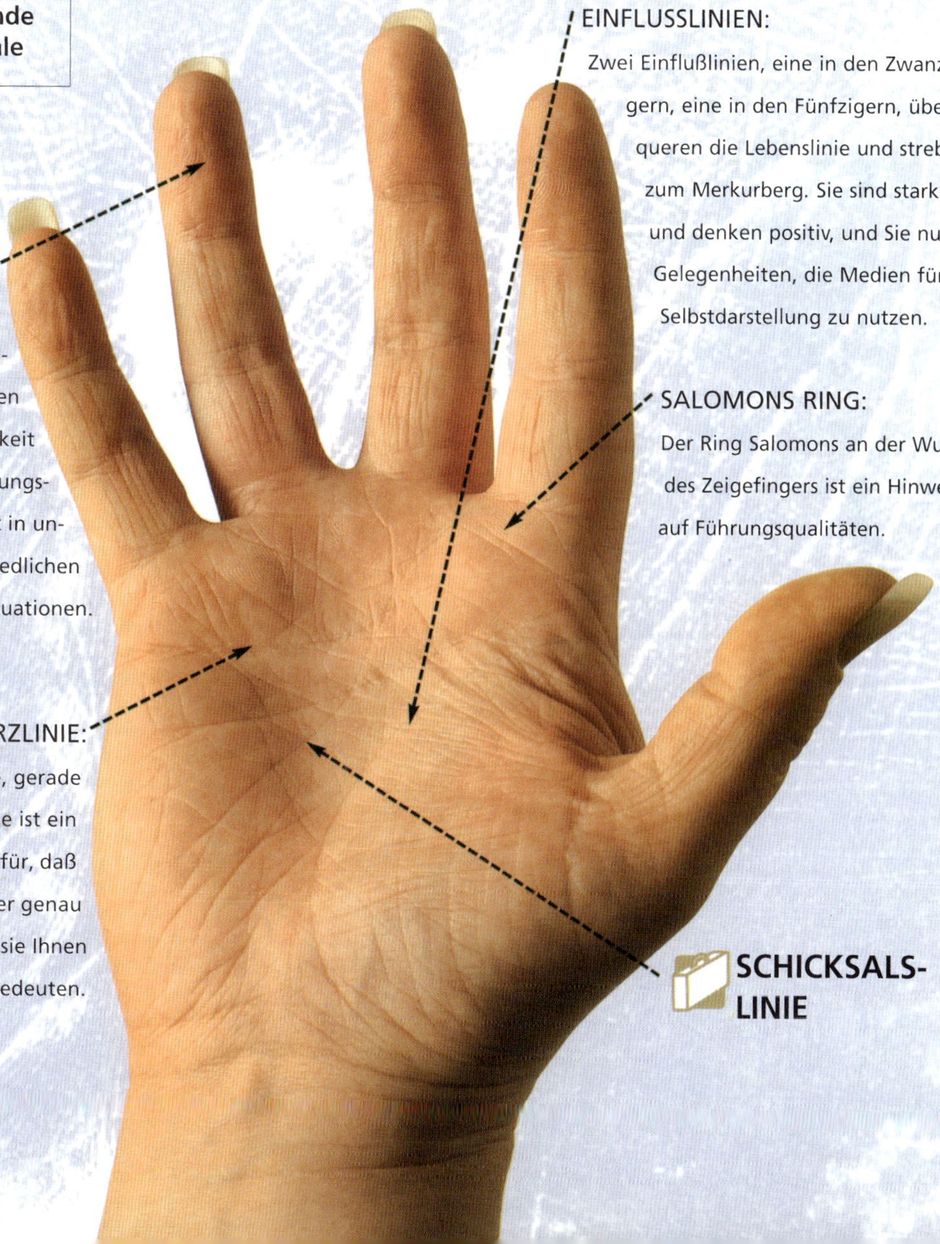

SCHLEIFEN: Die Schleifen an allen Fingern sprechen für Vielseitigkeit und Anpassungsfähigkeit in unterschiedlichen Situationen.

HERZLINIE: Die kurze, gerade Herzlinie ist ein Zeichen dafür, daß Ihre Partner genau wissen, was sie Ihnen bedeuten.

EINFLUSSLINIEN: Zwei Einflußlinien, eine in den Zwanzigern, eine in den Fünfzigern, überqueren die Lebenslinie und streben zum Merkurberg. Sie sind stark und denken positiv, und Sie nutzen Gelegenheiten, die Medien für Ihre Selbstdarstellung zu nutzen.

SALOMONS RING: Der Ring Salomons an der Wurzel des Zeigefingers ist ein Hinweis auf Führungsqualitäten.

SCHICKSALSLINIE

7.0

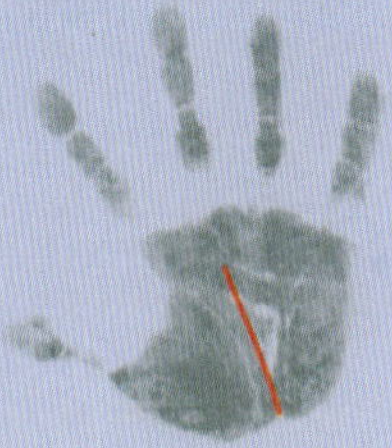

SCHICKSALSLINIE

• ENDE WEIT ENTFERNT VON DEN FINGERWURZELN

Die Schicksalslinie hört vor der Herzlinie auf. Das könnte einen unerwarteten Glücksfall bedeuten, etwa einen Lottogewinn. Andere Merkmale bestätigen die glückliche Wendung Ihres Lebens.

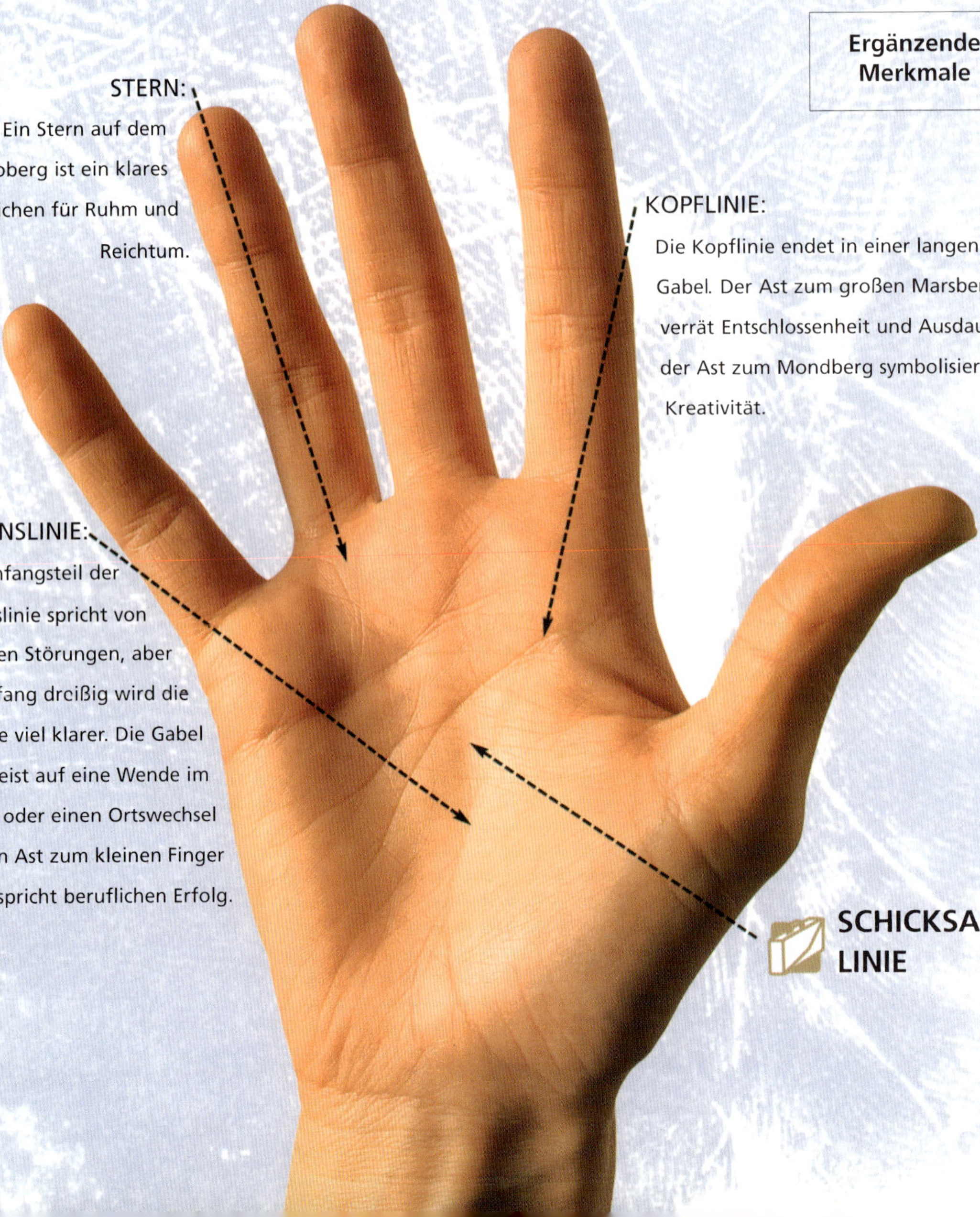

SCHICKSALSLINIE

- ENDE HOCH OBEN
- ENDE AN DEN FINGERWURZELN

7.1

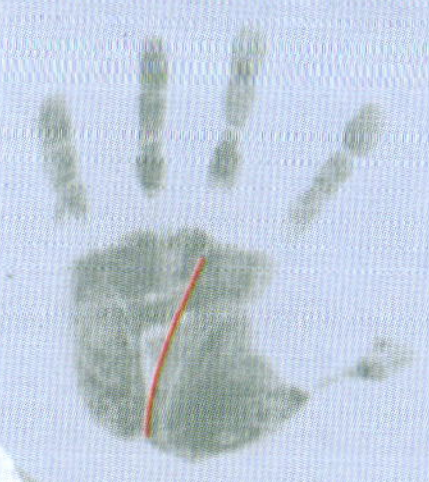

Sie arbeiten entweder über das Rentenalter hinaus – vielleicht ehrenamtlich – oder finden eine andere Beschäftigung. Eine Schicksalslinie, die früh beginnt und an den Wurzeln der Finger endet, ist immer ein Zeichen für viel Lebenskraft. Die klare, kräftige Schicksalslinie spricht dafür, daß Sie Freude an der Arbeit haben und sehr erfolgreich sind.

Ergänzende Merkmale

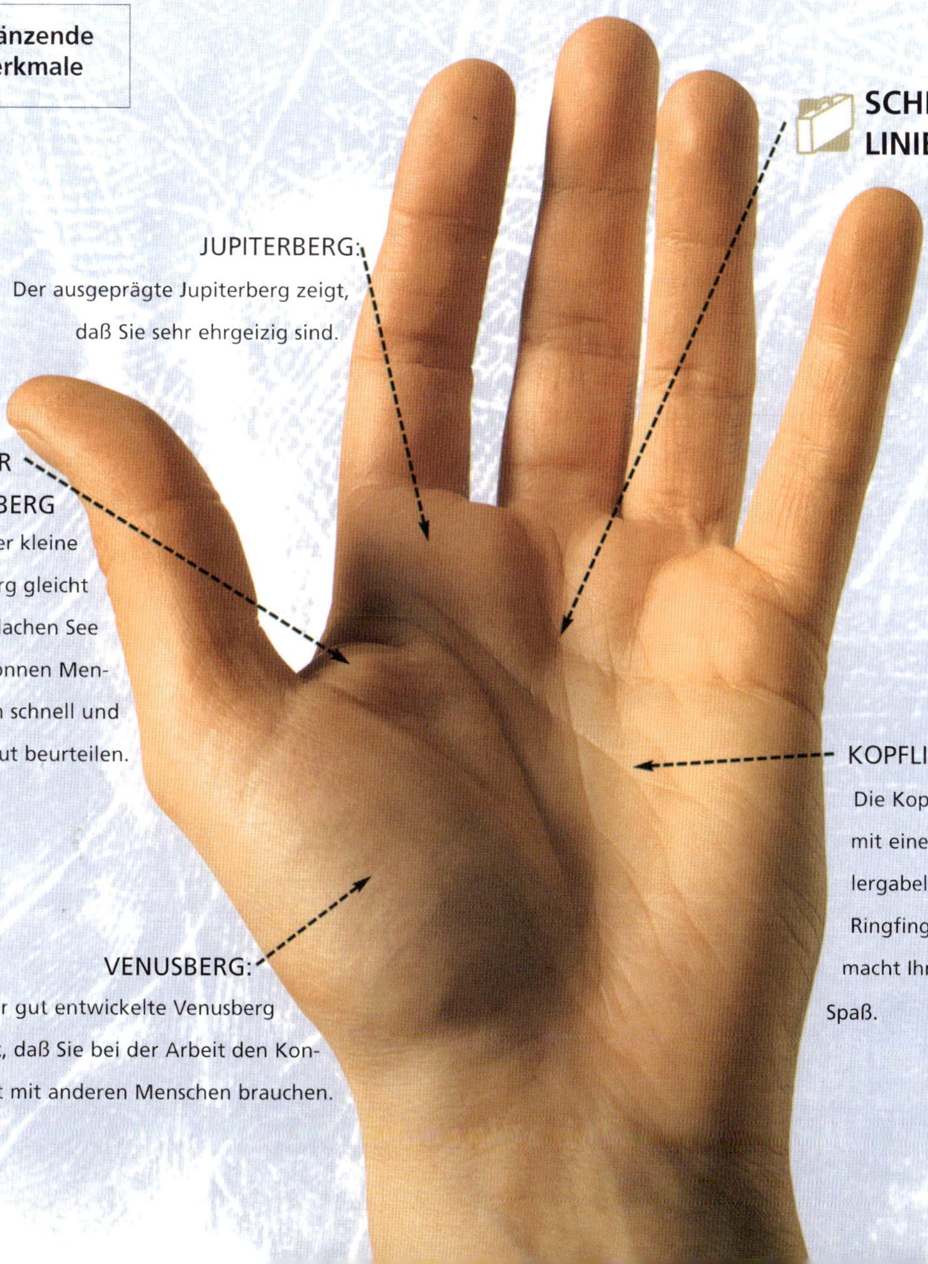

7.2

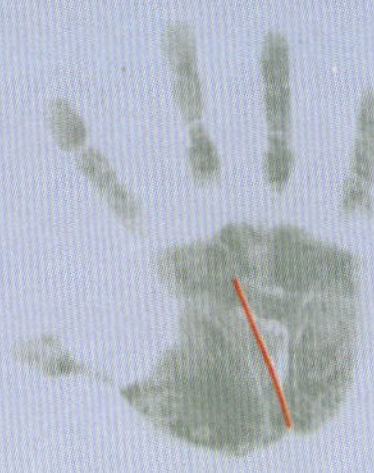

SCHICKSALSLINIE

• ENDE AM ZEIGEFINGER

Sie sind ehrgeizig, stolz und neigen zur Selbstdarstellung. Wahrscheinlich sind Sie sehr erfolgreich. Die doppelte Schicksalslinie zeigt, daß Sie an Ihrem Erfolg arbeiten; die Haupt-Berufslinie strebt schnurstracks zum Jupiterberg und endet dort. Ihr Erfolg ist garantiert, und Sie haben ihn verdient.

Ergänzende Merkmale

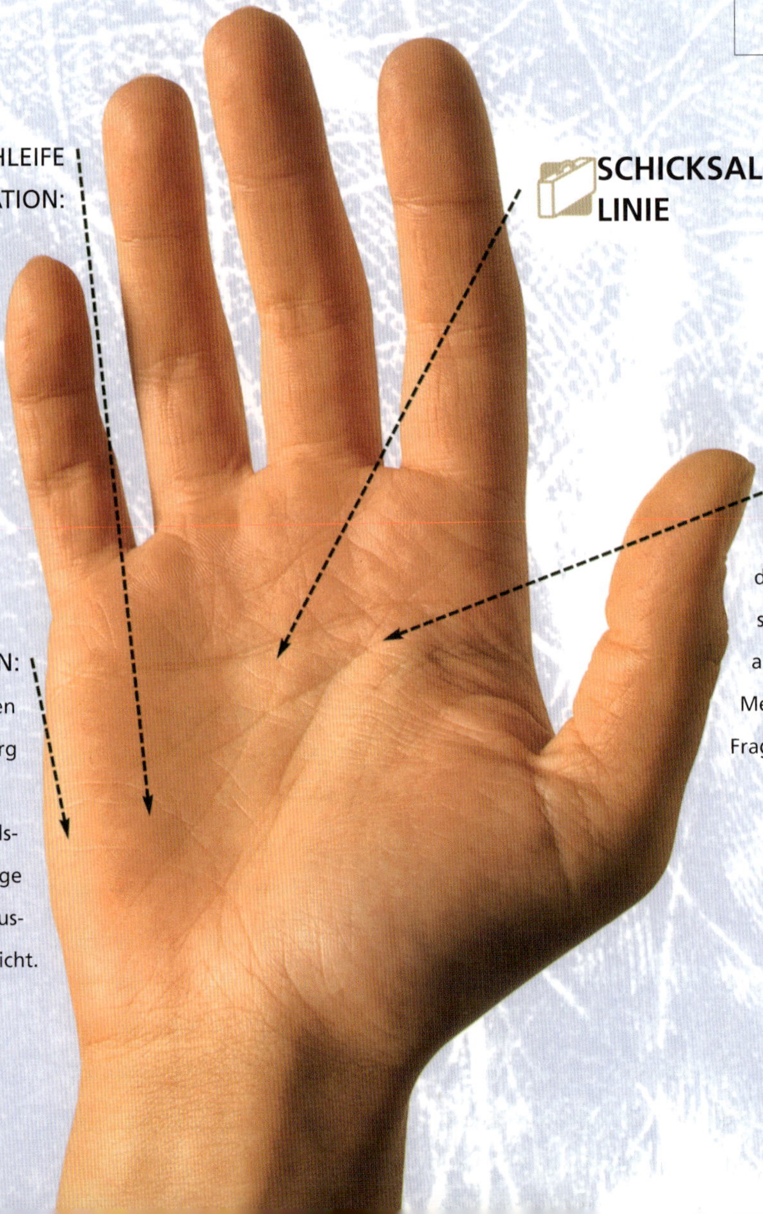

SCHICKSALSLINIE

• WIRD VON EINER LINIE GEKREUZT
• MIT AUFWÄRTS GERICHTETEM AST

7.3

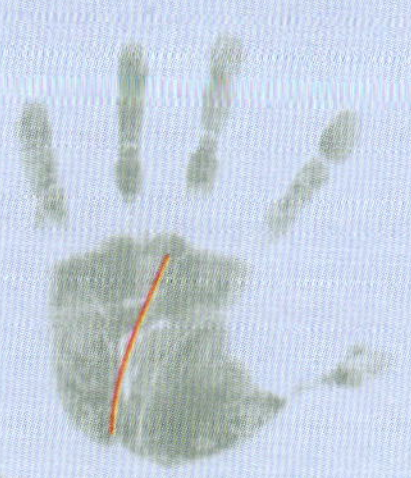

Der nach oben strebende Ast verspricht berufliche Erfolge. Sie haben in Ihren Dreißigern zwei Chancen; aber die erste kreuzt ungenutzt die Schicksalslinie. Dieser erste Ast, der zum Merkurberg führt, ist die Geschäftslinie, ein Zeichen für kaufmännisches Talent. Viele Börsenmakler haben diese Linie. Der Ast, der Karrierechancen eröffnet, ändert die Richtung der Schicksalslinie ein wenig.

Ergänzende Merkmale

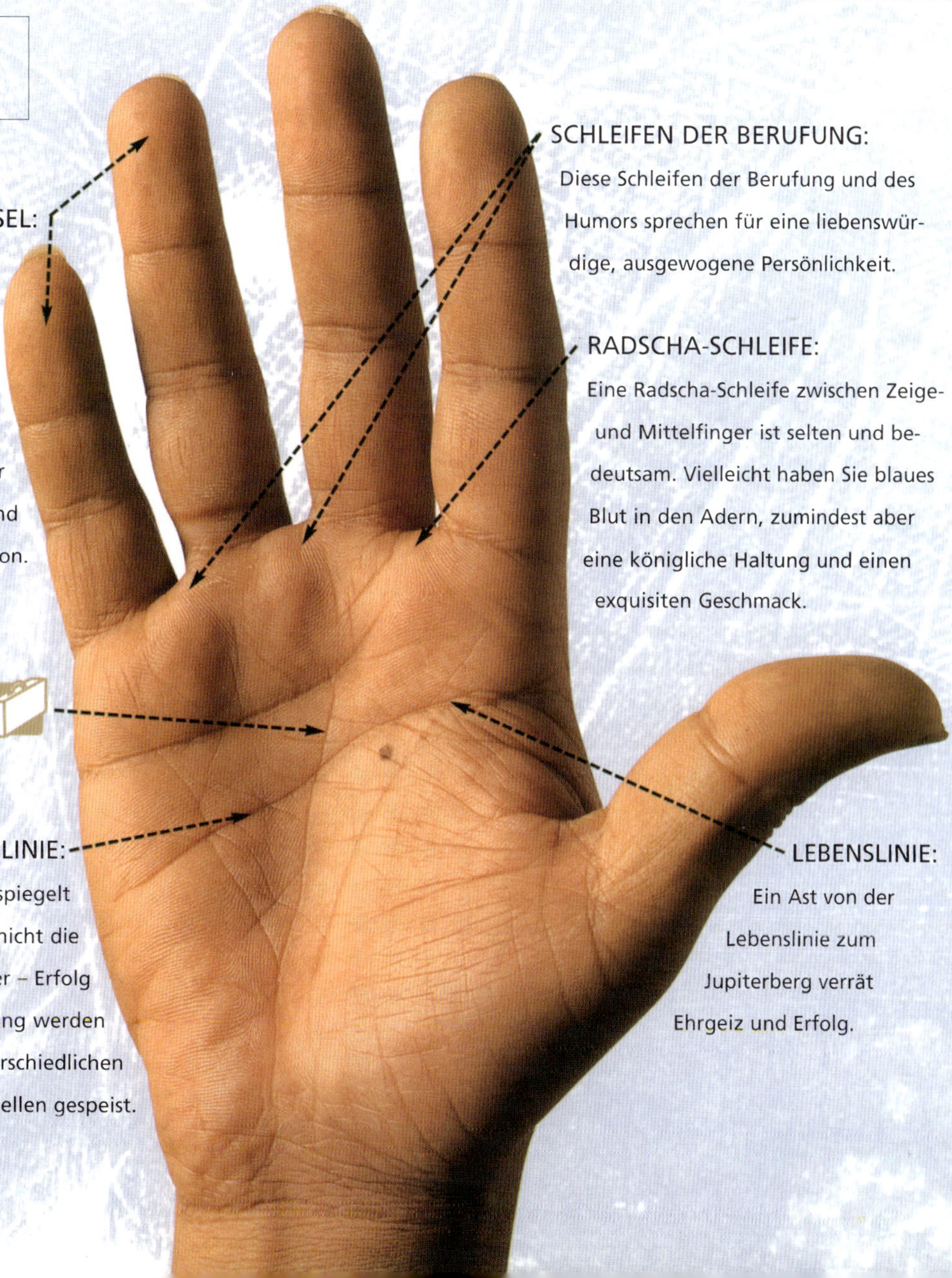

INSEL: Inseln am Ringfinger und am kleinen Finger symbolisieren große Erfolge in der Welt der Finanzen, der Unterhaltung und der Kommunikation.

SCHLEIFEN DER BERUFUNG: Diese Schleifen der Berufung und des Humors sprechen für eine liebenswürdige, ausgewogene Persönlichkeit.

RADSCHA-SCHLEIFE: Eine Radscha-Schleife zwischen Zeige- und Mittelfinger ist selten und bedeutsam. Vielleicht haben Sie blaues Blut in den Adern, zumindest aber eine königliche Haltung und einen exquisiten Geschmack.

SCHICKSALSLINIE

ERFOLGSLINIE: Die Erfolgslinie spiegelt seltsamerweise nicht die Schicksalslinie wider – Erfolg und Anerkennung werden also aus zwei unterschiedlichen Quellen gespeist.

LEBENSLINIE: Ein Ast von der Lebenslinie zum Jupiterberg verrät Ehrgeiz und Erfolg.

7.4

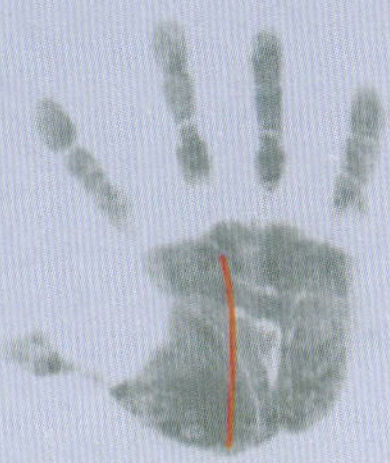

SCHICKSALSLINIE

• BEGINNT AUF DEM VENUSBERG

Ihr Beruf hängt wahrscheinlich mit Ihrer Familie zusammen. Die Schicksalslinie beginnt nicht nur auf dem Venusberg, sondern auch an anderen Stellen. Alle Äste vereinigen sich mit Ende zwanzig oder Anfang dreißig. Das ist an sich ein Zeichen für verschiedene Studien, die dem Beruf dienen; aber diese Hand ist komplexer. Wahrscheinlich deutet es an, daß Sie viele Fähigkeiten haben und in mehreren Berufen erfolgreich sein können.

Ergänzende Merkmale

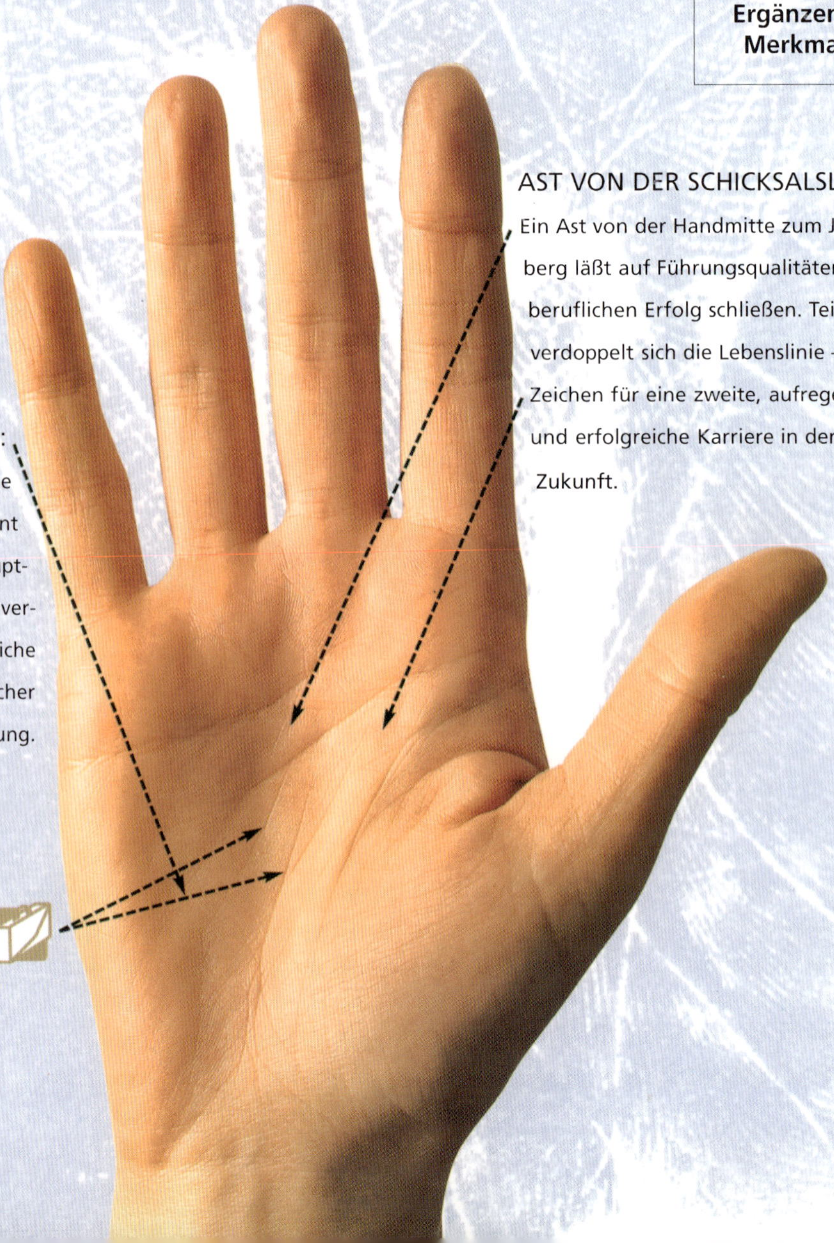

AST VON DER SCHICKSALSLINIE:

Ein Ast von der Handmitte zum Jupiterberg läßt auf Führungsqualitäten und beruflichen Erfolg schließen. Teilweise verdoppelt sich die Lebenslinie – ein Zeichen für eine zweite, aufregende und erfolgreiche Karriere in der Zukunft.

ERFOLGSLINIE:

Die Erfolgslinie, die am Mondberg beginnt und parallel zur Hauptschicksalslinie läuft, verspricht eine erfolgreiche Karriere mit öffentlicher Anerkennung.

SCHICKSALSLINIE

SCHICKSALSLINIE

● VERÄSTELTES ENDE

7.5

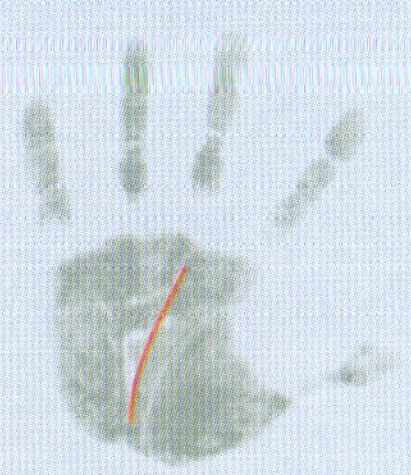

Mehrere Schicksalslinien symbolisieren mehrere Berufe zur gleichen Zeit. Gleich nachdem die Schicksalslinie die Kopflinie gekreuzt hat, verästelt sie sich. Wahrscheinlich machen Sie sich für eine Zeit selbständig, oder Sie übernehmen mehrere Rollen in Ihrer Firma. Die Stärke der Linien deuten dabei auf Erfolg hin, bestätigt durch die Fortsetzung der Hauptlinie und die Erfolgslinien.

Ergänzende Merkmale

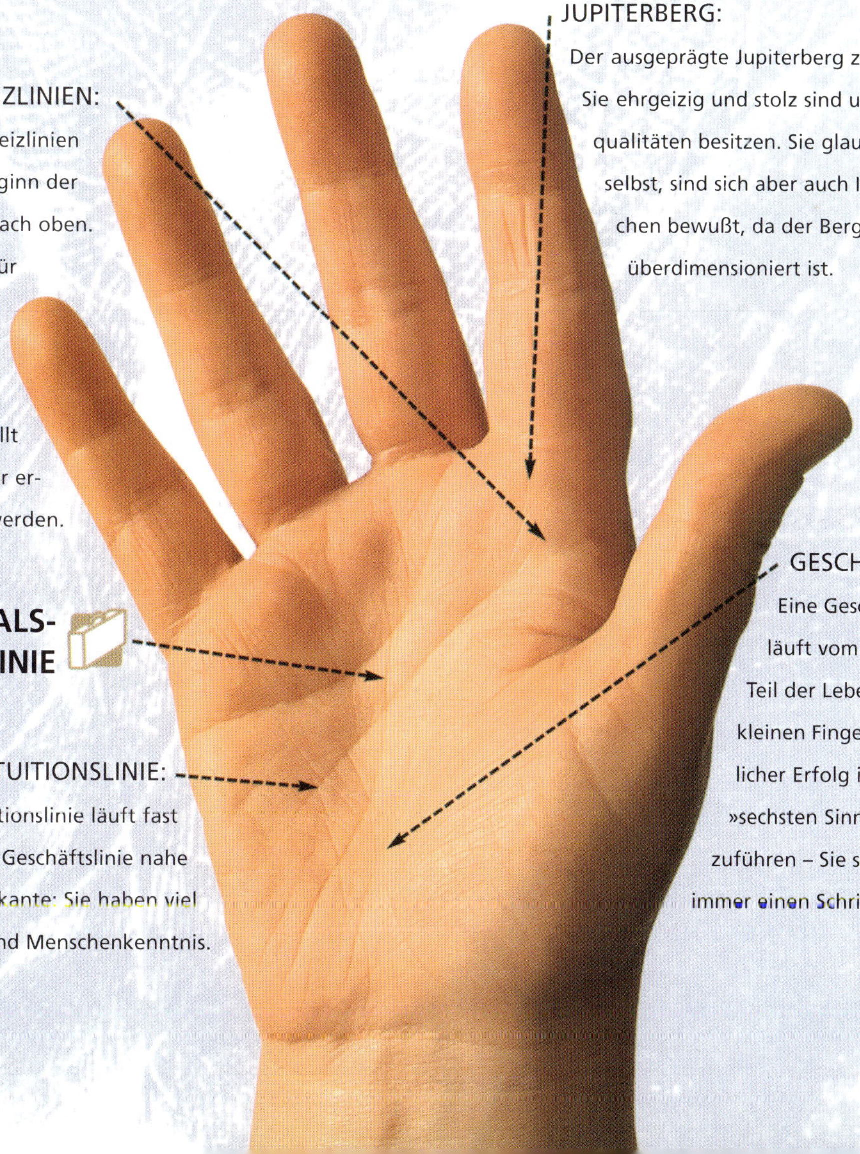

EHRGEIZLINIEN: Zwei Ehrgeizlinien streben am Beginn der Lebenslinie nach oben. Sie stehen für lebenslange akademische Ambitionen, die sich erfüllt haben oder erfüllen werden.

JUPITERBERG: Der ausgeprägte Jupiterberg zeigt, daß Sie ehrgeizig und stolz sind und Führungsqualitäten besitzen. Sie glauben an sich selbst, sind sich aber auch Ihrer Schwächen bewußt, da der Berg nicht überdimensioniert ist.

SCHICKSALSLINIE

INTUITIONSLINIE: Die Intuitionslinie läuft fast parallel zur Geschäftslinie nahe der Handkante: Sie haben viel Phantasie und Menschenkenntnis.

GESCHÄFTSLINIE: Eine Geschäftslinie läuft vom unteren Teil der Lebenslinie zum kleinen Finger. Ihr beruflicher Erfolg ist auf Ihren »sechsten Sinn« zurückzuführen – Sie sind anderen immer einen Schritt voraus.

7.6

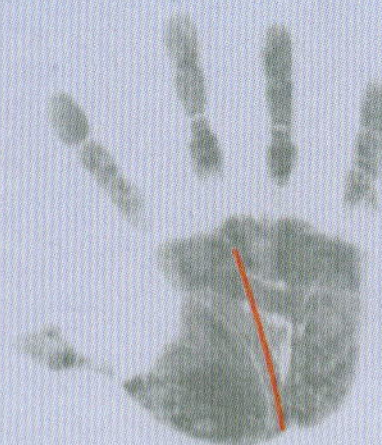

SCHICKSALSLINIE

• TEILWEISE DOPPELT

Entweder üben Sie zwei Berufe gleichzeitig aus, oder Sie studieren nebenher. Mit Anfang fünfzig wächst Ihr Interesse an schöpferischen Tätigkeiten, aber diese Tendenz hört mit sechzig auf. Ihr ursprünglicher Beruf, der mit Menschen zu tun hat, bringt Ihnen die größten Erfolge. Diesen Teil der Schicksalslinie spiegelt die Erfolgslinie wider.

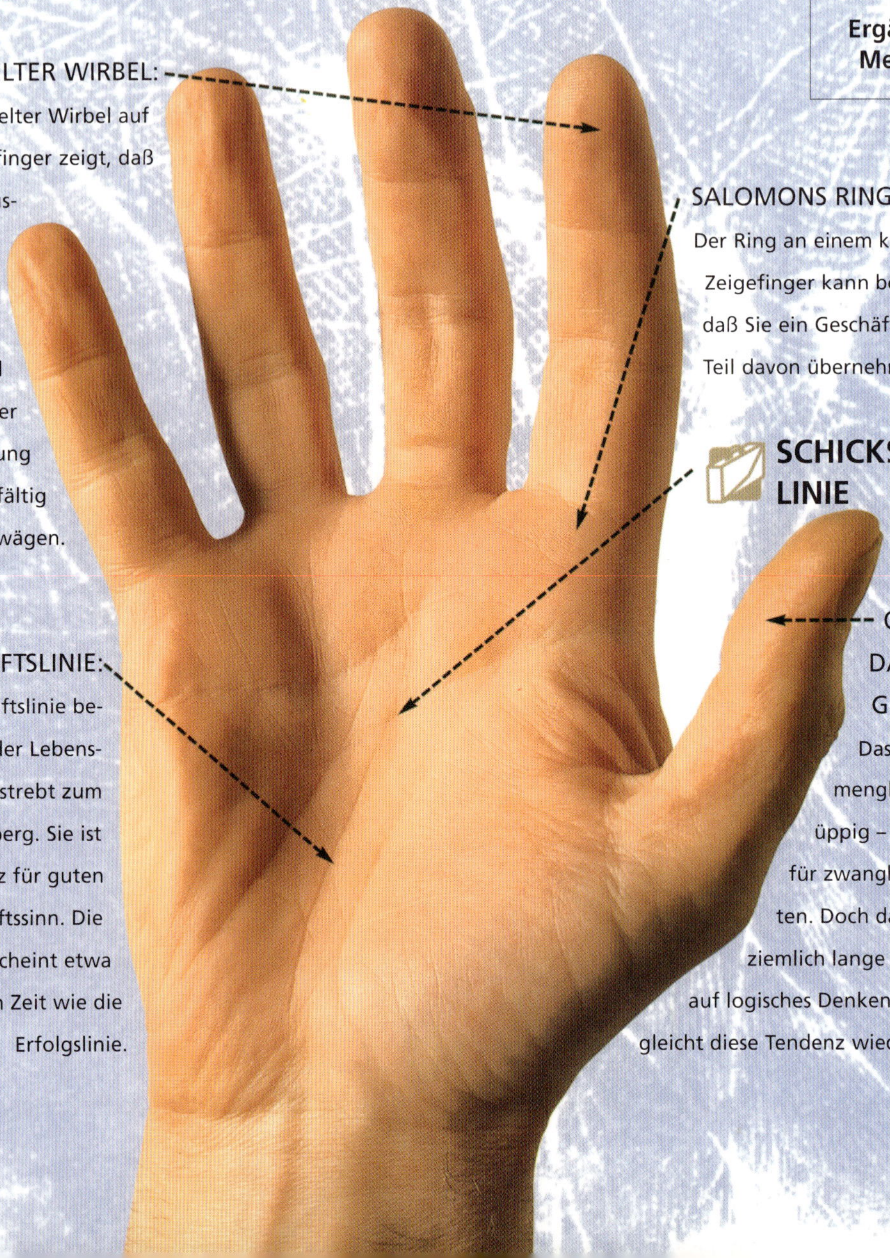

Ergänzende Merkmale

DOPPELTER WIRBEL: Ein doppelter Wirbel auf dem Zeigefinger zeigt, daß Sie nach Ausgewogenheit streben und das Für und Wider jeder Entscheidung sorgfältig abwägen.

SALOMONS RING: Der Ring an einem kräftigen Zeigefinger kann bedeuten, daß Sie ein Geschäft oder einen Teil davon übernehmen.

SCHICKSALSLINIE

GESCHÄFTSLINIE: Die Geschäftslinie beginnt auf der Lebenslinie und strebt zum Merkurberg. Sie ist ein Indiz für guten Geschäftssinn. Die Linie erscheint etwa zur selben Zeit wie die Erfolgslinie.

OBERES DAUMENGLIED Das obere Daumenglied ist recht üppig – ein Zeichen für zwanghaftes Verhalten. Doch das untere, ziemlich lange Glied, das auf logisches Denken hinweist, gleicht diese Tendenz wieder aus.

SCHICKSALSLINIE

• TEILWEISE DOPPELT

7.7

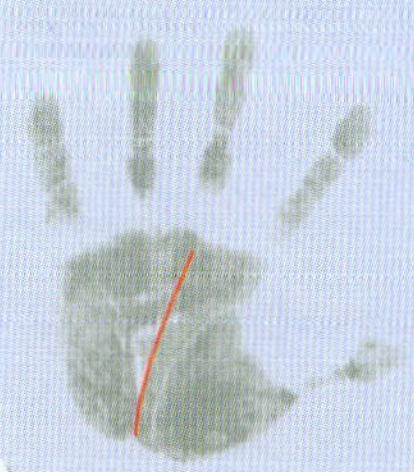

Entweder üben Sie zwei Berufe gleichzeitig aus, oder Sie studieren nebenher. Die Hauptlinie beginnt fast am Handgelenk im Bereich des Neptunberges, ein Indiz dafür, daß Sie gerne mit Menschen arbeiten. Die zweite Linie (links) fängt auf dem Mondberg an und enthüllt Ihre Sehnsucht nach öffentlicher Anerkennung. Obwohl die Schicksalslinien verschiedene Winkel haben und einander erst unterstützen, wenn Sie in den Vierzigern sind, profitieren Sie von den unterschiedlichen Erfahrungen.

Ergänzende Merkmale

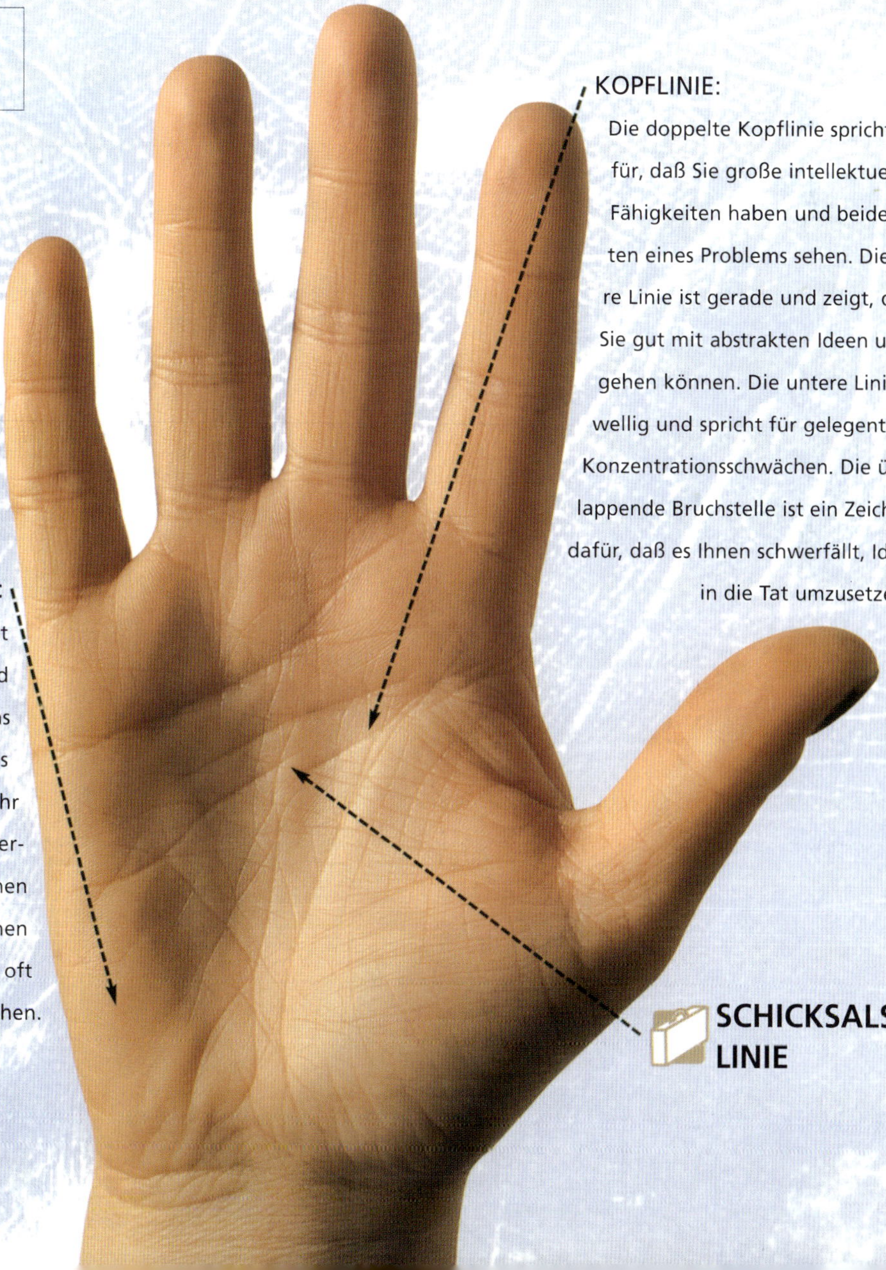

KOPFLINIE:

Die doppelte Kopflinie spricht dafür, daß Sie große intellektuelle Fähigkeiten haben und beide Seiten eines Problems sehen. Die obere Linie ist gerade und zeigt, daß Sie gut mit abstrakten Ideen umgehen können. Die untere Linie ist wellig und spricht für gelegentliche Konzentrationsschwächen. Die überlappende Bruchstelle ist ein Zeichen dafür, daß es Ihnen schwerfällt, Ideen in die Tat umzusetzen.

MONDBERG:

Der Mondberg ist gut entwickelt und reicht fast über das Handgelenk hinaus – ein Hinweis auf Ihr Interesse am Übernatürlichen. Menschen mit übernatürlichen Fähigkeiten haben oft dieses Zeichen.

SCHICKSALSLINIE

7.8

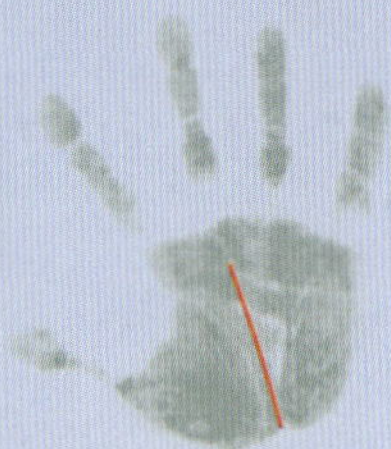

SCHICKSALSLINIE

- BEGINNT AUF DER LEBENSLINIE
- PASSIVE HAND

Die Schicksalslinie beginnt auf der Lebenslinie und läuft zum Mittelfinger. Das spricht für einen Beruf, der etwas mit der Familie zu tun hat. Die Linie teilt sich in Ihren Fünfzigern in viele Äste, ein Indiz für Selbständigkeit. Da Sie Rechtshänder sind, sind diese Zeichen auf der linken, passiven Hand eine »Reiseroute«; es kann sein, daß Sie von Ihrem derzeitigen Weg abweichen. Wenn sie auf der rechten Hand erscheinen, folgen Sie Ihrem festgelegten Plan.

Ergänzende Merkmale

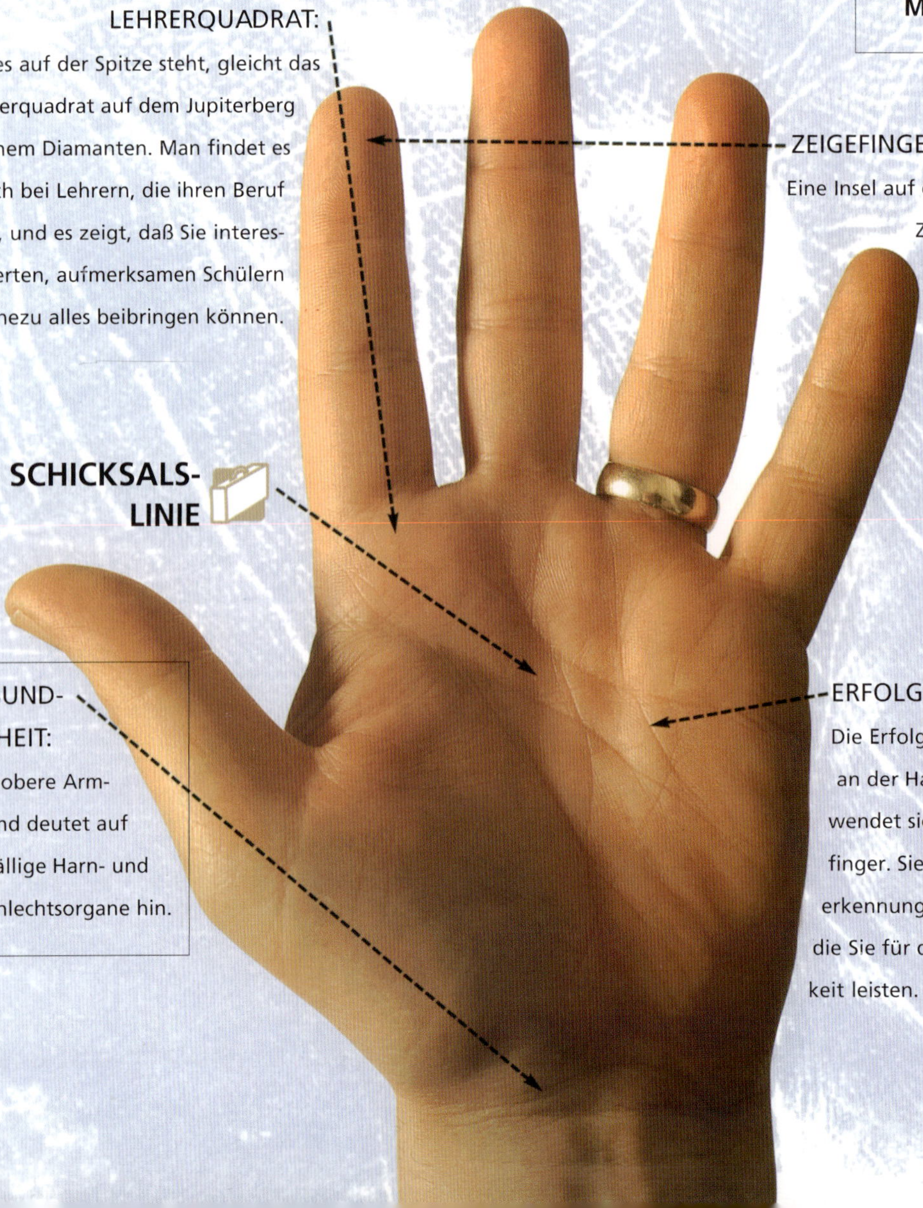

LEHRERQUADRAT:
Da es auf der Spitze steht, gleicht das Lehrerquadrat auf dem Jupiterberg einem Diamanten. Man findet es auch bei Lehrern, die ihren Beruf lieben, und es zeigt, daß Sie interessierten, aufmerksamen Schülern nahezu alles beibringen können.

ZEIGEFINGERSPITZE:
Eine Insel auf der Spitze des Zeigefingers spricht für Zielstrebigkeit und Erfolg.

SCHICKSALS-LINIE

GESUNDHEIT:
Das obere Armband deutet auf anfällige Harn- und Geschlechtsorgane hin.

ERFOLGSLINIE:
Die Erfolgslinie beginnt an der Handkante und wendet sich zum Ringfinger. Sie verspricht Anerkennung für die Arbeit, die Sie für die Öffentlichkeit leisten.

SCHICKSALSLINIE

- DOMINANTE HAND
- ANDERS ALS PASSIVE HAND

7.9

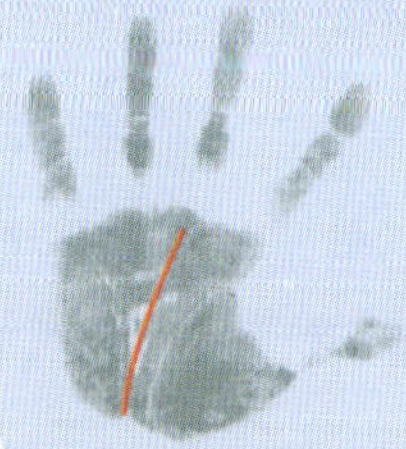

Es gibt große Unterschiede zwischen der dominanten Hand und der passiven, deren Schicksalslinie auf der Lebenslinie anfängt und in mehreren Ästen endet. Hier ist die Linie schwächer, und eine zweite Linie vom Mondberg versucht, sich mit ihr zu vereinigen. Offenbar wollen Sie nicht im Familienbetrieb oder dem traditionellen Beruf Ihrer Familie arbeiten und werden daher nicht unterstützt. Jede Charaktereigenschaft und jede Fähigkeit, die sich auch in der passiven Hand findet, ist stark ausgeprägt.

Ergänzende Merkmale

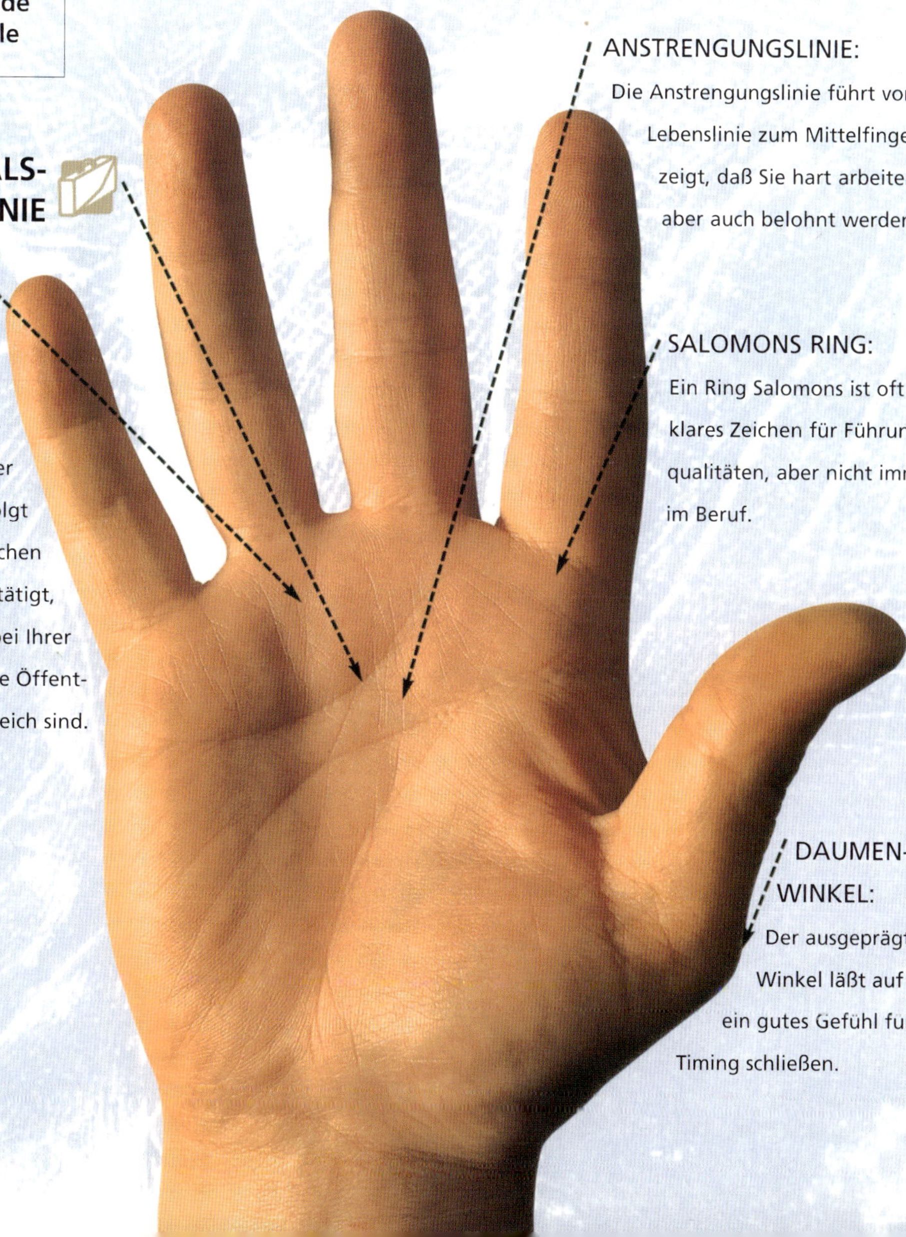

SCHICKSALS-LINIE

ERFOLGS-LINIE: Die Erfolgslinie ist schwächer als auf der linken Hand, folgt aber dem gleichen Weg und bestätigt, daß Sie bei Ihrer Arbeit für die Öffentlichkeit erfolgreich sind.

ANSTRENGUNGSLINIE: Die Anstrengungslinie führt von der Lebenslinie zum Mittelfinger und zeigt, daß Sie hart arbeiten, dafür aber auch belohnt werden.

SALOMONS RING: Ein Ring Salomons ist oft ein klares Zeichen für Führungsqualitäten, aber nicht immer im Beruf.

DAUMEN-WINKEL: Der ausgeprägte Winkel läßt auf ein gutes Gefühl für Timing schließen.

WARTEN RUHM UND REICHTUM AUF SIE?

ERFOLGSLINIE

Die Erfolgs- oder Sonnenlinie ist meist kurz. Dennoch ist sie wichtig, wenn sie die Schicksalslinie an einem beruflichen Wendepunkt »kopiert«. In diesem Fall ist der Erfolg nahezu gewiß. In diesem Kapitel werden zahlreiche Handflächen mit unterschiedlichen Erfolgslinien beschrieben.

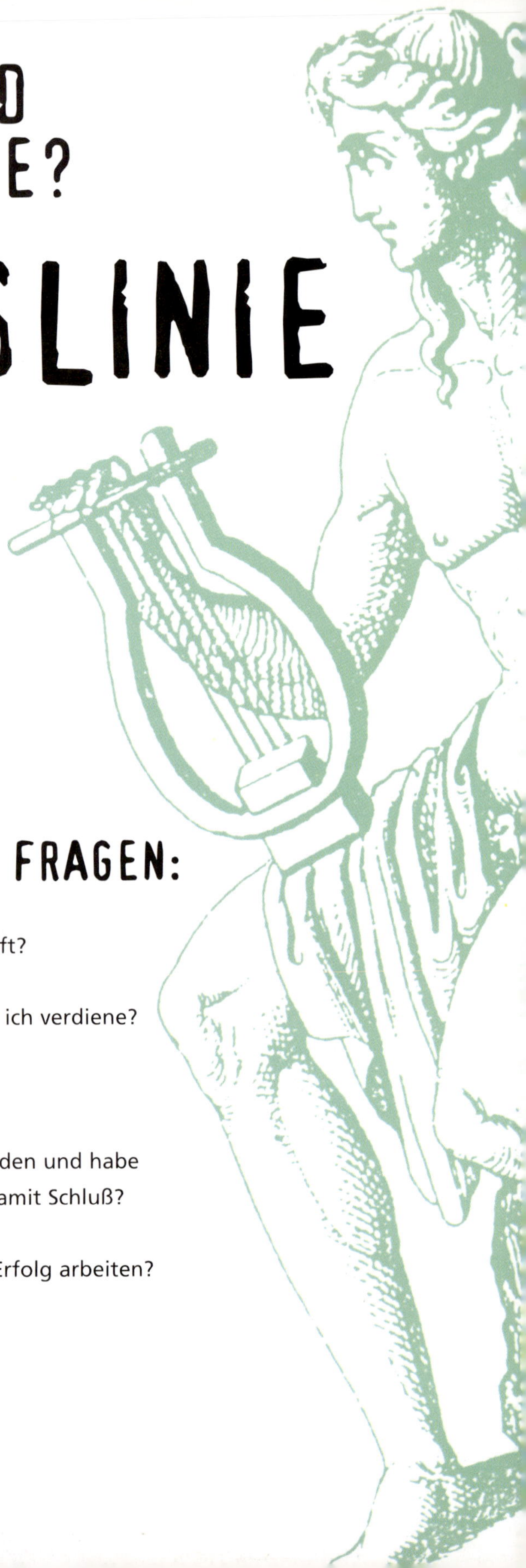

FÜNF HÄUFIG GESTELLTE FRAGEN:

→ Habe ich Erfolg mit meinem neuen Geschäft?

→ Wird mir bald die Anerkennung zuteil, die ich verdiene?

→ Werde ich im Lotto gewinnen?

→ Ich bin schon mehrere Male befördert worden und habe Gehaltserhöhungen bekommen. Ist jetzt damit Schluß?

→ Muß ich auch in Zukunft hart für meinen Erfolg arbeiten?

WELCHE RICHTUNG?

Die Erfolgslinie befindet sich zwischen der Schicksalslinie und der Handkante und läuft in die gleiche Richtung wie die Schicksalslinie. Beginnen Sie in der Mitte der Handfläche knapp oberhalb des Gelenks, und deuten Sie die Erfolgslinie nach ihrem Weg zum Ringfinger. Auf der rechten Hand befindet sich die Erfolgslinie links von der Schicksalslinie, auf der linken Hand meist rechts davon.

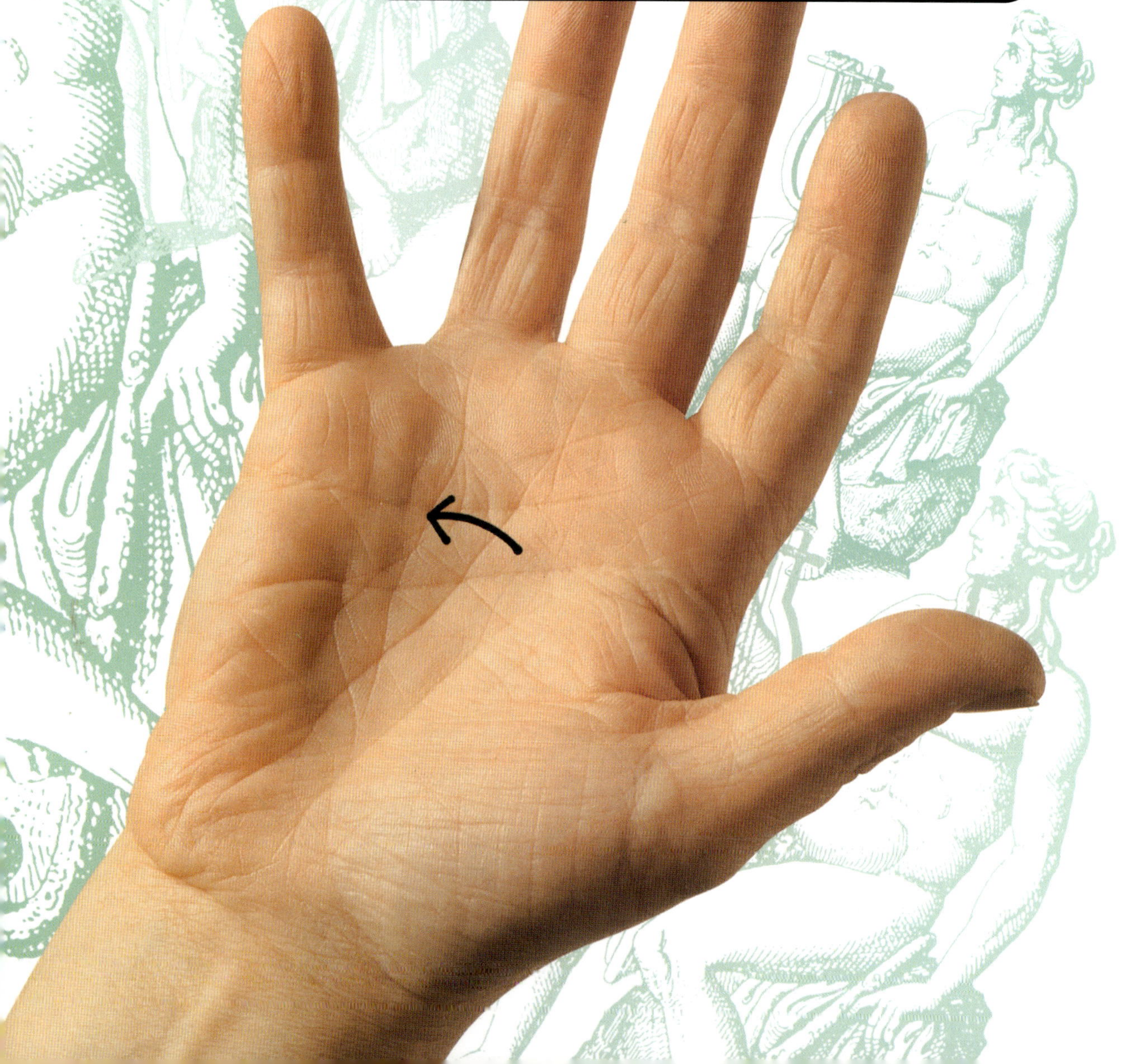

8.0

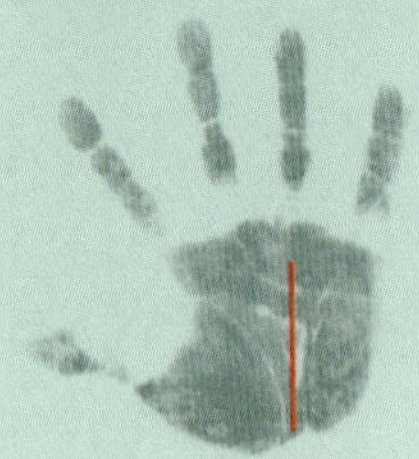

ERFOLGSLINIE

- KURZ
- BEGINN AUF DER OBEREN HANDHÄLFTE

Ein langgehegter Wunsch wird Ihnen recht spät im Leben erfüllt. Die Erfolgslinie beginnt zwar erst in Ihren Fünfzigern, aber ihre Klarheit läßt auf großen Erfolg schließen: Beförderung, Ansehen oder Preise.

Ergänzende Merkmale

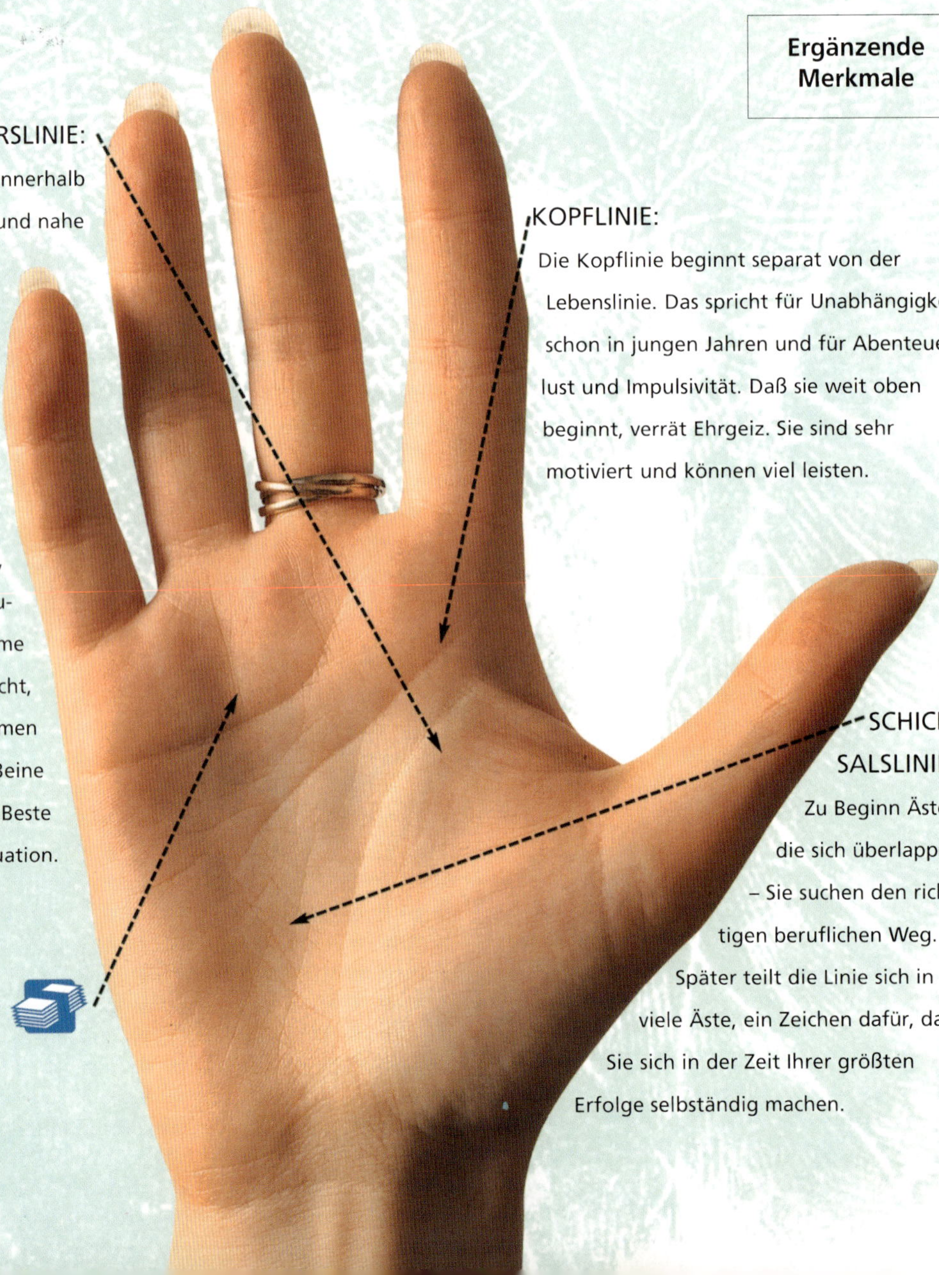

MARSLINIE: Die Marslinie innerhalb der Lebenslinie und nahe dem Daumen ist ein »Schutzengel«. Sie fällt mit einer Phase des Berufswechsels zusammen und erscheint genau dann, wenn Sie sie brauchen. Ihre Probleme verschwinden nicht, aber Sie kommen wieder auf die Beine und machen das Beste aus der Situation.

KOPFLINIE: Die Kopflinie beginnt separat von der Lebenslinie. Das spricht für Unabhängigkeit schon in jungen Jahren und für Abenteuerlust und Impulsivität. Daß sie weit oben beginnt, verrät Ehrgeiz. Sie sind sehr motiviert und können viel leisten.

SCHICKSALSLINIE: Zu Beginn Äste, die sich überlappen – Sie suchen den richtigen beruflichen Weg. Später teilt die Linie sich in viele Äste, ein Zeichen dafür, daß Sie sich in der Zeit Ihrer größten Erfolge selbständig machen.

ERFOLGSLINIE

ERFOLGSLINIE

• SCHWACH AUSGEPRÄGT

8.1

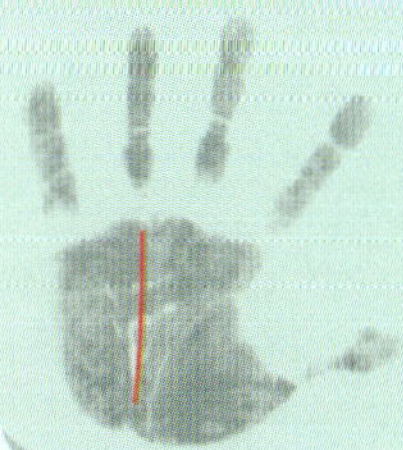

Sie werden entweder nicht gebührend anerkannt, oder es kommt Ihnen so vor. Die Erfolgslinie sieht lückenhaft aus. Einige Erfolge haben Sie in Ihren Zwanzigern und Dreißigern; aber am klarsten wird die Linie später im Leben. Die gut entwickelten Berge deuten auf Lebensfreude hin.

Ergänzende Merkmale

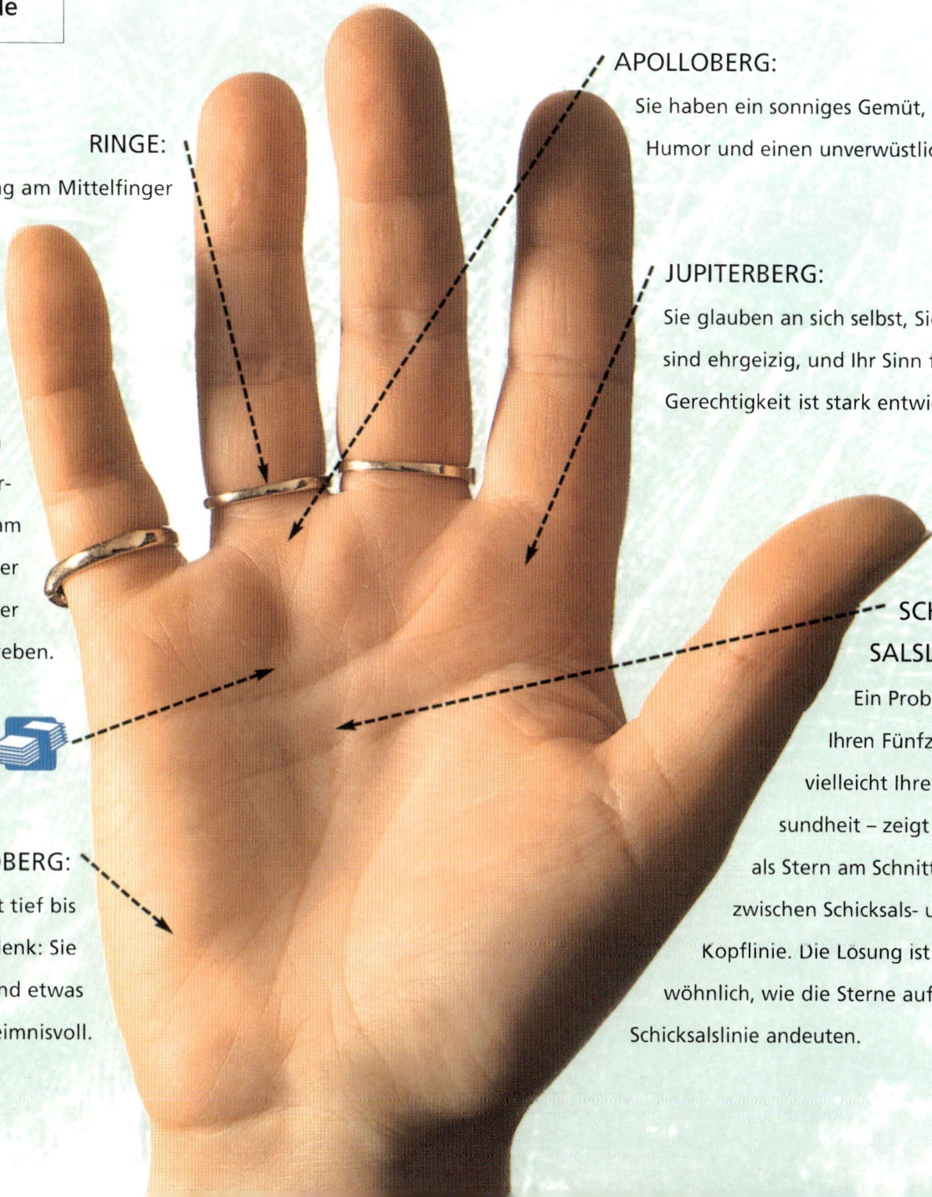

RINGE:
Ein Ring am Mittelfinger verrät Sehnsucht nach Sicherheit. Am Ringfinger spricht er für Treue in der Partnerschaft, und am kleinen Finger enthüllt er Machtstreben.

APOLLOBERG:
Sie haben ein sonniges Gemüt, viel Humor und einen unverwüstlichen

JUPITERBERG:
Sie glauben an sich selbst, Sie sind ehrgeizig, und Ihr Sinn für Gerechtigkeit ist stark entwickelt.

ERFOLGSLINIE

SCHICKSALSLINIE
Ein Problem in Ihren Fünfzigern – vielleicht Ihre Gesundheit – zeigt sich als Stern am Schnittpunkt zwischen Schicksals- und Kopflinie. Die Lösung ist ungewöhnlich, wie die Sterne auf der Schicksalslinie andeuten.

MONDBERG:
Der Berg reicht tief bis zum Handgelenk: Sie sind kreativ und etwas geheimnisvoll.

8.2

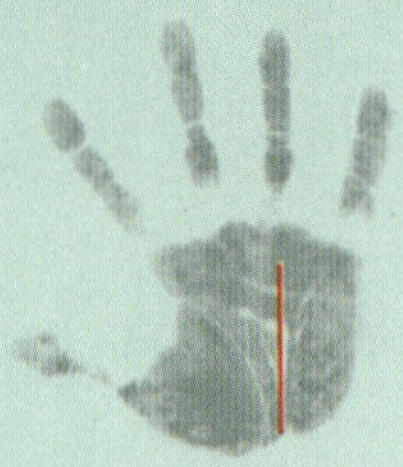

ERFOLGSLINIE

• BEGINNT ALS STERN

Der Erfolg scheint Ihnen sicher. Dieses Zeichen ist oft auf den Händen von reichen Leuten zu sehen. Die Erfolgslinie beginnt mit einem Stern auf dem Mondberg, und ein weiterer Stern erscheint am Anfang des zweiten Teils der Linie.

Ergänzende Merkmale

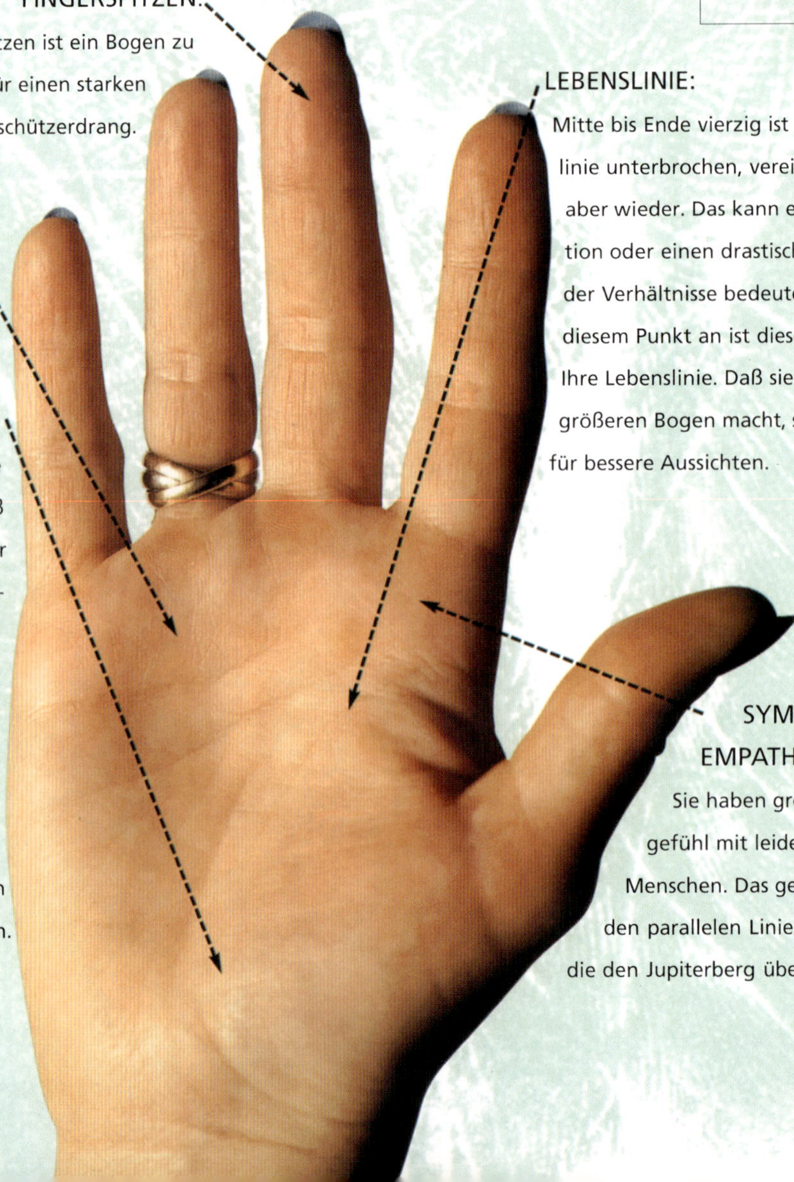

FINGERSPITZEN:
Auf allen Fingerspitzen ist ein Bogen zu sehen, ein Zeichen für einen starken Beschützerdrang.

ERFOLGS-LINIE

NEPTUNBERG:
Der ausgeprägte Neptunberg zeigt, daß Sie ein gutes Gespür für die Gefühle anderer haben. Sie sind aufmerksam, schnell von Begriff und charismatisch. Diese Persönlichkeitszüge sind oft bei Entertainern und guten Rednern zu finden.

LEBENSLINIE:
Mitte bis Ende vierzig ist die Lebenslinie unterbrochen, vereinigt sich aber wieder. Das kann eine Emigration oder einen drastischen Wandel der Verhältnisse bedeuten. Von diesem Punkt an ist diese Linie Ihre Lebenslinie. Daß sie nun einen größeren Bogen macht, spricht für bessere Aussichten.

SYMPATHIE-/ EMPATHIELINIEN:
Sie haben großes Mitgefühl mit leidenden Menschen. Das geht aus den parallelen Linien hervor, die den Jupiterberg überqueren.

ERFOLGSLINIE

- BESTEHT AUS DREI LINIEN
- STEIGT VON DER HERZLINIE NACH OBEN

Sie haben ein sicheres Einkommen, müssen aber dafür arbeiten. Eine Erfolgslinie in dieser Position wirkt sich später im Leben aus und verspricht Anerkennung. Die lange Schicksalslinie zeigt, daß Sie immer die Möglichkeit haben werden, Geld zu verdienen; Erfolg aber nur durch eigene Anstrengung erreicht werden kann. Die Länge der Linie zeigt, daß Sie ein Bedürfnis nach Erwerbstätigkeit haben.

8.3

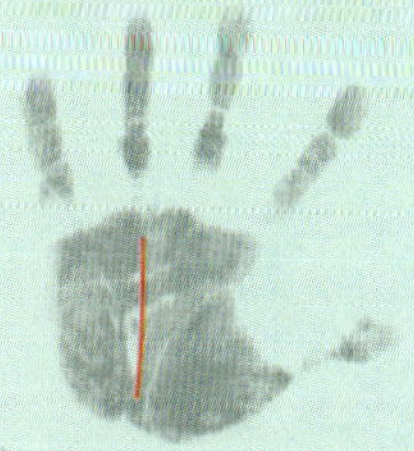

Ergänzende Merkmale

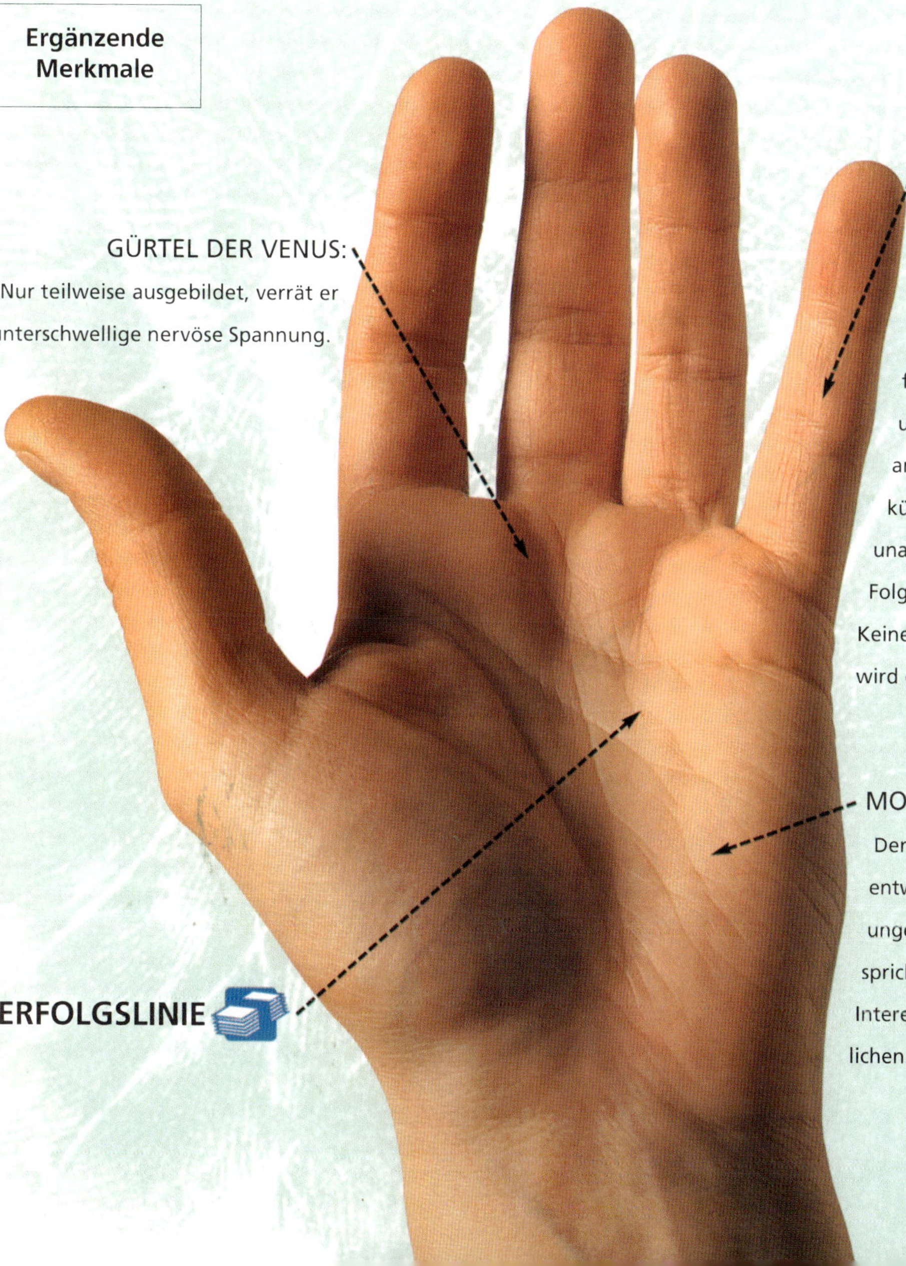

GÜRTEL DER VENUS: Nur teilweise ausgebildet, verrät er unterschwellige nervöse Spannung.

KLEINER FINGER: Der kleine Finger steht vom Ringfinger ab und enthüllt einen Loyalitätskonflikt. Sie wollen sich um die Eltern oder andere Angehörige kümmern, aber auch unabhängig sein. Die Folge sind Schuldgefühle. Keiner der beiden Wünsche wird ganz erfüllt.

MONDBERG: Der Mondberg ist gut entwickelt, liegt aber ungewöhnlich tief. Das spricht für ein starkes Interesse am Übernatürlichen.

ERFOLGSLINIE

8.4

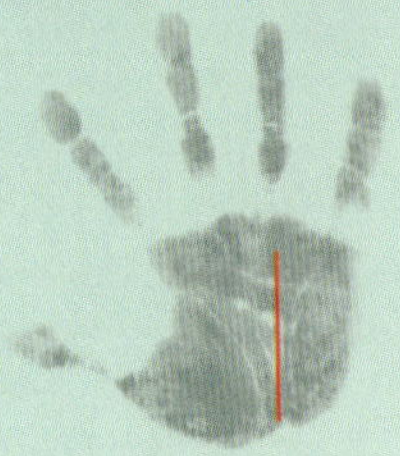

ERFOLGSLINIE

- MEHRFACH
- SPIEGELT DIE SCHICKSALSLINIE WIDER

Der Erfolg Ihres neuen Geschäfts ist gewiß, wie die Schicksalslinie zeigt, die sich etwa im Alter von fünfzig Jahren in zwei und kurz danach in viele Äste teilt – ein Indiz für zahlreiche Aufgaben. Sie werden wahrscheinlich nicht selbständig, sondern leiten eine Firma. In dieser potentiell gefährlichen Zeit spiegelt die beste Erfolgslinie die Schicksalslinie wider.

ERFOLGSLINIE

Ergänzende Merkmale

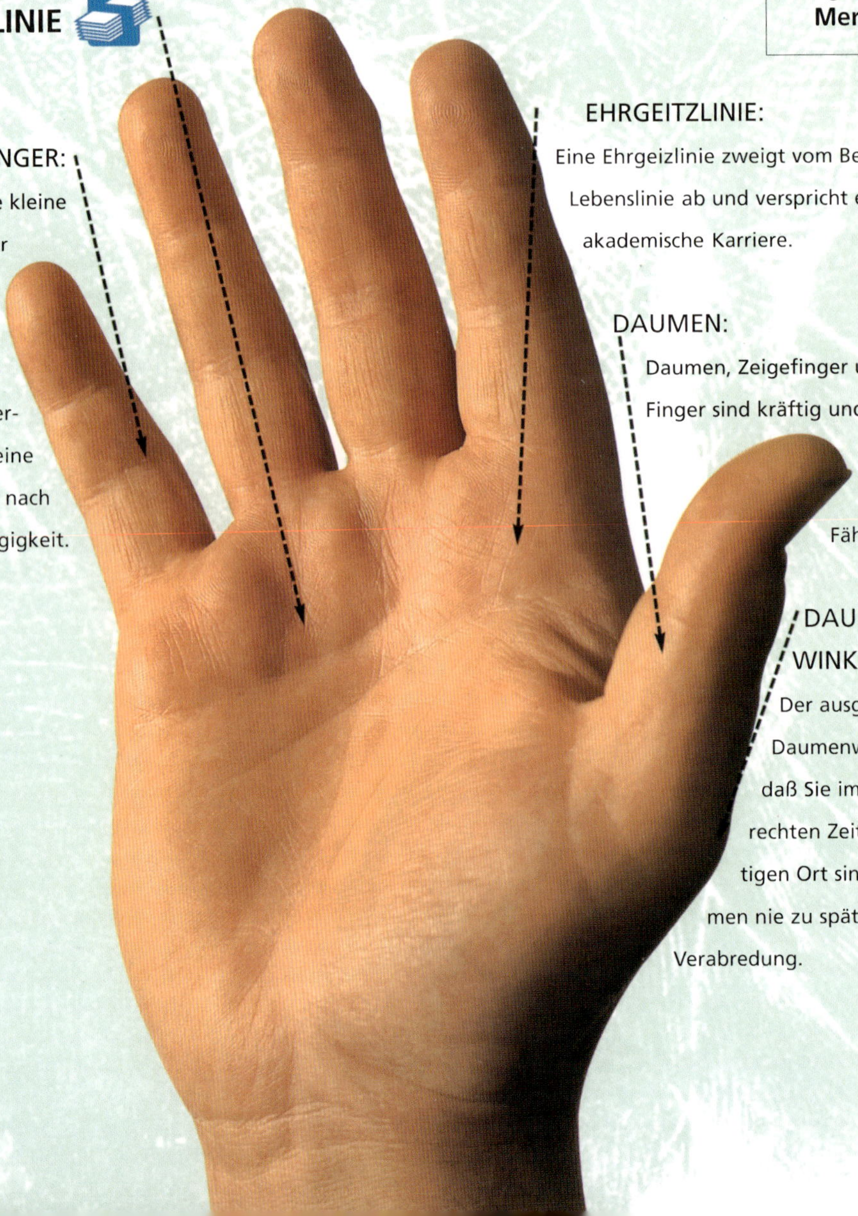

KLEINER FINGER: Der kräftige kleine Finger spricht für gute Kommunikationsfähigkeit. Das dicke untere Fingerglied verrät eine Sehnsucht nach Unabhängigkeit.

EHRGEITZLINIE: Eine Ehrgeizlinie zweigt vom Beginn der Lebenslinie ab und verspricht eine lange akademische Karriere.

DAUMEN: Daumen, Zeigefinger und kleiner Finger sind kräftig und sprechen für große intellektuelle Fähigkeiten.

DAUMENWINKEL: Der ausgeprägte Daumenwinkel zeigt, daß Sie immer zur rechten Zeit am richtigen Ort sind. Sie kommen nie zu spät zu einer Verabredung.

ERFOLGSLINIE

- MEHRFACH
- SPIEGELT DIE SCHICKSALSLINIE WIDER

8.5

Der Erfolg Ihres neuen Geschäfts ist gewiß. Die Schicksalslinie teilt sich etwa im Alter von fünfzig Jahren in zwei und kurz danach in viele Äste, ein Zeichen für zahlreiche Aufgaben.

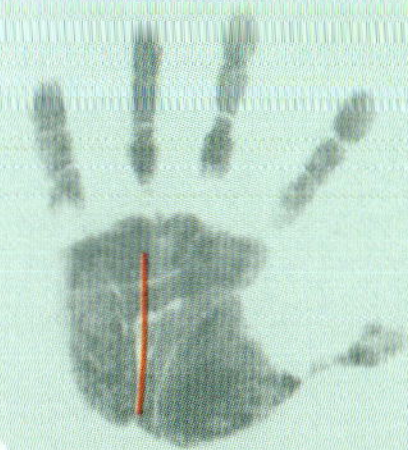

Ergänzende Merkmale

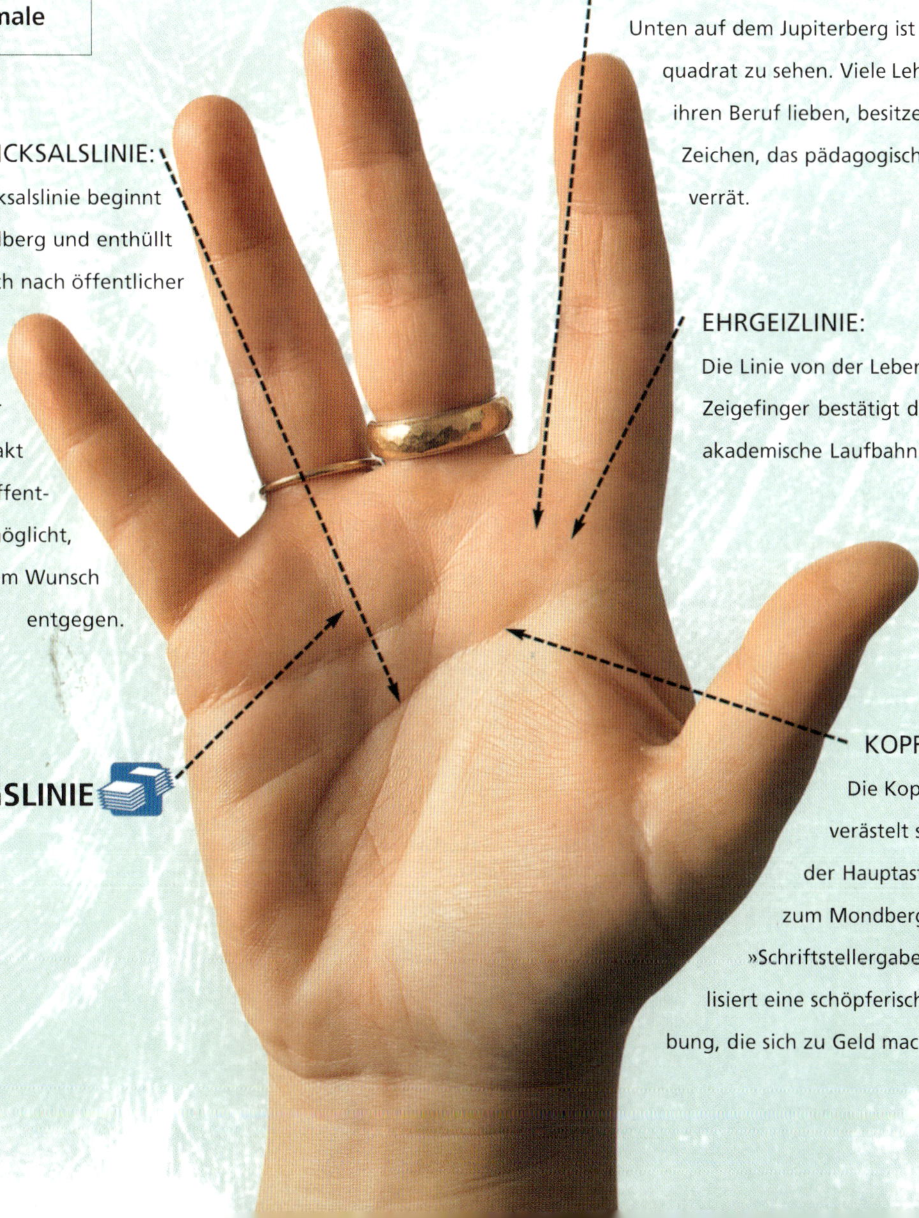

LEHRERQUADRAT:

Unten auf dem Jupiterberg ist ein Lehrerquadrat zu sehen. Viele Lehrer, die ihren Beruf lieben, besitzen dieses Zeichen, das pädagogisches Talent verrät.

SCHICKSALSLINIE:

Die Schicksalslinie beginnt tief im Mondberg und enthüllt Ihren Wunsch nach öffentlicher Anerkennung. Ein Beruf, der den Kontakt mit der Öffentlichkeit ermöglicht, kommt diesem Wunsch entgegen.

EHRGEIZLINIE:

Die Linie von der Lebenslinie zum Zeigefinger bestätigt die lange akademische Laufbahn.

ERFOLGSLINIE

KOPFLINIE:

Die Kopflinie verästelt sich, und der Hauptast fällt jäh zum Mondberg ab. Diese »Schriftstellergabel« symbolisiert eine schöpferische Begabung, die sich zu Geld machen läßt.

8.6

ERFOLGSLINIE

• ANDERS ALS DOMINANTE HAND

Zwischen dieser passiven, linken Hand und der dominanten, rechten mit ihrer langen Erfolgslinie bestehen erhebliche Unterschiede. Die langen Streßlinien sind auf beiden Händen zu sehen; aber die Erfolgs- und die Schicksalslinie unterscheiden sich sehr. Die Erfolgslinie entspringt in der Lebenslinie, was auf Probleme hindeutet, und die Schicksalslinie ist ausgesprochen unzusammenhängend. Die passive Hand deutet ein Leben an, das zwar sehr aktiv, aber auch sehr unbefriedigend verlaufen wäre.

Ergänzende Merkmale

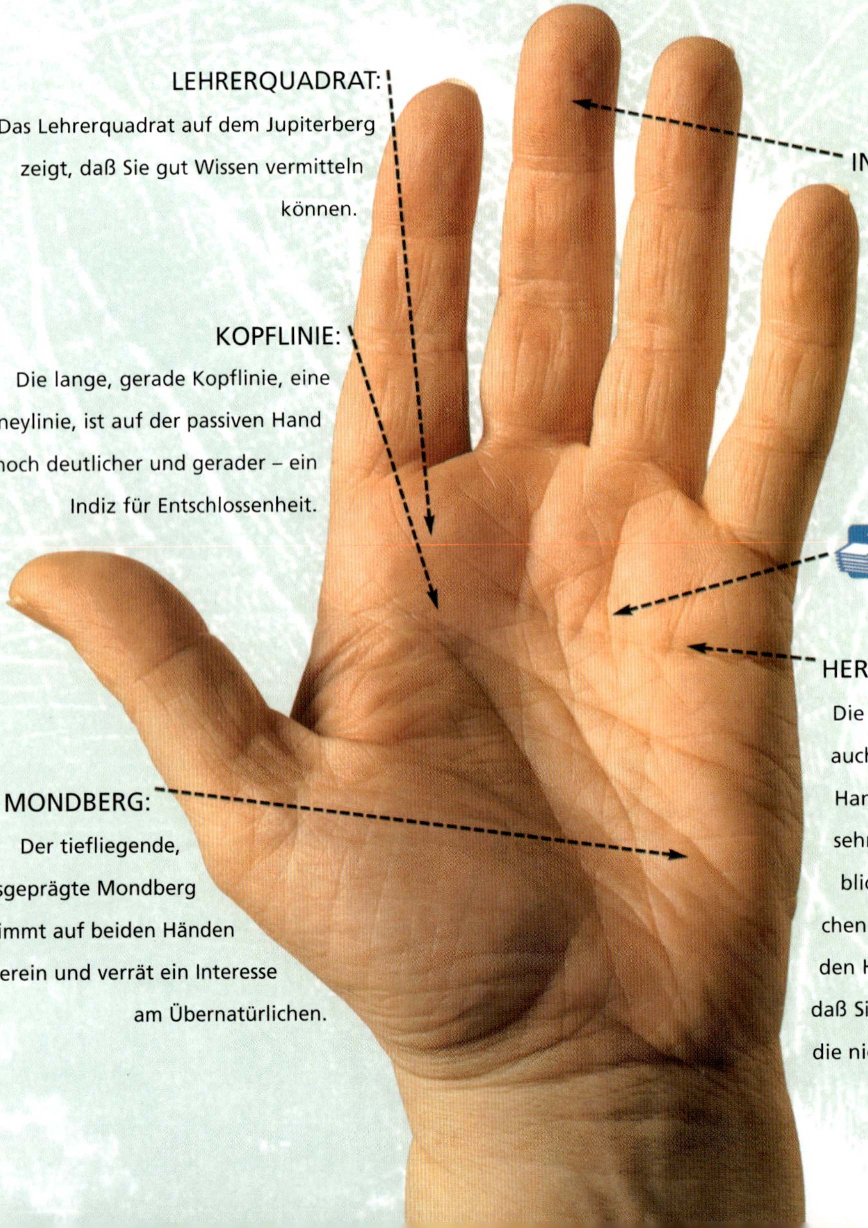

LEHRERQUADRAT: Das Lehrerquadrat auf dem Jupiterberg zeigt, daß Sie gut Wissen vermitteln können.

KOPFLINIE: Die lange, gerade Kopflinie, eine Sydneylinie, ist auf der passiven Hand noch deutlicher und gerader – ein Indiz für Entschlossenheit.

MONDBERG: Der tiefliegende, ausgeprägte Mondberg stimmt auf beiden Händen überein und verrät ein Interesse am Übernatürlichen.

INSEL: Die Insel erscheint auf allen Fingern der passiven Hand – Sie wollen unbedingt Erfolg haben.

ERFOLGSLINIE

HERZLINIE: Die doppelte Herzlinie ist auch auf der dominanten Hand zu sehen. Das ist sehr wichtig, denn im Hinblick auf Bindungen sprechen Unterschiede zwischen den Händen meist dafür, daß Sie Menschen anziehen, die nicht zu Ihnen passen.

ERFOLGSLINIE

• LANG

8.7

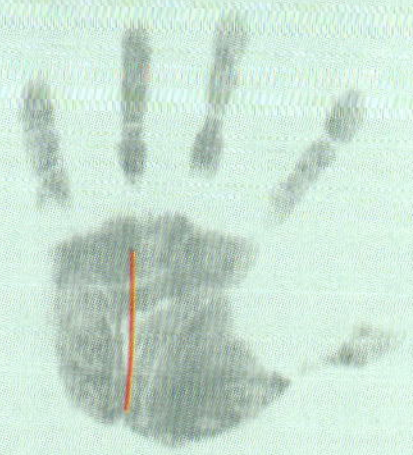

Ihre Arbeit in der Öffentlichkeit bringt Ihnen Ansehen und Anerkennung. Die langen Streßlinien sind keine Überraschung, da Sie für Ihren Erfolg hart arbeiten müssen. Die Erfolgslinie ist dick und klar und spiegelt schon früh die Schicksalslinie wider.

Ergänzende Merkmale

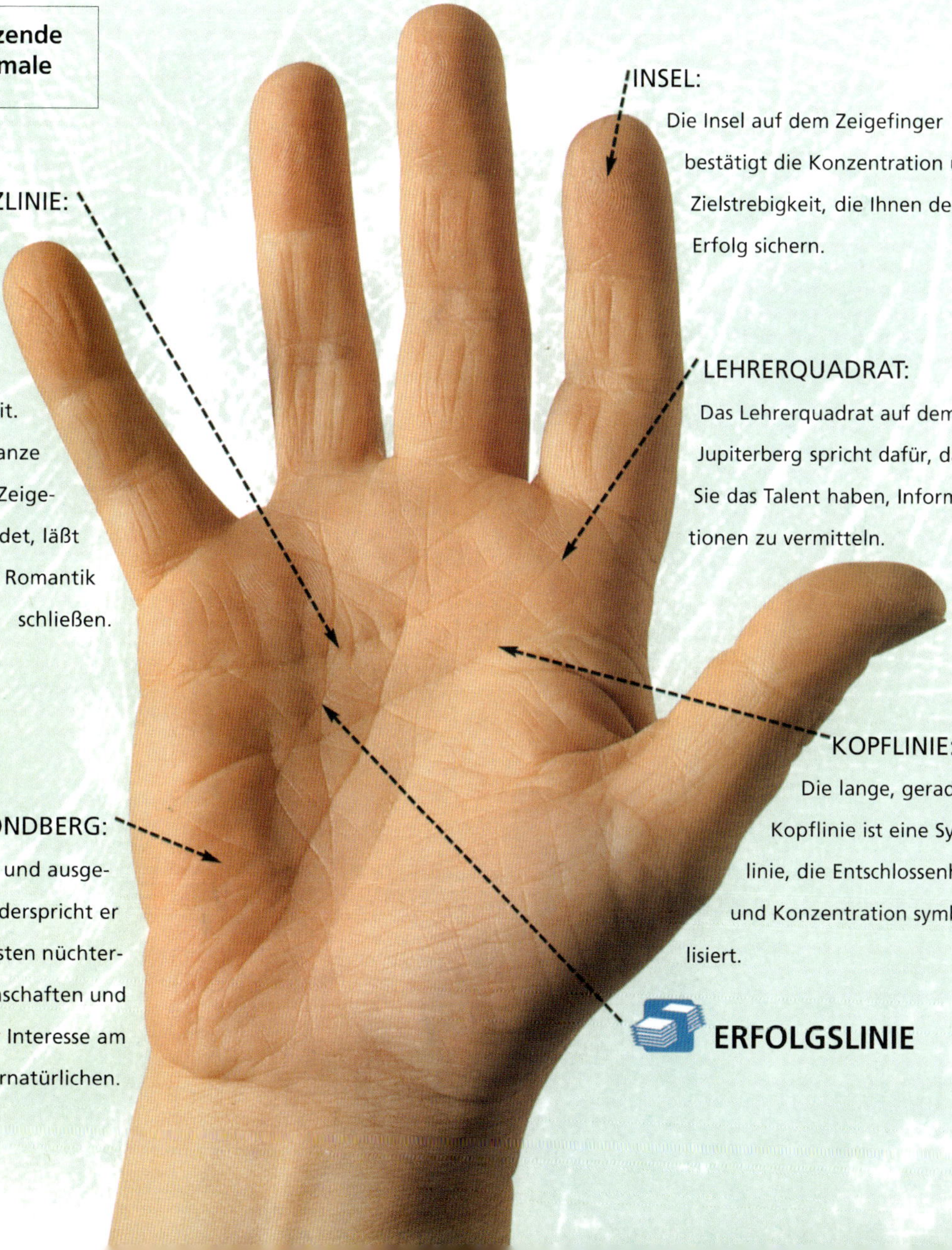

HERZLINIE: Das Ende der zweiten Herzlinie verrät Sinnlichkeit. Daß die ganze Linie am Zeigefinger endet, läßt auf Romantik schließen.

INSEL: Die Insel auf dem Zeigefinger bestätigt die Konzentration und Zielstrebigkeit, die Ihnen den Erfolg sichern.

LEHRERQUADRAT: Das Lehrerquadrat auf dem Jupiterberg spricht dafür, daß Sie das Talent haben, Informationen zu vermitteln.

KOPFLINIE: Die lange, gerade Kopflinie ist eine Sydneylinie, die Entschlossenheit und Konzentration symbolisiert.

MONDBERG: Tiefliegend und ausgeprägt, widerspricht er den ansonsten nüchternen Eigenschaften und zeigt Ihr Interesse am Übernatürlichen.

ERFOLGSLINIE

WIE STEHT ES UM DIE LIEBE?

BINDUNGS-LINIEN

Bindungslinien, auch Ehe- oder Liebeslinien genannt, symbolisieren die romantischen Beziehungen in Ihrem Leben, von der ersten großen Liebe bis zu späteren Ehen. Denken Sie aber stets daran, daß nicht alle Bindungslinien auf der dominanten Hand eine ernsthafte Beziehung bedeuten. Wenn eine Beziehung oder Ehe glücklich ist, verblassen künftige Bindungslinien allmählich. Es ist oft sehr aufschlußreich, die Linien auf der dominanten Hand (sie zeigt, was tatsächlich geschieht) mit jenen auf der passiven Hand (sie zeigt den Lebensplan) zu vergleichen.

FÜNF HÄUFIG GESTELLTE FRAGEN:

⟶ Habe ich den richtigen Partner gewählt?

⟶ Kann ich meine kriselnde Ehe retten?

⟶ Werde ich mit meinem Partner auch später so glücklich sein wie jetzt?

⟶ Kann ich trotz der Zeichen auf meiner Hand treu sein?

⟶ Ich bin ungebunden. Werde ich einen Partner finden?

WELCHE RICHTUNG?

Bindungslinien befinden sich an der dem Daumen gegenuberliegenden Handkante über und parallel zu der Herzlinie sowie unter dem Ring an der Wurzel des kleinen FIngers. Die Linie bei der Herzlinie symbolisiert Ihre erste Bindung, weitere Linien stehen für spätere Beziehungen. Das ganze Gebiet ist recht klein und selbst mit einer Lupe schwer zu deuten. Die Position der Linien kann wichtiger sein als die linien selbst.

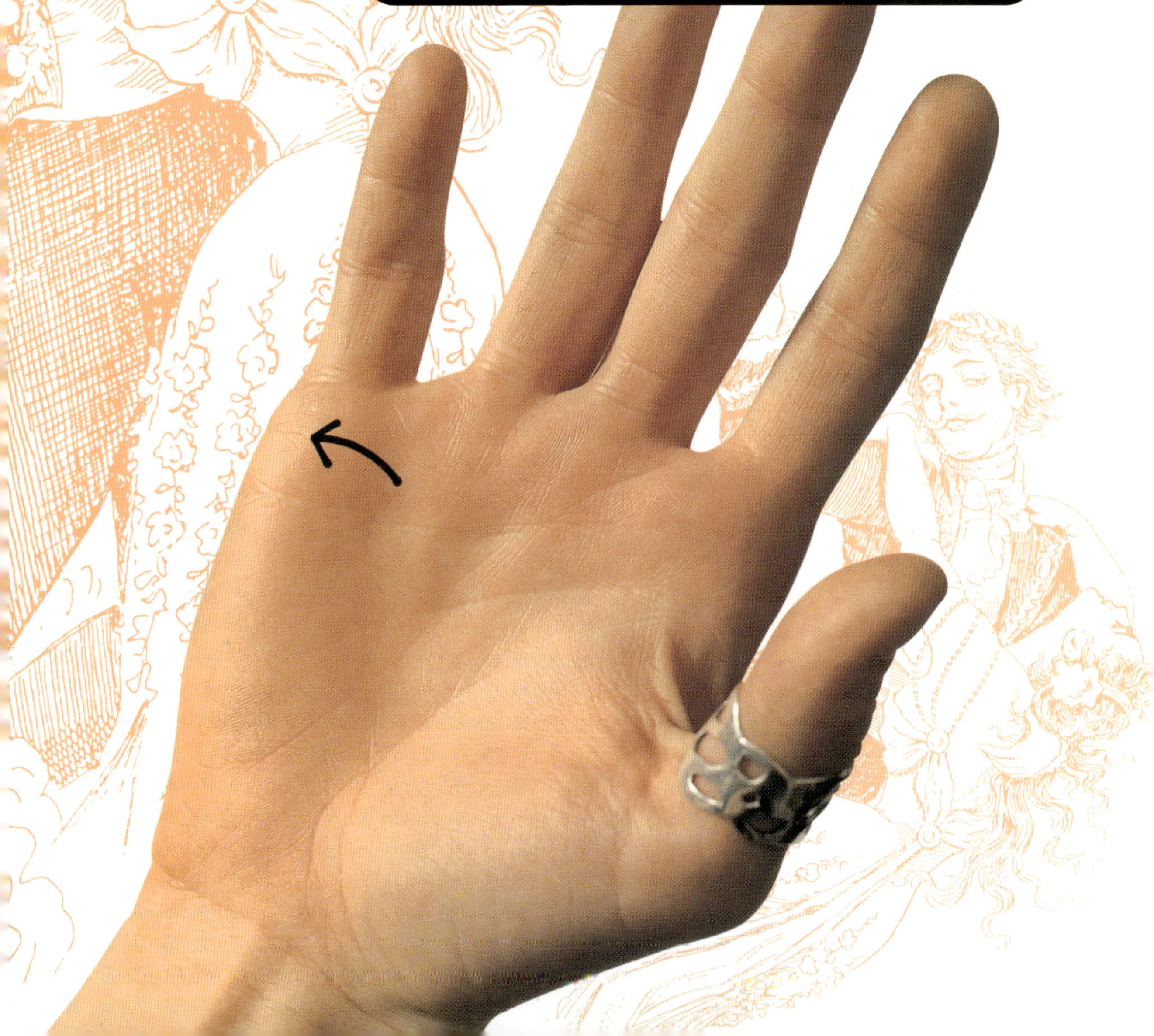

8.8

BINDUNGSLINIEN

• MIT GEGABELTEM ENDE

Möglicherweise lösen Sie Ihre seit langem bestehende Ehe oder Beziehung. Wenn Probleme auftreten, ist es immer wichtig, nach tiefer liegenden Ursachen zu suchen und zu überlegen, was geändert werden kann. Hier ist das Ende gegabelt, aber die Gabel kann verblassen, wenn Sie etwas unternehmen. Auf der passiven Hand wird die Gabel nicht so leicht verschwinden, da diese Hand den potentiellen Lebensweg und mögliche Chancen zeigt. Wichtige Änderungen oder günstige Gelegenheiten spiegeln sich auf der dominanten Hand wider.

Ergänzende Merkmale

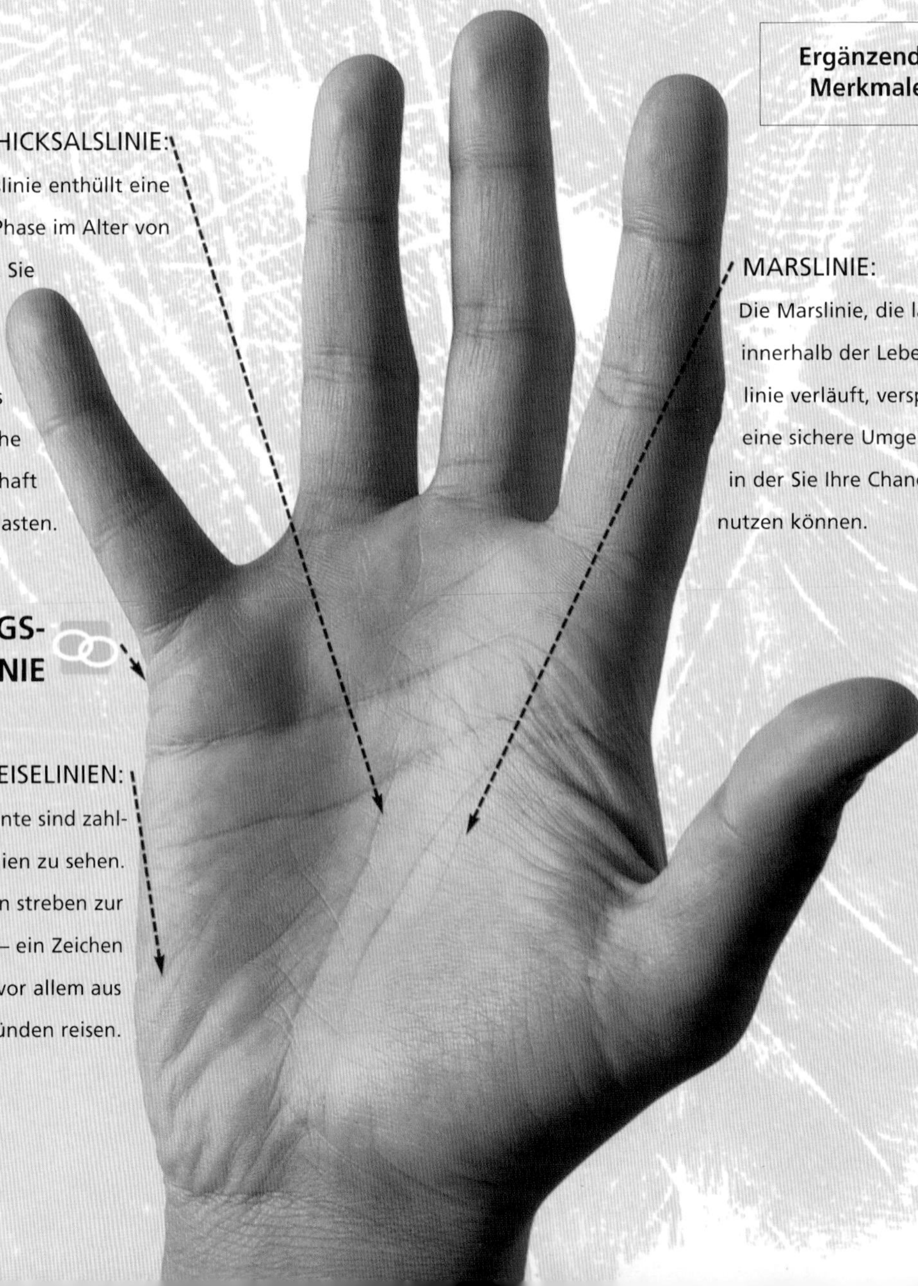

BINDUNGSLINIEN

• UNTERBROCHEN, ABER WIEDER VEREINT

8.9

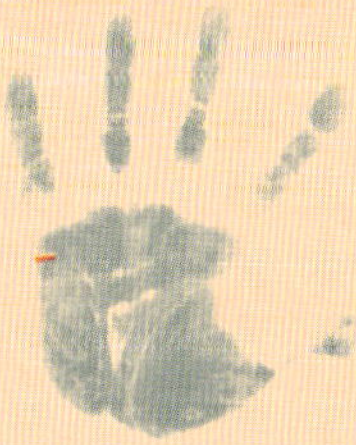

Ihre Beziehung weist einen Bruch mit nachfolgender Versohnung auf. Manchmal ist dieses Zeichen zu finden, wenn die beiden Partner jeweils ihr eigenes Leben führen, ohne sich zu trennen. Der Bruch und die Überlappung der Linien dauert eine Weile an – ein Zeichen dafür, daß Sie den Zement, der Ihre Beziehung zusammenhält, häufig erneuern müssen.

Ergänzende Merkmale

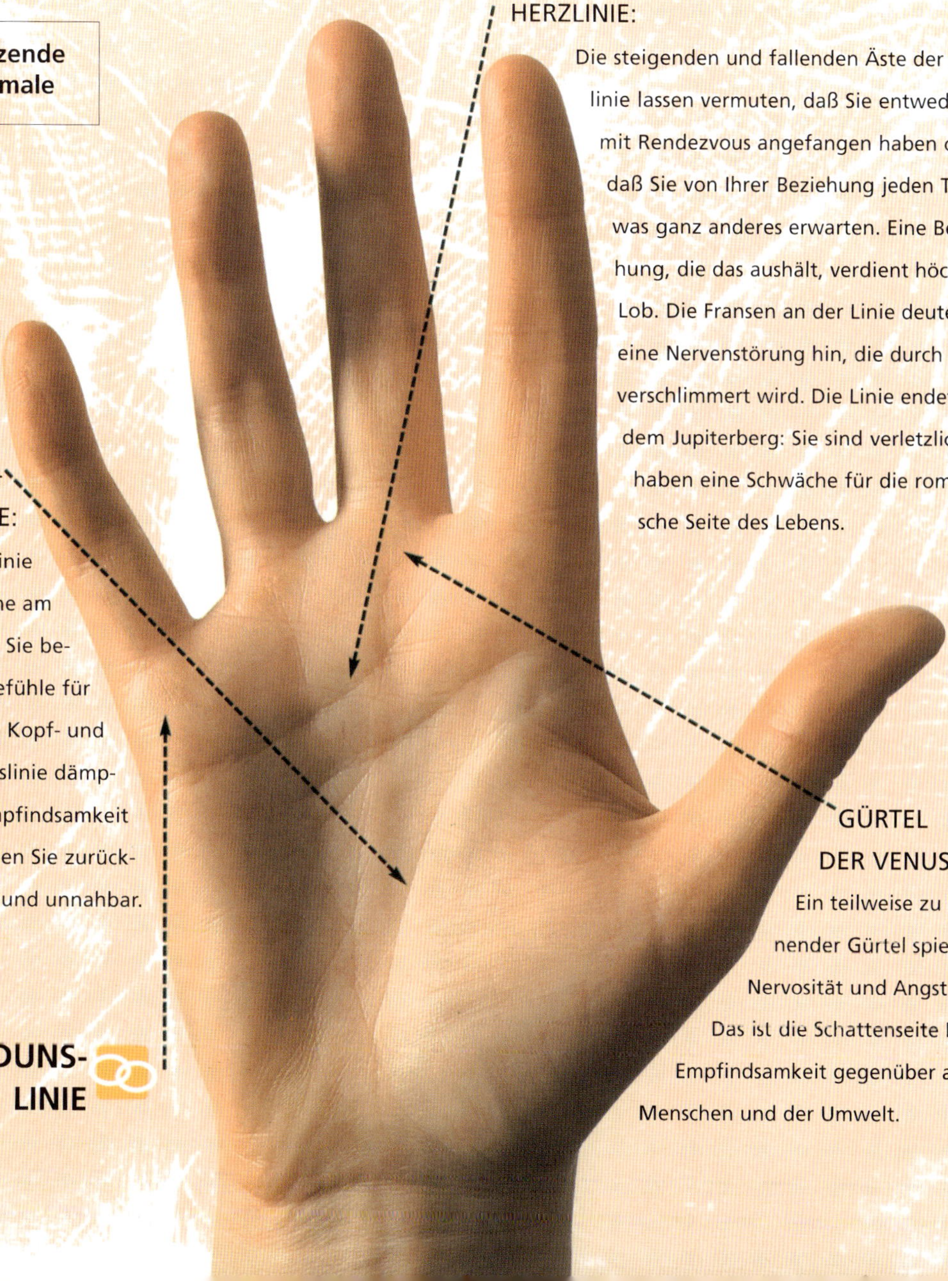

HERZLINIE:

Die steigenden und fallenden Äste der Herzlinie lassen vermuten, daß Sie entweder früh mit Rendezvous angefangen haben oder daß Sie von Ihrer Beziehung jeden Tag etwas ganz anderes erwarten. Eine Beziehung, die das aushält, verdient höchstes Lob. Die Fransen an der Linie deuten auf eine Nervenstörung hin, die durch Streß verschlimmert wird. Die Linie endet auf dem Jupiterberg: Sie sind verletzlich und haben eine Schwäche für die romantische Seite des Lebens.

LEBENSLINIE:

Die Lebenslinie verläuft nahe am Daumen: Sie behalten Gefühle für sich. Die Kopf- und die Lebenslinie dämpfen Ihre Empfindsamkeit und machen Sie zurückhaltend und unnahbar.

GÜRTEL DER VENUS:

Ein teilweise zu erkennender Gürtel spiegelt Nervosität und Angst wider. Das ist die Schattenseite Ihrer Empfindsamkeit gegenüber anderen Menschen und der Umwelt.

BINDUNS-LINIE

9.0

BINDUNGSLINIEN

● ABFALLEND

In Ihrer Beziehung gibt es Probleme, und vielleicht trennt Ihr Partner sich von Ihnen. Aber die leicht abfallende Bindungslinie ist ein Zeichen dafür, daß Sie eine gute Chance haben, die Partnerschaft oder Ehe zu retten.

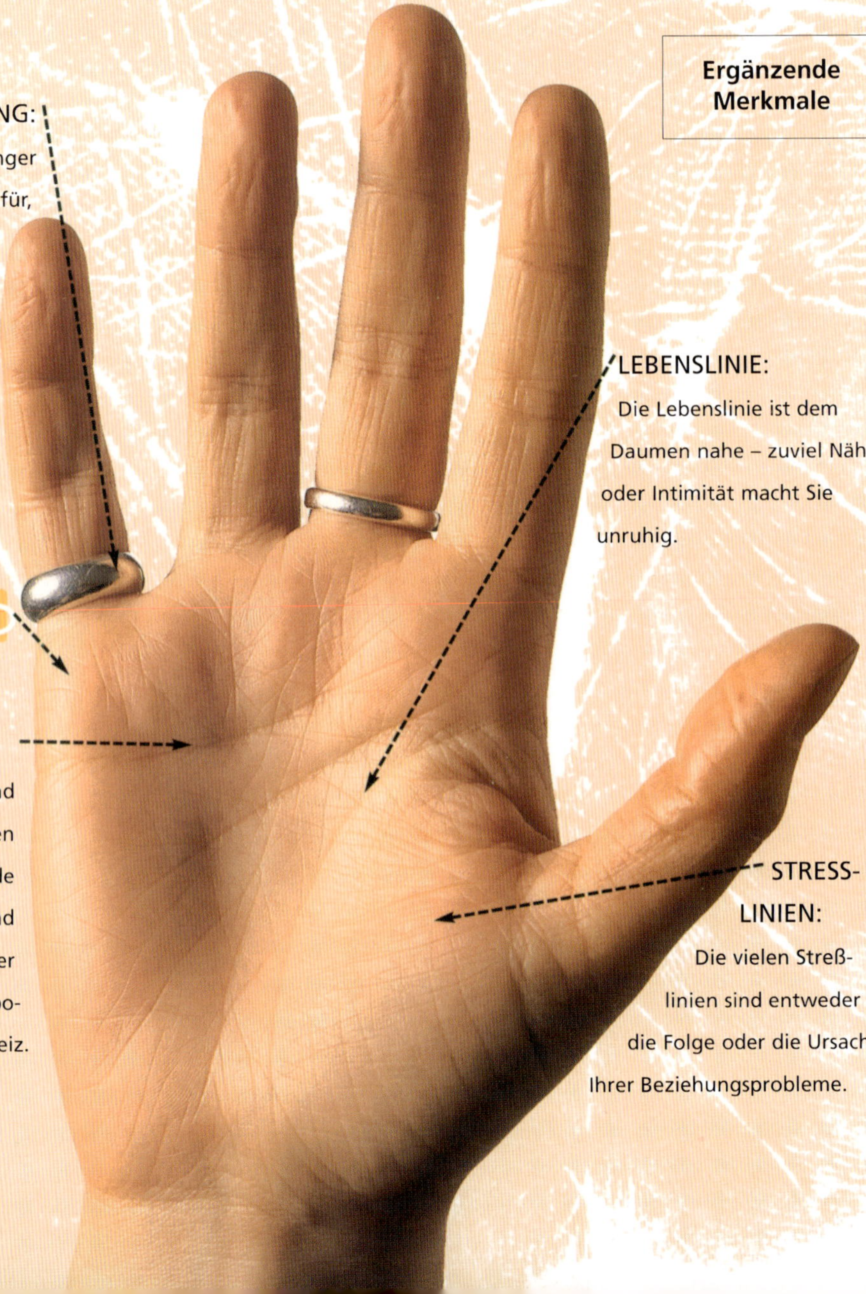

Ergänzende Merkmale

RING:
Der Ring am kleinen Finger ist ein sicheres Zeichen dafür, daß Sie Menschen und Situationen im Griff haben wollen, meist auf unauffällige Weise.

BINDUNGS-LINIE

Die Herzlinie ist tief und ziemlich gerade – Sie halten sich gerne zurück. Das Ende strebt zur Kopflinie und enthüllt Arbeitswut. Der große Jupiterberg symbolisiert Ehrgeiz.

LEBENSLINIE:
Die Lebenslinie ist dem Daumen nahe – zuviel Nähe oder Intimität macht Sie unruhig.

STRESS-LINIEN:
Die vielen Streßlinien sind entweder die Folge oder die Ursache Ihrer Beziehungsprobleme.

BINDUNGSLINIEN

• ABFALLEND

9.1

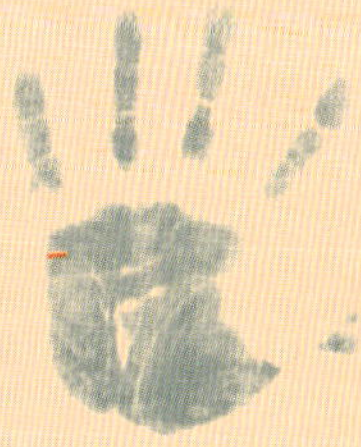

Sie haben Beziehungsprobleme, und vielleicht trennt Ihr Partner sich von Ihnen. Die kurze, gerade Herzlinie mit den vielen Ästen spricht für wechselnde emotionale Bedürfnisse. Sie können ohne innere Beteiligung körperliche Liebe genießen.

Ergänzende Merkmale

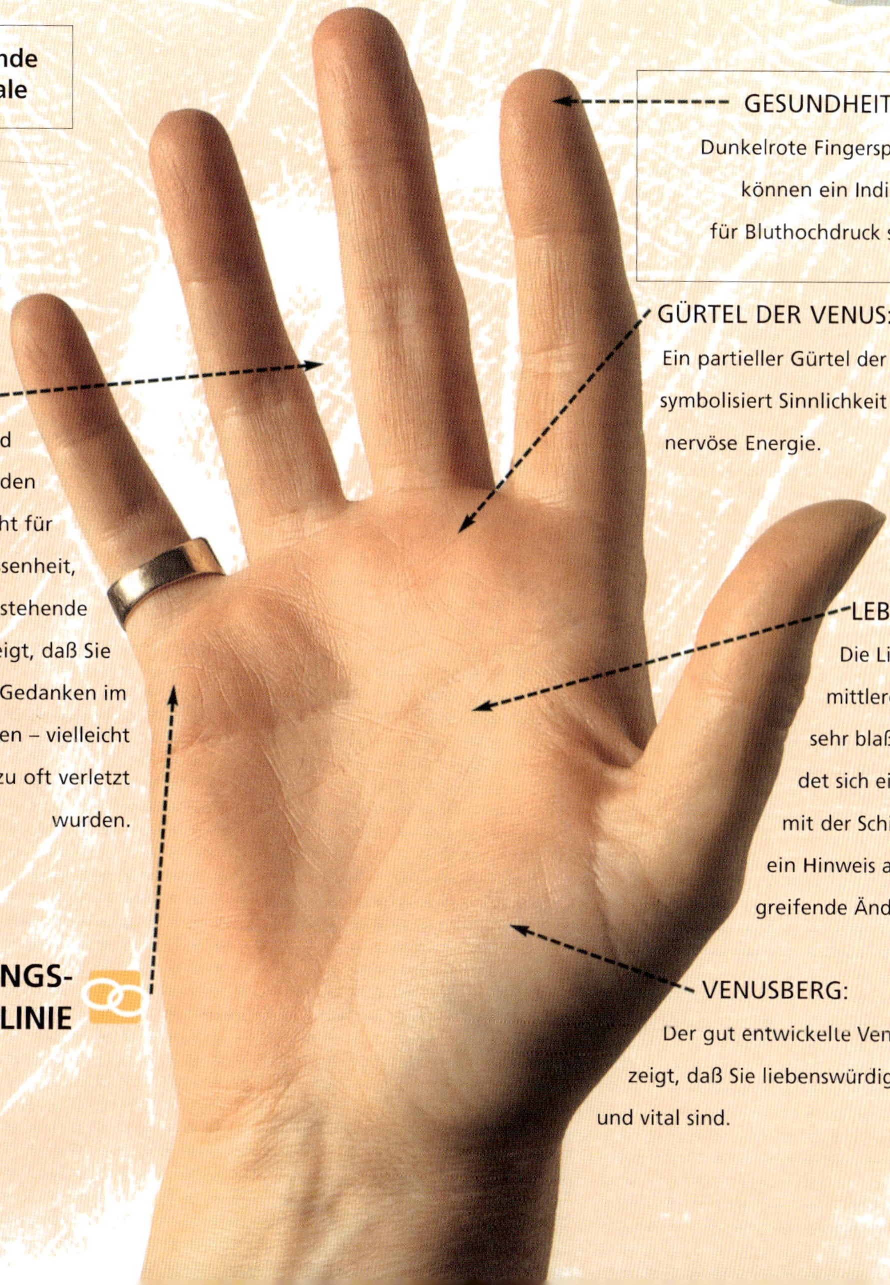

GESUNDHEIT:
Dunkelrote Fingerspitzen können ein Indiz für Bluthochdruck sein.

GÜRTEL DER VENUS:
Ein partieller Gürtel der Venus symbolisiert Sinnlichkeit und nervöse Energie.

FINGER:
Der Abstand zwischen den Fingern spricht für Aufgeschlossenheit, aber der eng stehende Daumen zeigt, daß Sie Gefühle und Gedanken im Zaum halten – vielleicht weil Sie zu oft verletzt wurden.

LEBENSLINIE:
Die Linie ist in den mittleren Jahren sehr blaß und verbindet sich eine Zeitlang mit der Schicksalslinie – ein Hinweis auf eine tiefgreifende Änderung.

BINDUNGS-LINIE

VENUSBERG:
Der gut entwickelte Venusberg zeigt, daß Sie liebenswürdig, gesellig und vital sind.

9.2

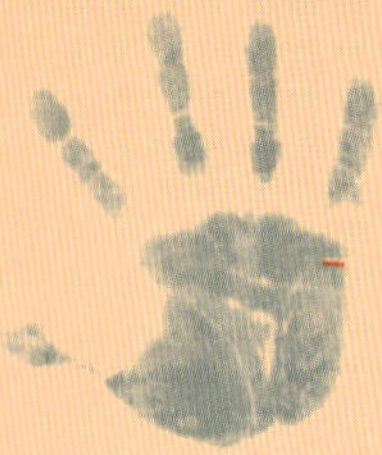

BINDUNGSLINIEN

• STEIL ANSTEIGEND

Ihr Partner ist in seinem Beruf erfolgreich. Die Bindungslinie ist kurz und deutet auf eine emotionale oder physische Trennung hin. Schicksals- und Erfolgslinie lassen auf guten Geschäftssinn schließen. Sie können Ihren erfolgreichen Partner unterstützen.

Ergänzende Merkmale

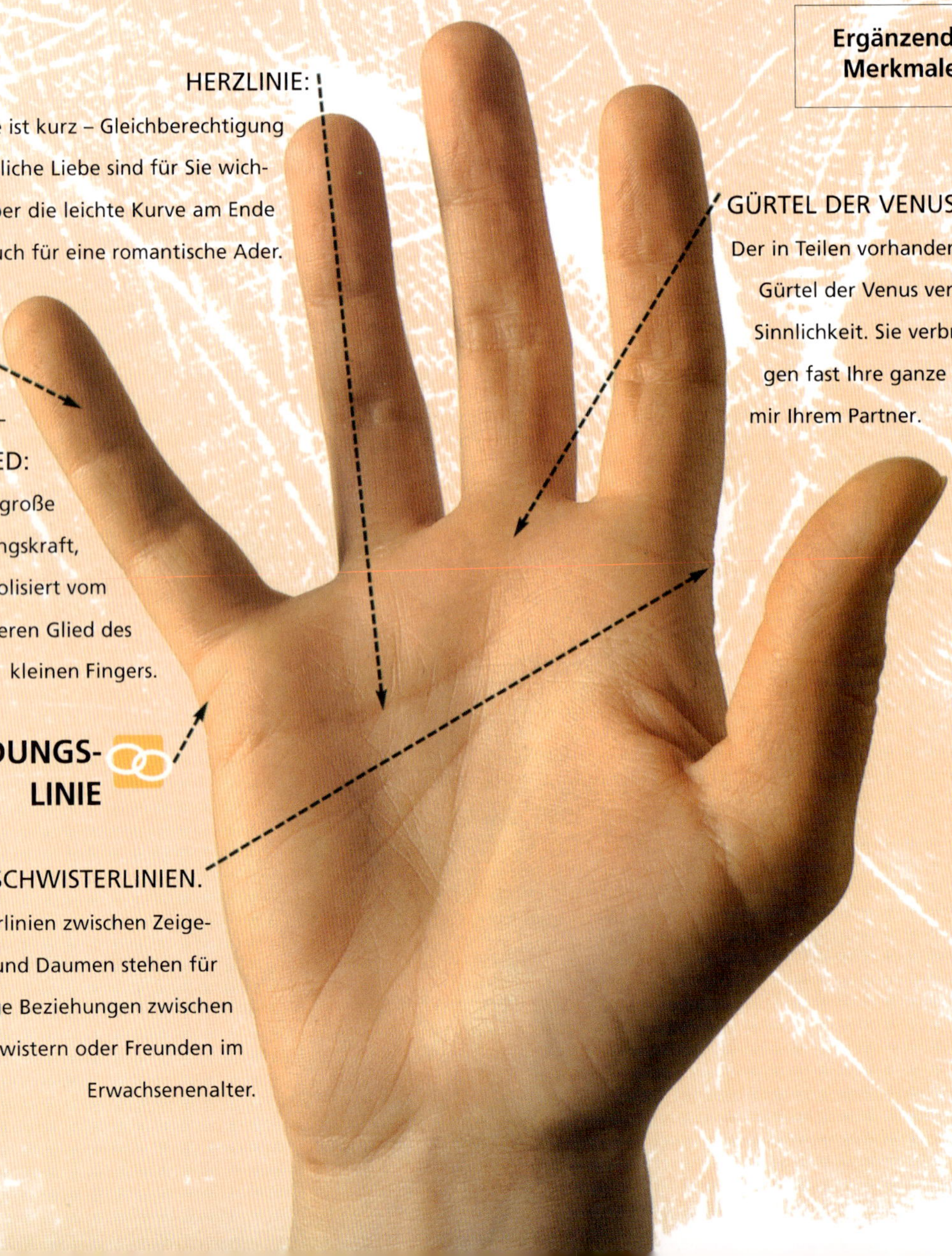

HERZLINIE:
Die Herzlinie ist kurz – Gleichberechtigung und körperliche Liebe sind für Sie wichtig, aber die leichte Kurve am Ende spricht auch für eine romantische Ader.

GÜRTEL DER VENUS:
Der in Teilen vorhandene Gürtel der Venus verrät Sinnlichkeit. Sie verbringen fast Ihre ganze Zeit mir Ihrem Partner.

OBERES FINGER-GLIED:
Sie haben große Überzeugungskraft, symbolisiert vom oberen Glied des kleinen Fingers.

BINDUNGS-LINIE

GESCHWISTERLINIEN.
Geschwisterlinien zwischen Zeigefinger und Daumen stehen für enge Beziehungen zwischen Geschwistern oder Freunden im Erwachsenenalter.

BINDUNGSLINIEN

- GERADE
- KLAR

9.3

Eine ausgewogene Linie, die nicht abfällt und weder einen Bruch noch eine Insel aufweist, spricht für eine harmonische Beziehung. Diese Linie ist nicht zu kurz und nicht zu lang. Eine kurze Linie deutet entweder auf eine oberflächliche Beziehung hin oder darauf, daß Sie nicht alles gemeinsam unternehmen. Eine sehr lange Linie zeigt, daß Sie viele Jahre bei Ihrem Partner bleiben, der vielleicht sogar Ihr Seelengefährte ist. Das hält Sie möglicherweise von anderen Erfolgen in Ihrem Leben ab.

Ergänzende Merkmale

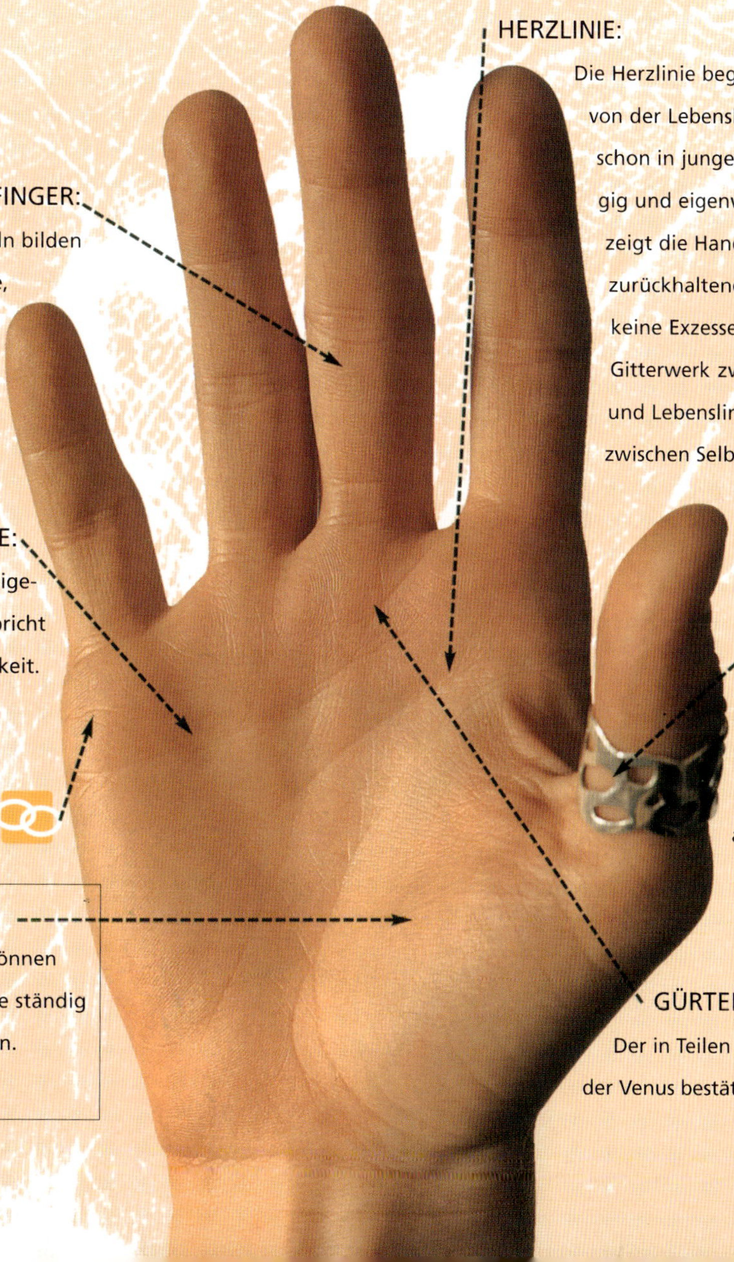

FINGER: Die Fingerwurzeln bilden eine gerade Linie, ein Zeichen für Selbstvertrauen.

HERZLINIE: Das Ende zwischen Zeige- und Mittelfinger spricht für Sinnlichkeit.

BINDUNGSLINIEN:

GESUNDHEIT: Feine Streßlinien können daher rühren, daß Sie ständig zuviel arbeiten.

HERZLINIE: Die Herzlinie beginnt unabhängig von der Lebenslinie – Sie sind schon in jungen Jahren unabhängig und eigenwillig. Insgesamt zeigt die Hand jedoch, daß Sie zurückhaltend sind und sich keine Exzesse erlauben. Das Gitterwerk zwischen Kopf- und Lebenslinie zeigt, daß Sie zwischen Selbstsicherheit und Selbstzweifeln schwanken.

DAUMENRING: Daumenringe verraten eine Neigung zu alternativen Lebensweisen.

GÜRTEL DER VENUS: Der in Teilen auftretende Gürtel der Venus bestätigt Ihre Sinnlichkeit.

SIND SIE SINNLICH?

GÜRTEL DER VENUS

Seit Beginn der Handlesekunst gilt der Gürtel der Venus als Zeichen der Sinnlichkeit. Auf einer weniger robusten Handfläche deutet er oft auf Nervosität, Empfindsamkeit und Verletzlichkeit hin, in Extremfällen sogar auf Neurosen.

FÜNF HÄUFIG GESTELLTE FRAGEN:

→ Warum bedeutet sinnliche Lust mir so viel?

→ Warum reagiere ich so empfindlich auf Stimmungen, Situationen und Schwingungen?

→ Ich bin angespannt und habe viel nervöse Energie, obwohl mein Familienleben immer ruhig und beschaulich war. Woran liegt das?

→ Woher weiß ich, ob ein potentieller Partner ebenso sinnlich veranlagt ist wie ich?

→ Ist meine Sinnlichkeit schuld an meiner stürmischen Beziehung?

WELCHE RICHTUNG?

Der Gürtel der Venus beginnt zwischen Zeige- und Mittelfinger und endet zwischen Ringfinger und kleinem Finger. Er besteht meist aus zwei Linien oder mehreren kleinen Linien.

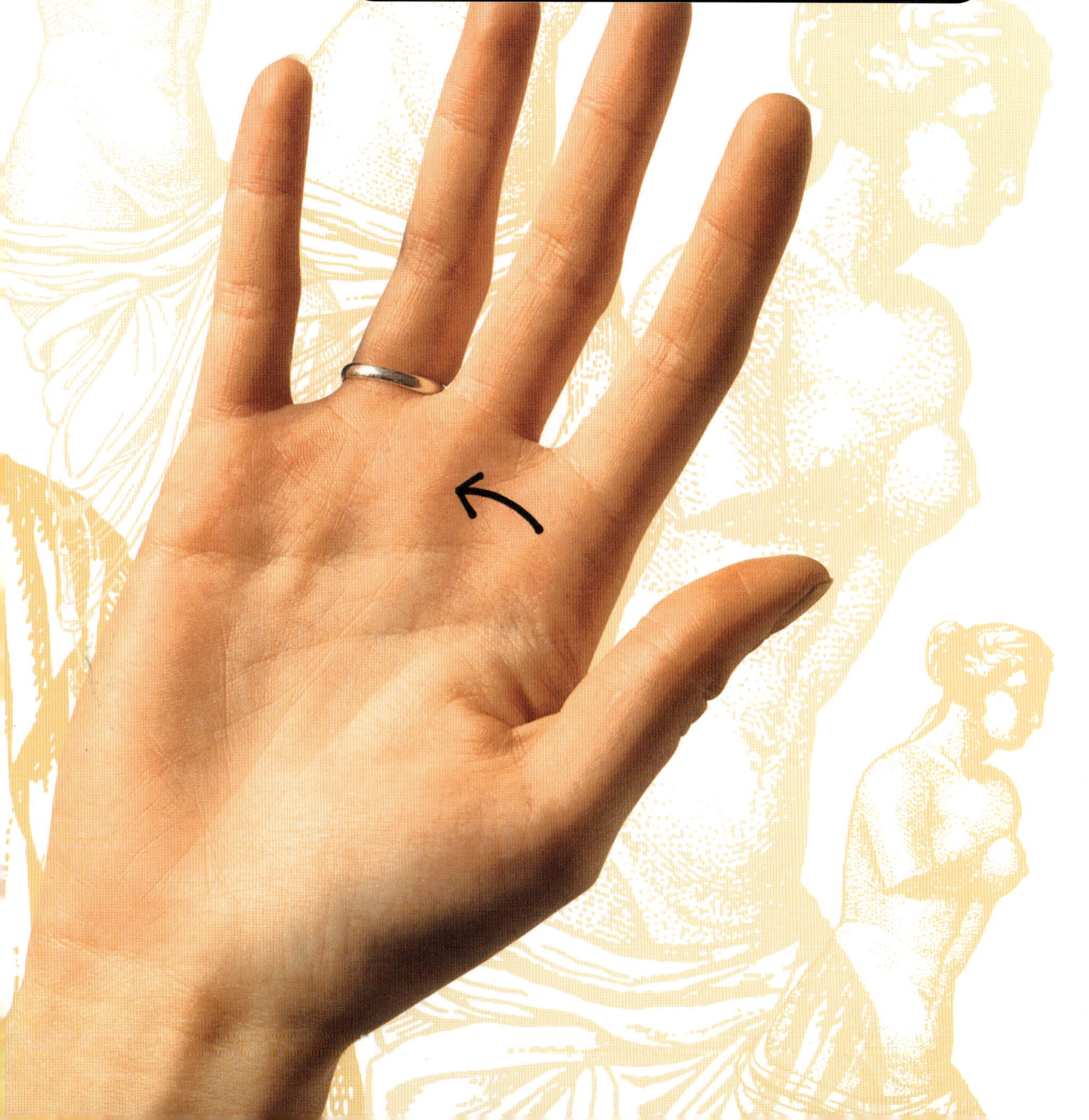

9.4

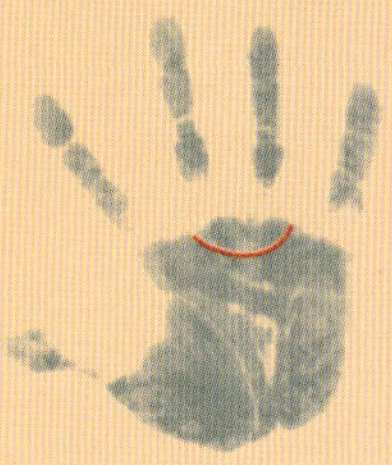

GÜRTEL DER VENUS

- VOLLSTÄNDIGER HALBKREIS
- UMRUNDET DIE WURZEL DES MITTELFINGERS

Sie sind überaus empfindsam, mitfühlend und sinnlich. Alle Ihre Sinne sind wach. Sie haben eine Veranlagung zu Nervosität und sind ein Mensch der Tat. Ein doppelter Venusgürtel zeigt eine noch stärkere Ausprägung dieser Eigenschaften und enthüllt neben der Sinnenfreude auch Überempfindlichkeit und eine Neigung zu Allergien.

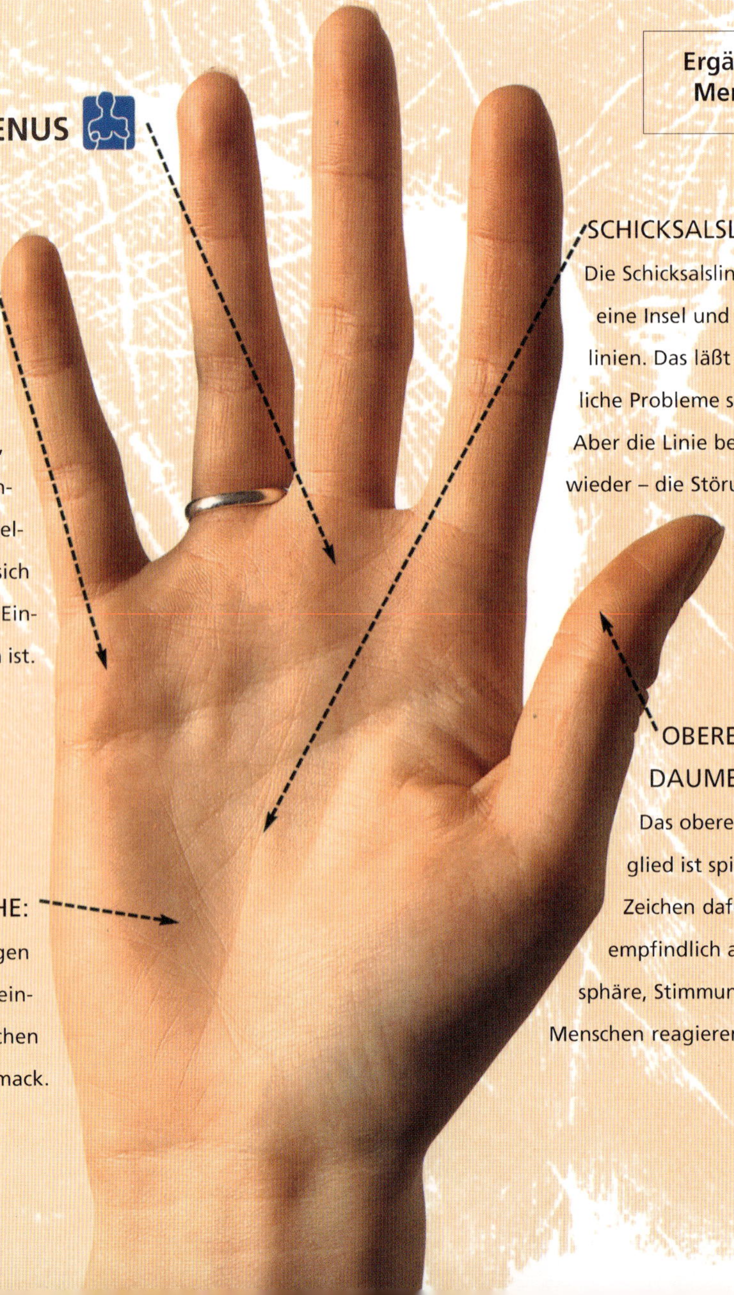

Ergänzende Merkmale

GÜRTEL DER VENUS

BINDUNGSLINIE: Die obere Bindungslinie fällt mit der Insel auf der Schicksalslinie zusammen und verspricht eine lange, unruhige, starke und leidenschaftliche Partnerschaft. Vielleicht bezieht diese Linie sich auf den Partner, der für die Einflußlinien verantwortlich ist.

SCHICKSALSLINIE: Die Schicksalslinie trifft auf eine Insel und auf Einflußlinien. Das läßt auf berufliche Probleme schließen. Aber die Linie beruhigt sich wieder – die Störung ist also nicht von Dauer.

OBERES DAUMENGLIED: Das obere Daumenglied ist spitz, ein Zeichen dafür, daß Sie empfindlich auf Atmosphäre, Stimmungen und Menschen reagieren.

HANDFLÄCHE: Die lange Hand mit den langen Fingern gehört zu einem feinsinnigen, begabten Menschen mit gutem Geschmack.

GÜRTEL DER VENUS

• MIT EINER BINDUNGSLINIE VERBUNDEN

9.5

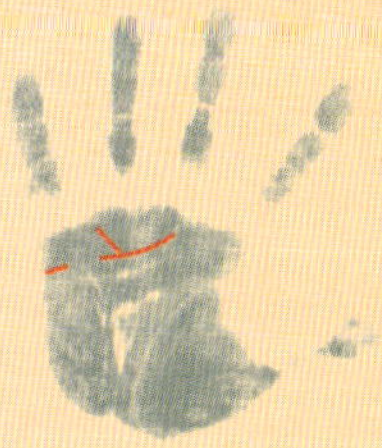

Ihre Beziehung ist wahrscheinlich sehr stürmisch. Ein vollständiger Gürtel der Venus Ist manchmal ein Indiz für Unsicherheit und nagende Zweifel; eine unterbrochene Linie wie diese spricht für gesunden Menschenverstand. Sie ziehen keine voreiligen negativen Schlußfolgerungen, zum Beispiel wenn jemand eine Verabredung absagt. Obwohl Sie besitzergreifend und eifersüchtig sind, worunter auch Ihre Beziehung leidet, kann ein gutes, offenes Gespräch Wunder wirken.

Ergänzende Merkmale

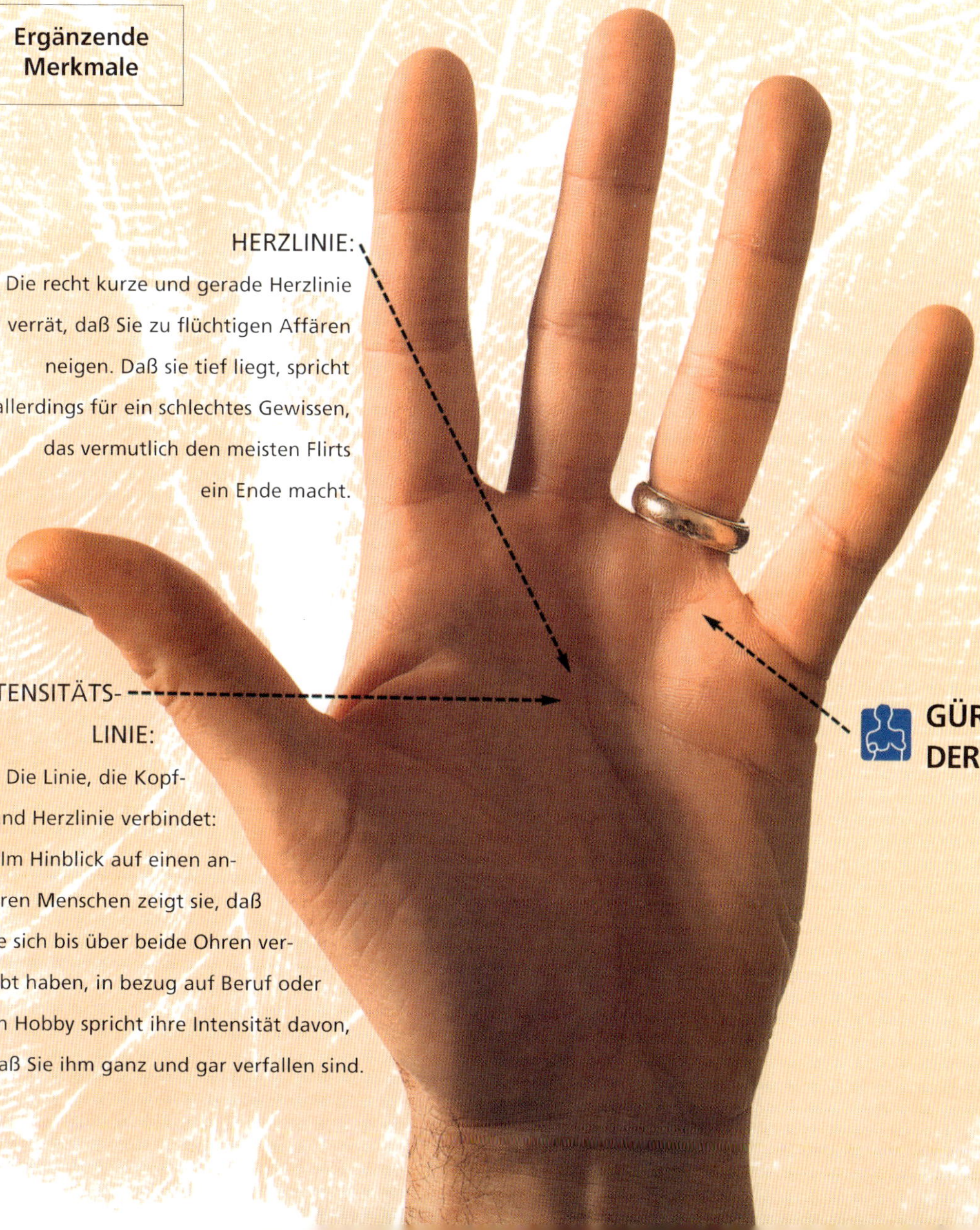

HERZLINIE:
Die recht kurze und gerade Herzlinie verrät, daß Sie zu flüchtigen Affären neigen. Daß sie tief liegt, spricht allerdings für ein schlechtes Gewissen, das vermutlich den meisten Flirts ein Ende macht.

INTENSITÄTS-LINIE:
Die Linie, die Kopf- und Herzlinie verbindet: Im Hinblick auf einen anderen Menschen zeigt sie, daß Sie sich bis über beide Ohren verliebt haben, in bezug auf Beruf oder ein Hobby spricht ihre Intensität davon, daß Sie ihm ganz und gar verfallen sind.

GÜRTEL DER VENUS

9.6

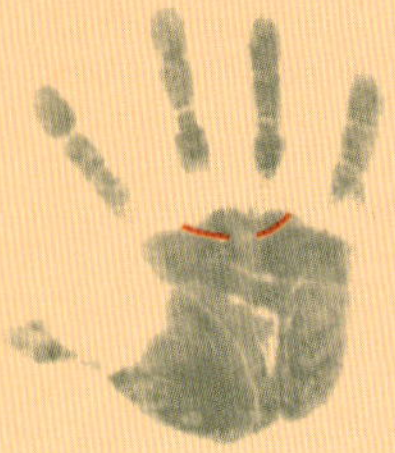

GÜRTEL DER VENUS

- TEILWEISE VORHANDEN
- KURZ UND ZWISCHEN ZEIGE- UND MITTELFINGER
- KURZ UND ZWISCHEN MITTEL- UND RINGFINGER

Sie sind sinnlich, aufgeschlossen und empfindsam, haben aber auch nervöse Energie. Ihr Partner muß Ihnen entweder ähnlich sein oder die Ursache Ihrer Einstellungen und Ihres Verhaltens verstehen.

Ergänzende Merkmale

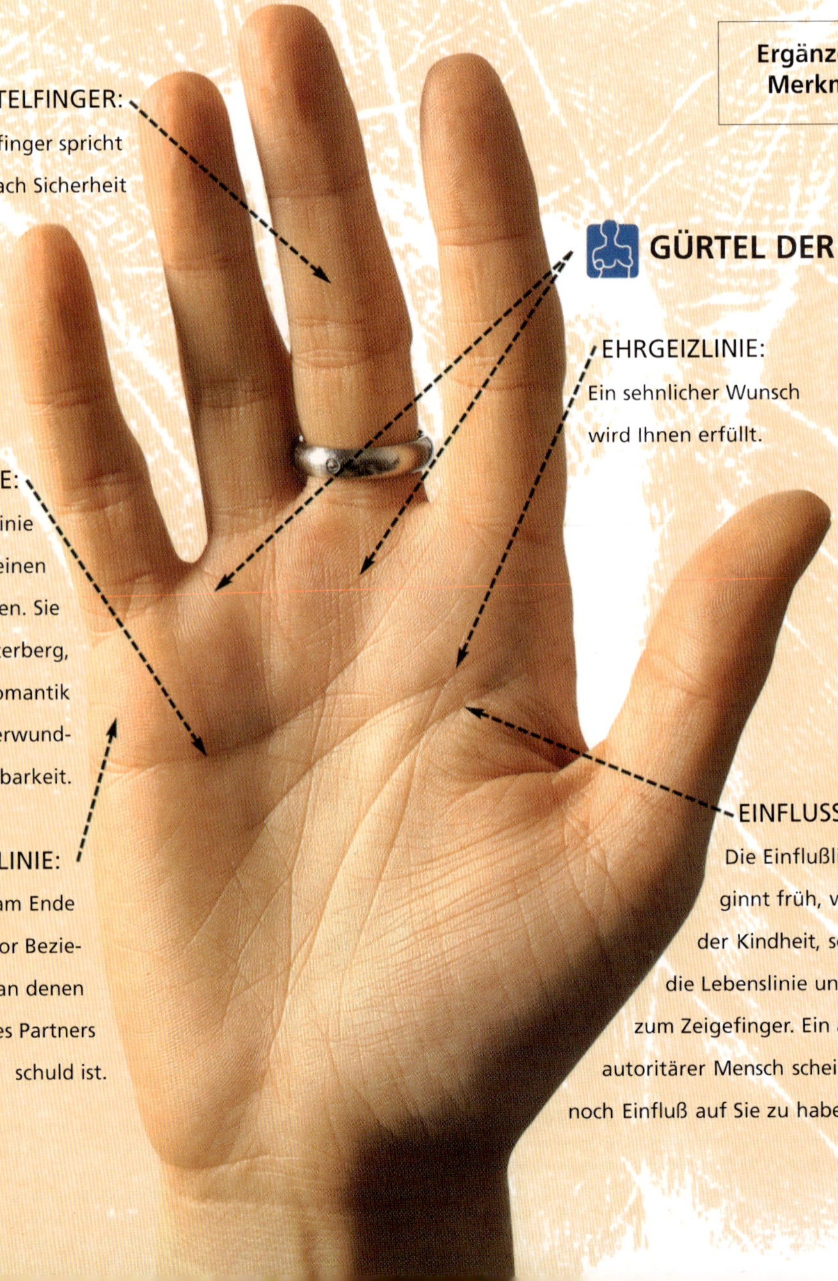

MITTELFINGER: Ein Ring am Mittelfinger spricht für ein Bedürfnis nach Sicherheit und manchmal für eine stabile Ehe.

GÜRTEL DER VENUS

EHRGEIZLINIE: Ein sehnlicher Wunsch wird Ihnen erfüllt.

HERZLINIE: Die feminine Herzlinie ist lang und macht einen romantischen Bogen. Sie endet auf dem Jupiterberg, ein Zeichen für Romantik und seelische Verwundbarkeit.

BINDUNGSLINIE: Der Absturz am Ende der Linie warnt vor Beziehungsproblemen, an denen die Sturheit des Partners schuld ist.

EINFLUSSLINIE: Die Einflußlinie beginnt früh, vielleicht in der Kindheit, schneidet die Lebenslinie und läuft zum Zeigefinger. Ein älterer, autoritärer Mensch scheint immer noch Einfluß auf Sie zu haben.

GÜRTEL DER VENUS

- TEILWEISE VORHANDEN
- KURZ UND ZWISCHEN ZEIGE- UND MITTELFINGER
- KURZ UND ZWISCHEN MITTEL- UND RINGFINGER

9.7

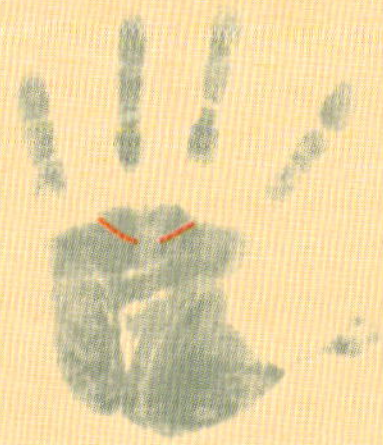

Sie sind sinnlich, aufgeschlossen und empfindsam, haben aber auch nervöse Energie. Ihr Partner muß Ihnen entweder ähnlich sein oder die Ursache Ihrer Einstellungen und Ihres Verhaltens verstehen.

Ergänzende Merkmale

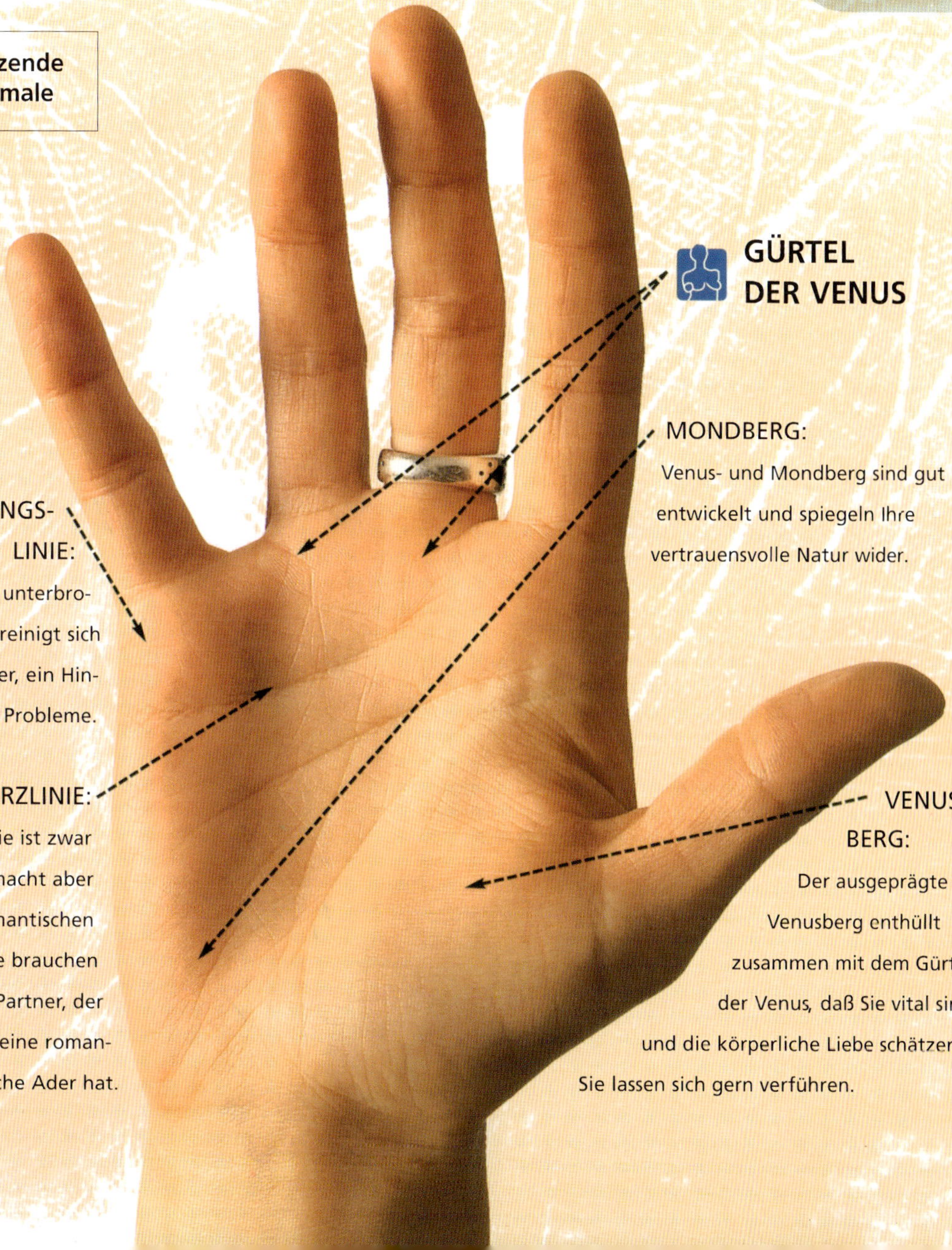

SIND SIE STRESSANFÄLLIG?

STRESSLINIEN

Streßlinien sehen so aus wie Risse in einer Vase. Es sind feine oder tiefere Linien, auffällig glatt und trocken. Früher sprach man von einer Handfläche »voller Leben«. Das gilt bis zu einem gewissen Grad immer noch; aber heute sind diese Linien meist die Folge seelischer Belastungen. Wenn wir die Ursachen dieses Drucks kennen und beseitigen, verblassen Streßlinien oft schnell – aber sie kommen wieder, wenn wir uns keine Ruhepause gönnen.

FÜNF HÄUFIG GESTELLTE FRAGEN:

⟶ Woher weiß ich, daß ich unter Streß stehe?

⟶ Wie kann ich meine Belastung verringern?

⟶ Bin ich anfällig für Streß?

⟶ Sieht man den Unterschied zwischen akutem und chronischem Streß?

⟶ Wenn ich jetzt Streß abbaue, wird er später wiederkommen?

WELCHE RICHTUNG?

Streßlinien überziehen die Handfläche in allen Richtungen. Wenn sie von der Daumenwurzel ausstrahlen, sind sie meist am besten zu sehen. Erschöpfungslinien laufen an den Fingern senkrecht nach oben.

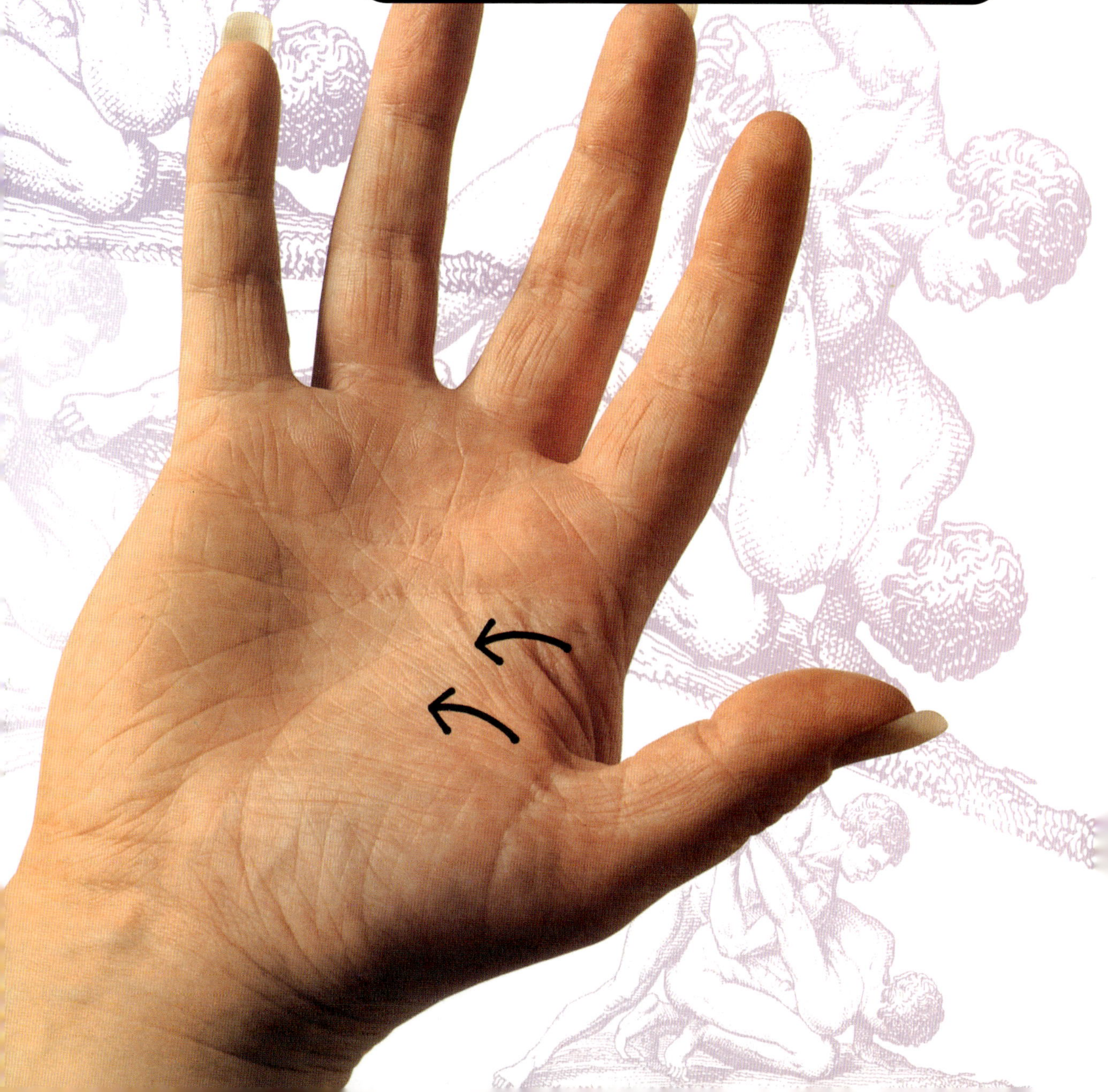

9.8

STRESSLINIEN

- VIELE DEUTLICHE LINIEN
- AUF DER GANZEN HANDFLÄCHE
- HAUPTLINIEN SIND TEILWEISE VERDECKT

Ausgeprägte Linien sind ein Zeichen dafür, daß der Streß sich seit längerer Zeit aufstaut und Ihre Widerstandskraft ernstlich schwächt. Um dem abzuhelfen, müssen Sie die Ursache des Stresses beseitigen – die Linien verblassen dann im Laufe einiger Monate. Wenn Sie zu Streß neigen, sollten Sie die Zeichen auf der Hand deuten lernen und sie regelmäßig studieren.

Ergänzende Merkmale

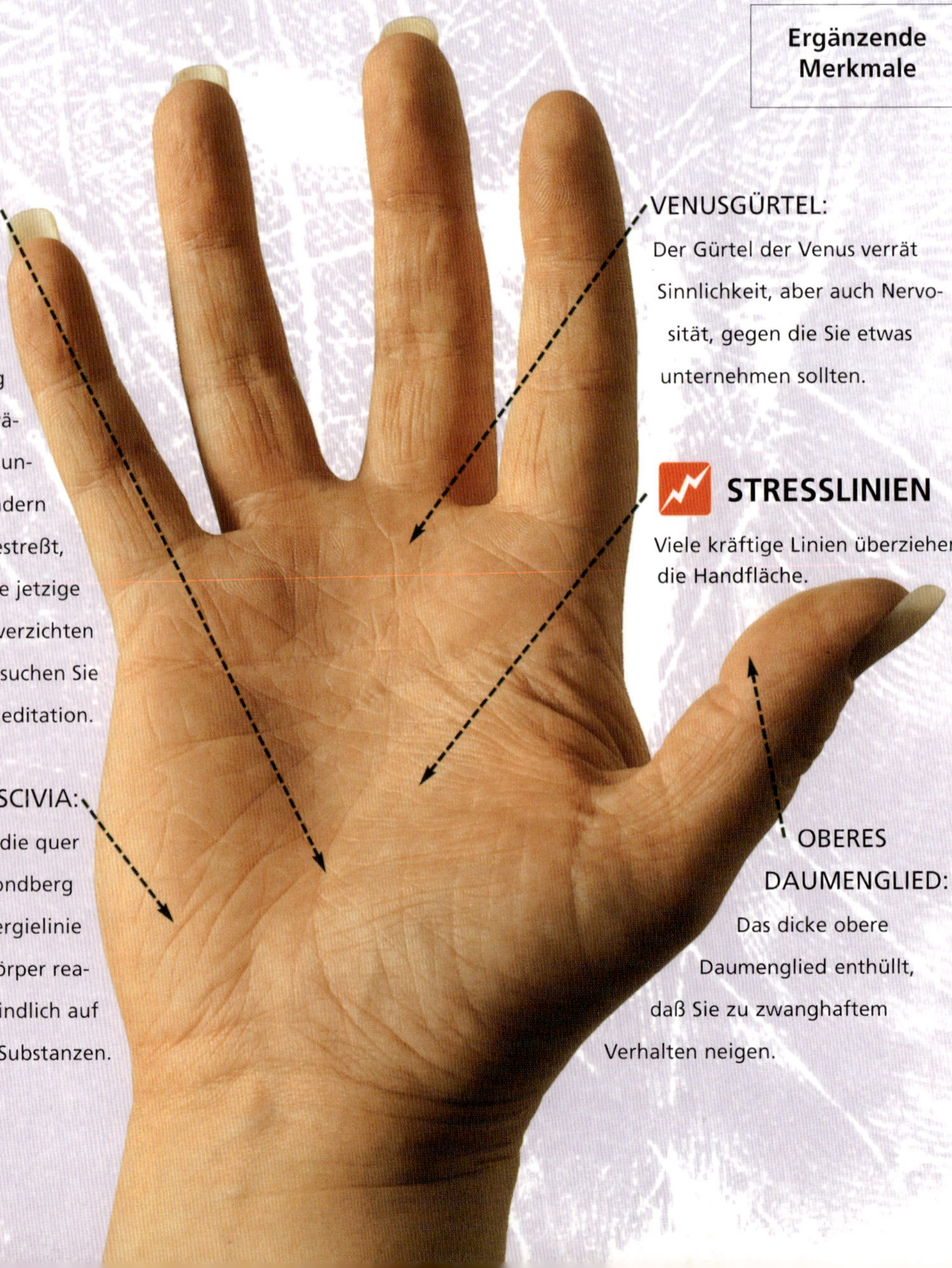

HANDFLÄCHE: Die Handfläche zeigt, daß Sie im Beruf aggressiv und ehrgeizig sind. Aber Sie wären nicht nur unglücklich, sondern noch mehr gestreßt, wenn Sie auf Ihre jetzige Position verzichten müßten. Versuchen Sie es mit Meditation.

VIA LASCIVIA: Die Via lascivia, die quer über den Mondberg läuft, wird Allergielinie genannt. Ihr Körper reagiert empfindlich auf viele Substanzen.

VENUSGÜRTEL: Der Gürtel der Venus verrät Sinnlichkeit, aber auch Nervosität, gegen die Sie etwas unternehmen sollten.

STRESSLINIEN

Viele kräftige Linien überziehen die Handfläche.

OBERES DAUMENGLIED: Das dicke obere Daumenglied enthüllt, daß Sie zu zwanghaftem Verhalten neigen.

STRESSLINIEN

- VIELE FEINE LINIEN
- AUF DER GANZEN HANDFLÄCHE
- HAUPTLINIEN SIND TEILWEISE VERDECKT

9.9

Feine Linien sind ein Zeichen für Streß, dessen Ursprung in der jüngeren Vergangenheit liegt. Die Streßlinien laufen an den Fingern hinauf und bedecken die Fingerspitzen, dies könnte ein Hinweis auf Drüsenstörungen sein, zum Beispiel auf eine Überfunktion der Nebennieren.

Ergänzende Merkmale

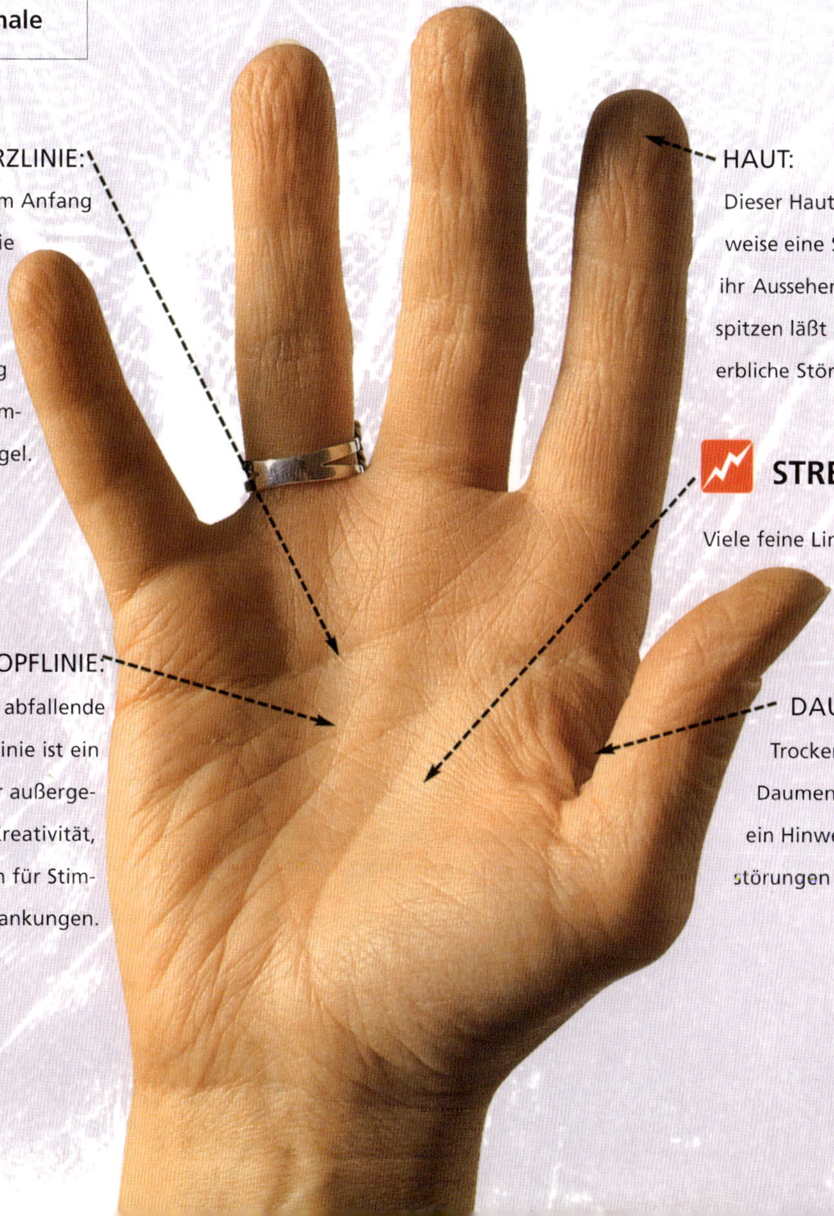

HERZLINIE: Der Ast am Anfang der Herzlinie erscheint oft im Zusammenhang mit Kaliummangel.

HAUT: Dieser Haut fehlt möglicherweise eine Schicht. Vor allem ihr Aussehen an den Fingerspitzen läßt auf eine solche erbliche Störung schließen.

STRESSLINIEN

Viele feine Linien überall.

KOPFLINIE: Die steil abfallende Kopflinie ist ein Zeichen für außergewöhnliche Kreativität, aber auch für Stimmungsschwankungen.

DAUMEN: Trockene Haut zwischen Daumen und Hand kann ein Hinweis auf Hormonstörungen sein.

BESONDERE MERKMALE DER HANDFLÄCHE

Die vielen unterschiedlichen Linien und Zeichen, die Sie in den vorigen Kapiteln kennengelernt haben, ergeben natürlich kein vollständiges Bild. Wenn Sie zweimal denselben »3-D-Film« sehen, fallen Ihnen beim zweiten Mal viele Dinge auf, die Ihnen beim ersten Mal entgangen sind. Sobald Sie mit den Linien und Zeichen der Hand besser vertraut sind, entdecken Sie weitere Elemente und erleben noch manche Überraschung.

- Die folgenden Seiten können nur einen Eindruck von diesen weiteren Merkmalen geben.
- Reisen Sie viel?
- Gibt es Anzeichen für Allergien?
- Warum ist der Beruf immer ein Kampf?
- Habe ich königliches Blut in den Adern?
- Bin ich ein fürsorglicher Mensch?
- Habe ich übersinnliche Fähigkeiten?

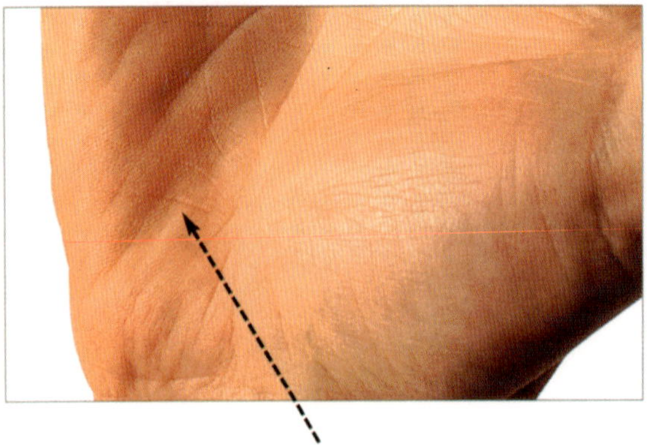

VIA LASCIVIA

Die Via lascivia ähnelt hier einer dicken Reiselinie quer über dem Handgelenk. Sonst sieht sie eher wie eine Falte aus. Früher hieß sie Giftlinie und galt als verwerflich. Heute weist sie eher auf Allergien oder Überempfindlichkeit gegen bestimmte Nahrungsmittel, Getränke, Genußmittel oder Medikamente hin.

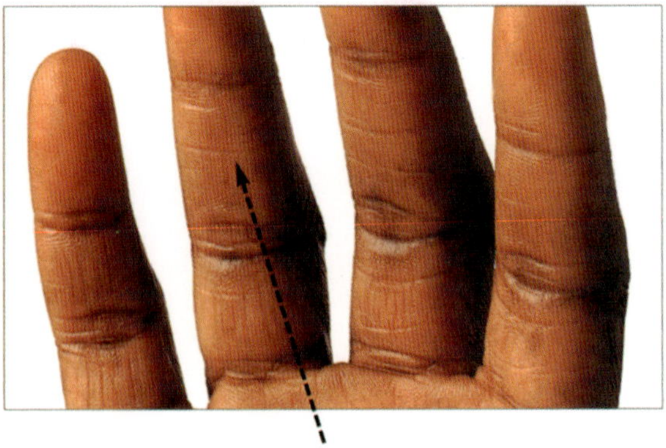

FRUSTRATIONSLINIEN

Frustrationslinien sind klare Linien, die quer über die Finger laufen. Die Ursache der Frustration kann durch den Finger und das Fingerglied, auf dem die Linien sich befinden, bestimmt werden.

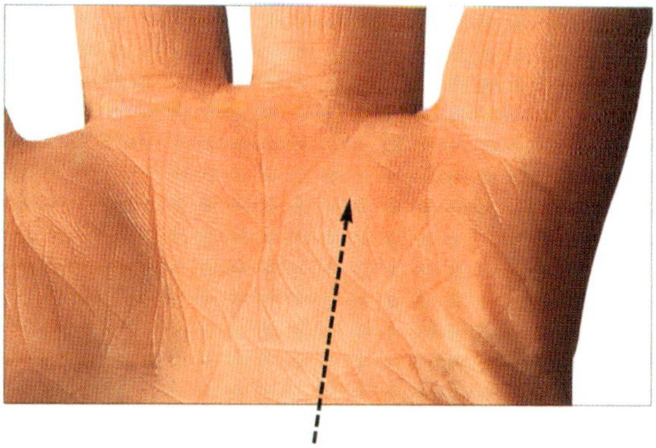

RADSCHA-SCHLEIFE

Die Radscha-Schleife befindet sich zwischen Zeige- und Mittelfinger und galt einst als Zeichen für »blaues Blut« im Stammbaum. Auf jeden Fall haben Menschen mit dieser Schleife einen feinen Geschmack und erwerben Ansehen und Macht.

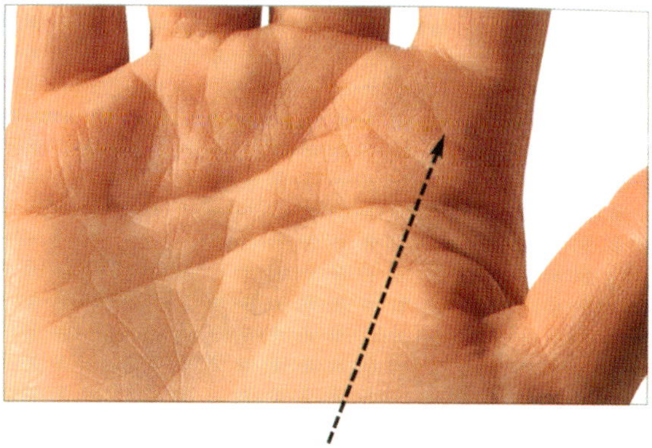

SYMPATHIELINIEN

Sympathielinien laufen quer über die Wurzel des Zeigefingers. Man findet sie oft bei Menschen, die einen Heilberuf ausüben. Mehrere Linien deuten darauf hin, daß Sie mit anderen fühlen und leiden. Sympathielinien sind immer ein Zeichen für große Fürsorglichkeit, selbst wenn sie unter einer rauhen Schale versteckt ist.

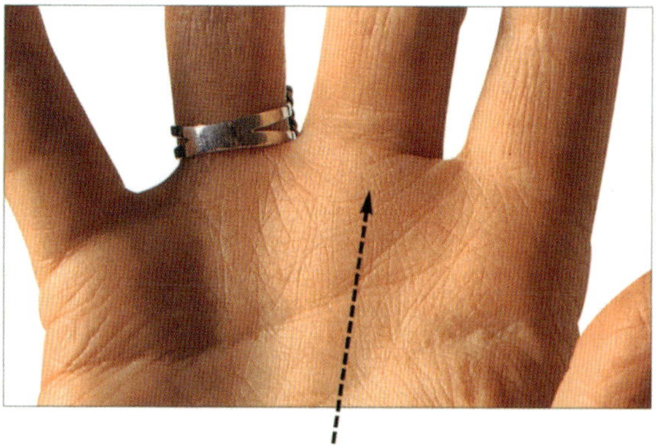

SATURNRING

Der Saturnring ist ein zweiter Ring an der Wurzel des Mittelfingers. Zum Glück ist er recht selten, denn er erscheint nach einer persönlichen Tragödie. Aber die Natur sorgt immer für einen Ausgleich und gibt uns meist auch die Kraft, mit dem Schicksalsschlag fertig zu werden.

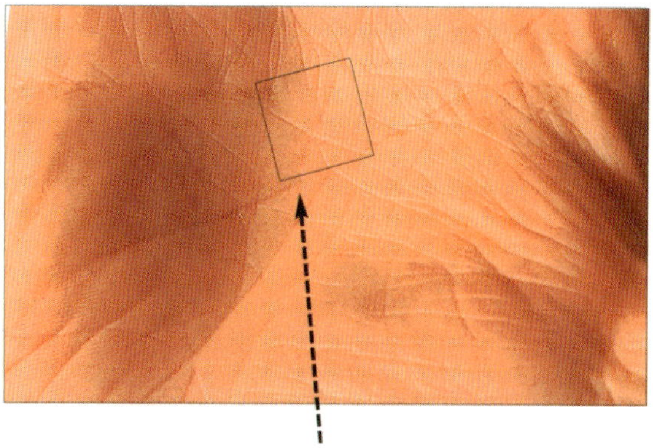

MYSTISCHES KREUZ

Das mystische Kreuz verbindet oft die Herzlinie mit der Kopflinie. Es spricht für eine übersinnliche Begabung und tritt häufig bei Männern auf, vor allem bei Topmanagern, die dank ihrer Intuition richtige Entscheidungen treffen.

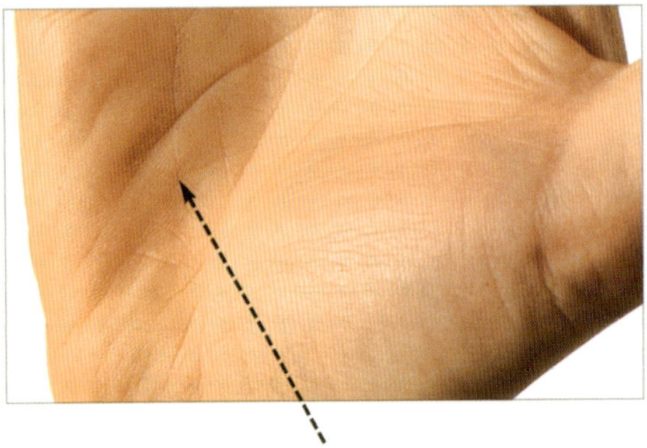

BOGEN DER INTUITION

Diese Linie ist eine Merkur- oder Intuitionslinie, die unten auf dem Mondberg beginnt und einen Bogen zum kleinen Finger macht. Sie ist ein klares Zeichen für eine gute Intuition und findet sich oft bei Hellsehern und Menschen mit anderen übernatürlichen Fähigkeiten.

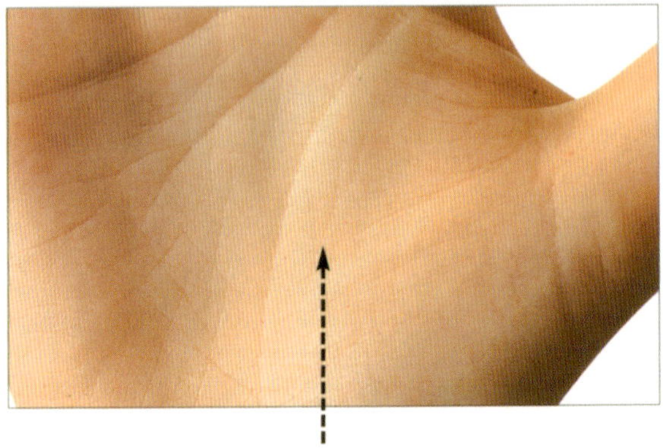

MARSLINIE

Diese Linie läuft teilweise in der Lebenslinie oder neben ihr, und zwar in der Nähe des Daumens. Sie ist eine Art Schutzengel, der Sie zwar nicht vor allen Problemen des Lebens bewahrt, Ihnen aber wieder auf die Beine hilft.

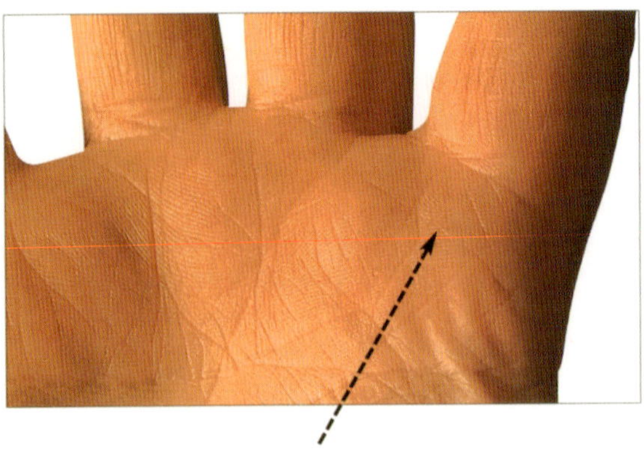

SALOMONS RING

Dies ist ein zweiter Ring an der Wurzel des Zeigefingers. Denken Sie an die Weisheit Salomons, wenn Sie nach der Bedeutung suchen. Ein kräftiger, dicker Zeigefinger mit diesem Ring läßt auf Führungsqualitäten schließen.

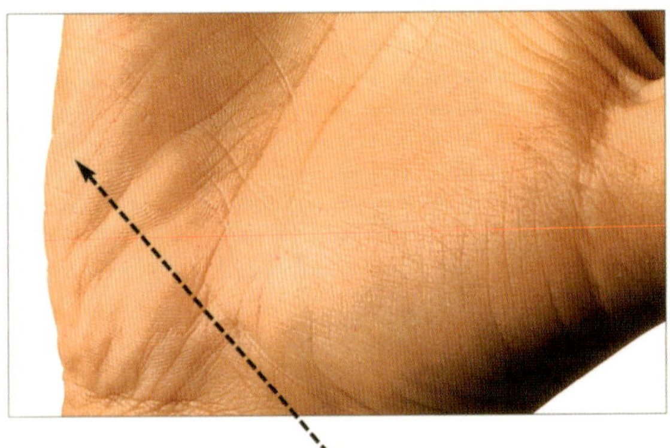

REISELINIEN

Reiselinien finden sich an der Handkante in der Nähe des Handgelenks. Sie laufen in Richtung Daumen und versprechen viele wichtige Reisen. Allerdings fehlen sie z. B. bei Piloten, die »reisen müssen«. Wenn eine Reiselinie die Schicksalslinie berührt, haben Sie geschäftliche Verbindungen im Ausland.

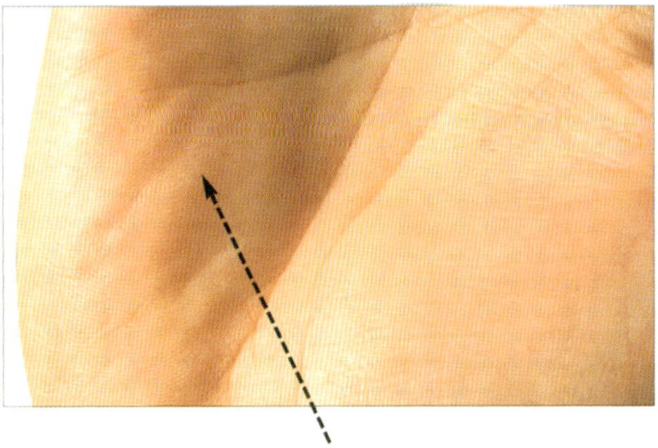

SCHLEIFEN UND WIRBEL

Wirbel und Schleifen, wie man sie von den Fingerspitzen kennt, gibt es auch auf der Handfläche. Sie haben unterschiedliche Bedeutungen, je nach ihrer Lage.

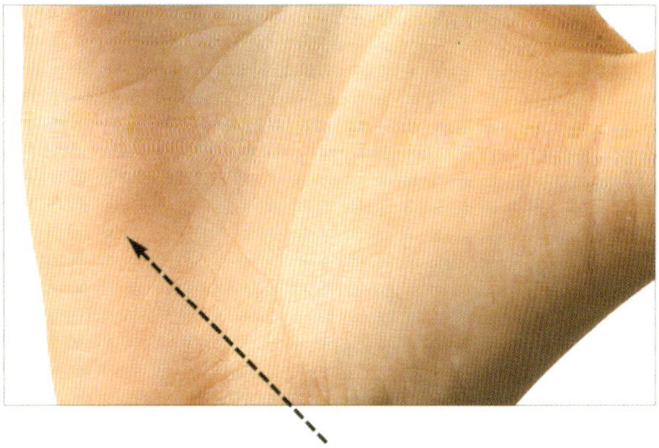

WASSERSCHLEIFE

Diese Schleife zum Mondberg verrät Ihre Liebe zum Wasser oder zum Wassersport.

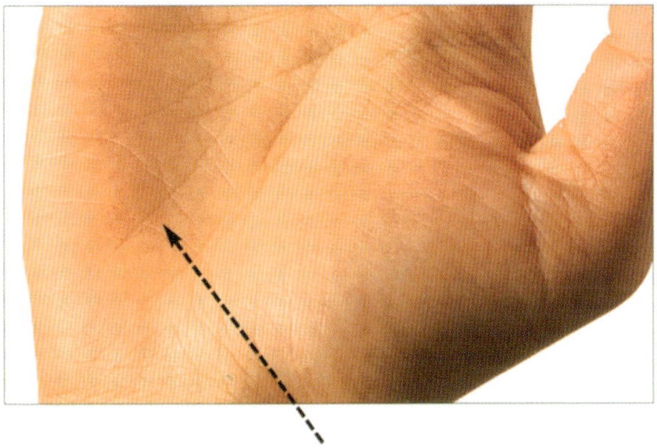

MONDWIRBEL

Ein Muster wie dieses entsteht, wenn Sie einen runden Stein in einen Teich werfen. Dieser Wirbel auf dem Mondberg bestätigt, daß Sie ein begnadeter Schriftsteller oder Künstler sind.

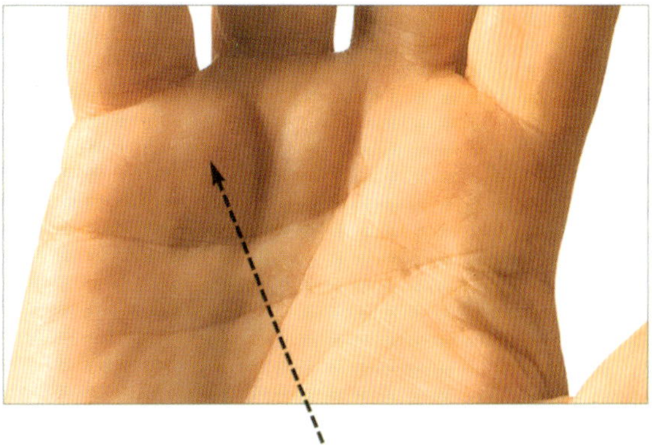

HUMORSCHLEIFE

Diese Schleife zwischen dem Ringfinger und dem kleinen Finger ist oft bei Komikern mit trockenem Humor zu finden.

REGISTER

DANKSAGUNG

Wir danken allen Mitarbeitern von Quarto, Quarto Children's Books, Quintet, Apple Press und Artists & Illustrators für die Erlaubnis, ihre Hände zu fotografieren und abzudrucken.